Cours intensif 1
Autriche

Annemarie Kammerhofer

Simone Bernklau
Isabelle Darras
Grégoire Fischer
Marie Gauvillé
Gunda Hiort
Krystelle Jambon
Marceline Putnaï
Jutta Rösner
Ruth Spiekermann

GERS A1 | A2

www.oebv.at

	Kommunikation	Sprachliche Mittel: ■Grammatik, ■Wortschatz, ■Phonetik	Methodische/Interkulturelle Kompetenz	
So lernst du mit Cours intensif Autriche				7
Le quartier				8
La clique des Batignolles (Steckbriefe der Lehrwerksfiguren)				9

1 Maxime et Célia

TÂCHE FINALE: Sich französischen Jugendlichen vorstellen und mit ihnen ins Gespräch kommen

Kompetenzschwerpunkte: Hören, Sprechen

Entrée	• sich begrüßen, sich verabschieden • sich vorstellen • nach dem Befinden fragen	• *je m'appelle* • Intonationsfrage	• Begrüßungsrituale in Frankreich	10
Atelier A Bienvenue en France ! Le sac de Maxime	 • jdn. nach dem Namen / Alter / Wohnort fragen	• unbestimmter Artikel *un, une* • *être* und *avoir* (Singular) • bestimmter Artikel *le, la, les* • unbestimmter Artikel *des* • Fragen stellen • Zahlen von 0 bis 31 • hörbare und stumme Wortendungen	• Worterschließung (I) • *la rentrée*	12 13
Atelier B Quelle histoire !	• über sich sprechen (Name, Alter, Geburtstag, Adresse, Telefonnummer)	• *être* und *avoir* (Plural) • Possessivbegleiter im Singular • [ã], [ɛ̃], [õ]		18
Bilan	Überblick über Redemittel und Grammatik mit Übungen zur Selbstkontrolle			22

2 Chez Maxime

TÂCHE FINALE: An einer Umfrage in einer französischen Jugendzeitschrift teilnehmen (CdA)

Kompetenzschwerpunkte: Hören, Mediation

Entrée	• über sein Wohnumfeld sprechen	• Viertel • Wohnung		24
Atelier A Un matin chez les Mercier	• Ärger ausdrücken • seine Familie und sein Zuhause beschreiben	• Verben auf *-er* • Fragen mit *est-ce que* und *qu'est-ce que* • Familie • Zahlen bis 69 • [s]/[z], [ʃ]/[ʒ]		26
Atelier B Une partie de ping-pong	• sagen, was man mag / nicht mag	• *faire* • Possessivbegleiter im Plural • direktes und indirektes Objekt im Satz • la liaison	• Hörverstehen (I): Globales und selektives Hörverstehen • Mediation (I): Dolmetschen	30
Coin lecture	Chasse au trésor dans le quartier ! Eine Schnitzeljagd durch das 17. Arrondissement			35
Bilan	Überblick über Redemittel und Grammatik mit Übungen zur Selbstkontrolle			38

	Kommunikation	Sprachliche Mittel: ■ Grammatik, ■ Wortschatz, ■ Phonetik	Methodische/Interkulturelle Kompetenz	
3 Au collège		**TÂCHE FINALE:** Für die französische Partnerschule kurze Videos über die Schule drehen	**Kompetenz-schwerpunkt:** Sprechen	
Entrée	• über seine Schule sprechen	• Schule • *article contracté* mit *à*	• Das französische Schulsystem	40
Atelier A Une journée au collège	• nach der Uhrzeit fragen / die Uhrzeit angeben • fragen / sagen, wann etwas stattfindet • sich mit jdm. verabreden • über seinen Stundenplan sprechen	• Zeitangaben • Wochentage • Schulfächer • *dire, lire, écrire* • *article contracté* • [ɑ̃], [ɔ̃], [ɛ̃]	• Alltag in einer französischen Schule • französischer Stundenplan	42
Atelier B A l'arrêt de bus	• etwas verneinen	• Verneinung mit *ne … pas* und *ne … plus*		47
Enzo et le collège	• seine Schule vorstellen • über den Tagesablauf in der Schule sprechen	• *aller* • Imperativ • [p], [t], [k] • *prendre, comprendre, apprendre*	• Das *carnet de correspondance* • Sprechen (I): Eine Szene vorspielen	48
Bilan	Überblick über Redemittel und Grammatik mit Übungen zur Selbstkontrolle			54

4 Mes loisirs et moi		**TÂCHE FINALE:** Ein Wochenende für französische Freunde planen (CdA)	**Kompetenz-schwerpunkt:** Lesen	
Entrée	• über Freizeitaktivitäten sprechen • Vorlieben / Abneigungen ausdrücken	• Hobbys • *article contracté* mit *de*		56
Atelier A A l'entraîne-ment de hand	• sich in einer E-Mail vorstellen	• [wa] • Sport • *dormir, partir, sortir* • unverbundene Personal-pronomen		58
Atelier B La photo	• Vorschläge machen / annehmen / ablehnen • über Zukunftspläne sprechen • über seinen Umgang mit Medien reden	• [e], [ɛ] • *est-ce que* und Fragewort • *futur composé*	• *Paris Plages* • Jugendliche und Handy in Frankreich	61
Coin lecture	**On est tous des blaireaux !** Gemeinsam gegen Mobbing		• Leseverstehen (I)	67
Bilan	Überblick über Redemittel und Grammatik mit Übungen zur Selbstkontrolle			70

	Kommunikation	Sprachliche Mittel: ■ Grammatik, ■ Wortschatz, ■ Phonetik	Methodische/Interkulturelle Kompetenz	
5 La magie de Paris		**TÂCHE FINALE:** Einen Reiseblog über einen Parisaufenthalt schreiben	**Kompetenzschwerpunkte:** Lesen, Schreiben	
Entrée	• Sehenswürdigkeiten beschreiben • Freizeitpläne besprechen			72
Atelier A Bizarre, bizarre…	• Wünsche äußern und Möglichkeiten benennen • eine Verabredung treffen	• *pouvoir* und *vouloir* • Adjektive: regelmäßige Bildung • Laut-Schrift-Zuordnung • mit der Metro fahren	• Frühstücksgewohnheiten in Frankreich • Pariser Metro • Leseverstehen (II): Scanning	75
Atelier B Elle est d'accord ?	• Vergangenes erzählen	• *passé composé* mit *avoir*		79
Paris, c'est l'aventure !	• nach dem Weg fragen / den Weg beschreiben • Vergangenes erzählen	• *passé composé* mit *avoir* und *être* • *attendre, descendre, entendre*	• selbstverfasste Texte überprüfen	80
Atelier C La fin de l'histoire	• über vergangene Erlebnisse berichten	• Film • Zahlen bis einer Million • Adjektive: unregelmäßige Bildung • *ne … pas de*		84
Bilan	Überblick über Redemittel und Grammatik mit Übungen zur Selbstkontrolle			87

6 Une fête à Montpellier		**TÂCHE FINALE:** Eine Party mit den französischen Austauschschülern vorbereiten (CdA)	**Kompetenzschwerpunkte:** Hören, Mediation	
Entrée	• über das Essen sprechen	• Nahrungsmittel	• *la fête des voisins* • Essen in Frankreich	90
Atelier A Oignons et chocolat !	• sagen, was man tun muss • ein Einkaufsgespräch führen	• Mengenangaben • Teilungsartikel • *devoir* • *acheter* • Objektpronomen *me, te, nous, vous* • [i], [/], [ɥ]	• der *apéro*	92
Atelier B La fête des voisins (I)	• Personen und Sachen näher beschreiben	• Relativpronomen *qui, que, où* • *qui* mit Präposition		97
La fête des voisins (II)	• von einem Fest berichten	• *voir* • *boire* • *manger* • Objektpronomen *le, la, les, lui, leur* • [ə], [ɛ], [e]	• Wörter umschreiben	98
Coin lecture	Ein Krimi in Montpellier		• Worterschließung (II)	103
Bilan	Überblick über Redemittel und Grammatik mit Übungen zur Selbstkontrolle			105
Récré 1	Une année en France	Feste und Traditionen in Frankreich; die *galettes des rois* (Rezept)		108

	Kommunikation	Sprachliche Mittel: ■ Grammatik, ■ Wortschatz, ■ Phonetik	Methodische/Interkulturelle Kompetenz	

7 Planète jeunes

TÂCHE FINALE: Den französischen Austauschschülern seinen Lieblingsstar vorstellen

Kompetenzschwerpunkt: Sprechen

Entrée	• über eine Statistik sprechen	• Freizeit		110
Atelier A Plein de vêtements cool	• über Kleidung sprechen	• Kleidung • Farben		112
Exactement le même !	• Entsetzen äußern • den eigenen Stil beschreiben	*mettre* *essayer* • Interrogativbegleiter *quel, quelle, quels, quelles* • Demonstrativbegleiter *ce, cet, cette, ces*	• Mit dem zweisprachigen Wörterbuch arbeiten (Französisch-Deutsch)	113
Atelier B Les Victoires de la Musique	• Über seinen Musikgeschmack sprechen	• Musik • *beau, nouveau, vieux* • *venir* • *offrir, ouvrir, découvrir* • [ɛ], [ø], [e], [ã], [s]	• Die französische Musikszene • etwas präsentieren	118
Bilan	Überblick über Redemittel und Grammatik mit Übungen zur Selbstkontrolle			123
Carte de la Bretagne				125

8 Vacances en Bretagne

TÂCHE FINALE: Einen Urlaub in Frankreich organisieren (CdA)

Kompetenzschwerpunkte: Sprechen, Hören

Entrée		• Landschaft und Natur	• ein Bild beschreiben	126
Atelier A Le carnet de bord d'Alice	• von einer Reise erzählen	• Reflexivverben im Präsens • *finir* • Imperativ von *avoir* und *être*	• Hörverstehen (II): üben im Unterricht	128
Atelier B Une randonnée franco-allemande	• über das Wetter sprechen • sagen, dass man etwas kann	• indirekte Rede im Präsens • *savoir* • *connaître* • Wetter • stimmhaftes / stimmloses s	• Hörverstehen (III): Vorbereitung auf die mündliche Reifeprüfung	134
Coin lecture	**La légende d'Anicet le bossu** Eine bretonische Legende als Comic			139
Bilan	Überblick über Redemittel und Grammatik mit Übungen zur Selbstkontrolle			142
Récré 2	La langue dans son contexte: Les Gaulois et les Romains Die Römer und die Gallier			144

cinq **5**

	Kommunikation	Sprachliche Mittel: ■Grammatik, ■Wortschatz, ■Phonetik	Methodische/Interkulturelle Kompetenz

A vous !	B-Rollen der Partnerübungen und Zusatzmaterial	**146**
Stratégies	Methodische Kompetenzen: ein Überblick	**153**
Vocabulaire	lektionsbegleitendes Vokabular	**157**
Solutions	Lösungen zu den Bilan-Seiten	**184**
Karten	Metroplan von Paris	**187**
	Stadtplan von Paris	**188**
	Frankreich-Karte	**190**
	Bildquellen	**191**
	Klassendiskurs	**192**

Symbole

⊙	CD mit Hörtexten
🎬	Video
§	Dazu findest du eine Regel im Grammatischen Beiheft.
📖	Dazu findest du eine Übung im *Cahier d'activités*.
👥/👥👥	Partnerarbeit / Gruppenarbeit
⌑	Hier ziehst du einen Vergleich zu anderen Sprachen.
⊕ Mediencode	Der Code führt dich zu weiteren Materialien im Internet.
▶	Kennzeichnet Aufgabentypen, die die österreichische Standardisierte Reifeprüfung vorbereiten.

So lernst du mit Cours intensif Autriche

Start eines Kapitels
Die **Entrée**-Seiten führen dich in das neue Thema ein.

Tâche finale
Die ganze Lektion mündet in eine Lernaufgabe, die durch eine *mini-tâche* vorbereitet wird.

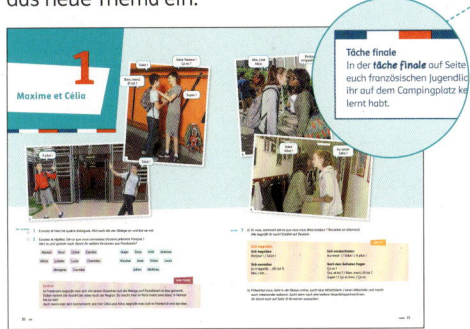

Neuer Lernstoff
Atelier bedeutet „Werkstatt". Hier findest du Geschichten und neuen Lernstoff. In Übungen wird das neu Gelernte praktisch angewendet.

Besondere Seiten

Lesevergnügen

In der **Coin lecture** findest du spannende Lesetexte ohne neue Grammatik.

Verschnaufpause

In der **Récré** kannst du eine Pause einlegen und lernst mehr über Landeskunde.

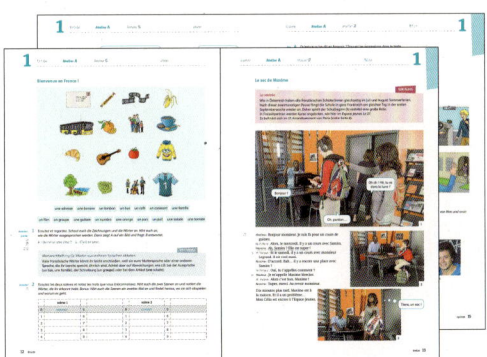

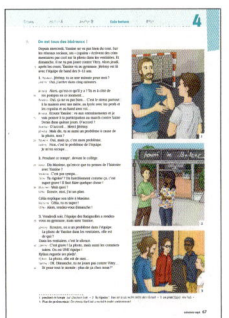 

Überprüfen zum Abschluss
Auf den **Bilan**-Seiten siehst du die Grammatik des Kapitels auf einen Blick.
Anhand von Übungen kannst du selbst prüfen, ob du den Lernstoff schon kannst.

Am Ende des Buches findest du weitere Materialien zum Üben und Nachschlagen.

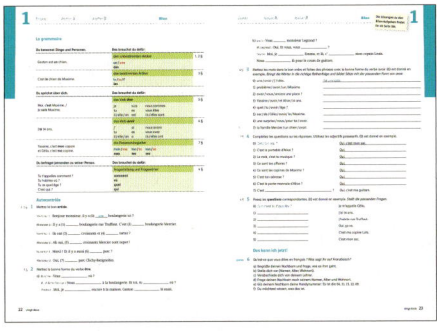

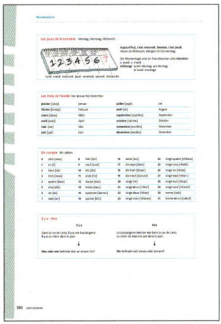

A vous !
Stratégies
Vocabulaire
Lösungen
Landkarten
Klassendiskurs

Le quartier

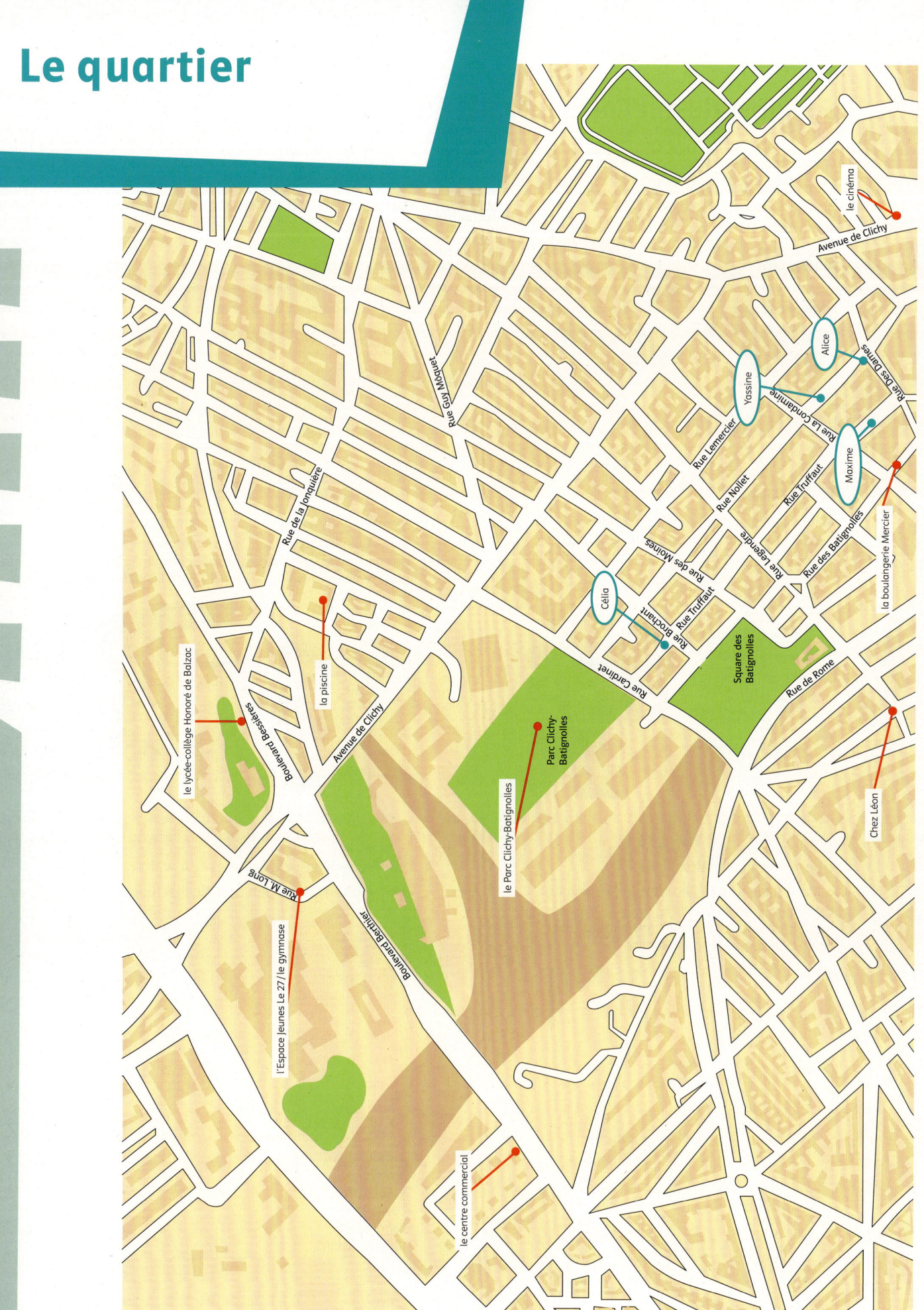

La clique des Batignolles

Maxime Mercier

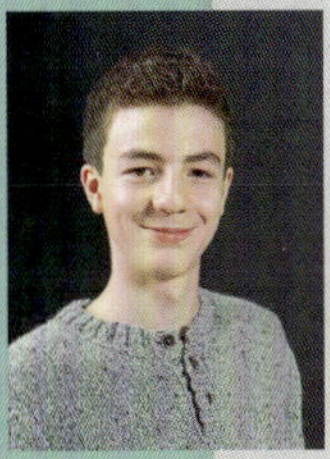

Alter:	13
Geburtstag:	19. September
Adresse:	9, rue Truffaut 75017 Paris
Handynummer:	07.27.08.11.14
Klasse:	4ᵉ G
Geschwister:	Lucie und Enzo
Haustier:	ein Hund, Gaston
Hobbys:	Handball, E-Gitarre
Sonstiges:	ist PSG-Fan und Stromae-Fan sein Vater hat eine Bäckerei in der rue des Batignolles

Célia Konaté

Alter:	13
Geburtstag:	5. Mai
Adresse:	81, rue Truffaut 75017 Paris
Handynummer:	07.23.02.29.17
Klasse:	4ᵉ A
Geschwister:	eine Stiefschwester, Vanessa, 16 Jahre alt
Haustier:	eine Katze, Frimousse
Hobbys:	Hip-Hop, shoppen
Sonstiges:	lebt zusammen mit ihrer Mutter Rose und deren Lebensgefährten Nicolas

Yassine Khélif

Alter:	13
Geburtstag:	12. Januar
Adresse:	10, rue Nollet 75017 Paris
Handynummer:	07.27.09.14.17
Klasse:	4ᵉ G
Geschwister:	Saïd, 20 Jahre alt Lamia, 18 Jahre alt
Haustier:	keine
Hobbys:	Handball, Videospiel
Sonstiges:	spielt mit Maxime in der Handballmannschaft der Batignolles

Alice Renard

Alter:	13
Geburtstag:	30. Juli
Adresse:	24, rue des Dames 75017 Paris
Handynummer:	07.21.22.03.10
Klasse:	4ᵉ A
Geschwister:	Hugo, 8 Jahre alt
Haustier:	ein Meerschweinchen, Cacahuète
Hobbys:	Geige, Fotografie
Sonstiges:	ist gerade mit ihrer Familie nach Paris gezogen

Lucie Mercier

Alter:	15
Geburtstag:	20. März
Adresse:	9, rue Truffaut 75017 Paris
Handynummer:	07.27.08.11.09
Klasse:	2ⁿᵈᵉ 5
Geschwister:	Maxime und Enzo
Haustier:	ein Hund, Gaston
Hobbys:	Leichtathletik, Theater

Enzo Mercier

Alter:	10
Geburtstag:	2. Juni
Adresse:	9, rue Truffaut 75017 Paris
Handynummer:	07.27.08.11.18
Klasse:	CM2
Geschwister:	Lucie und Maxime
Haustier:	ein Hund, Gaston
Hobbys:	Fußball, Tiere, Comics

1 Maxime et Célia

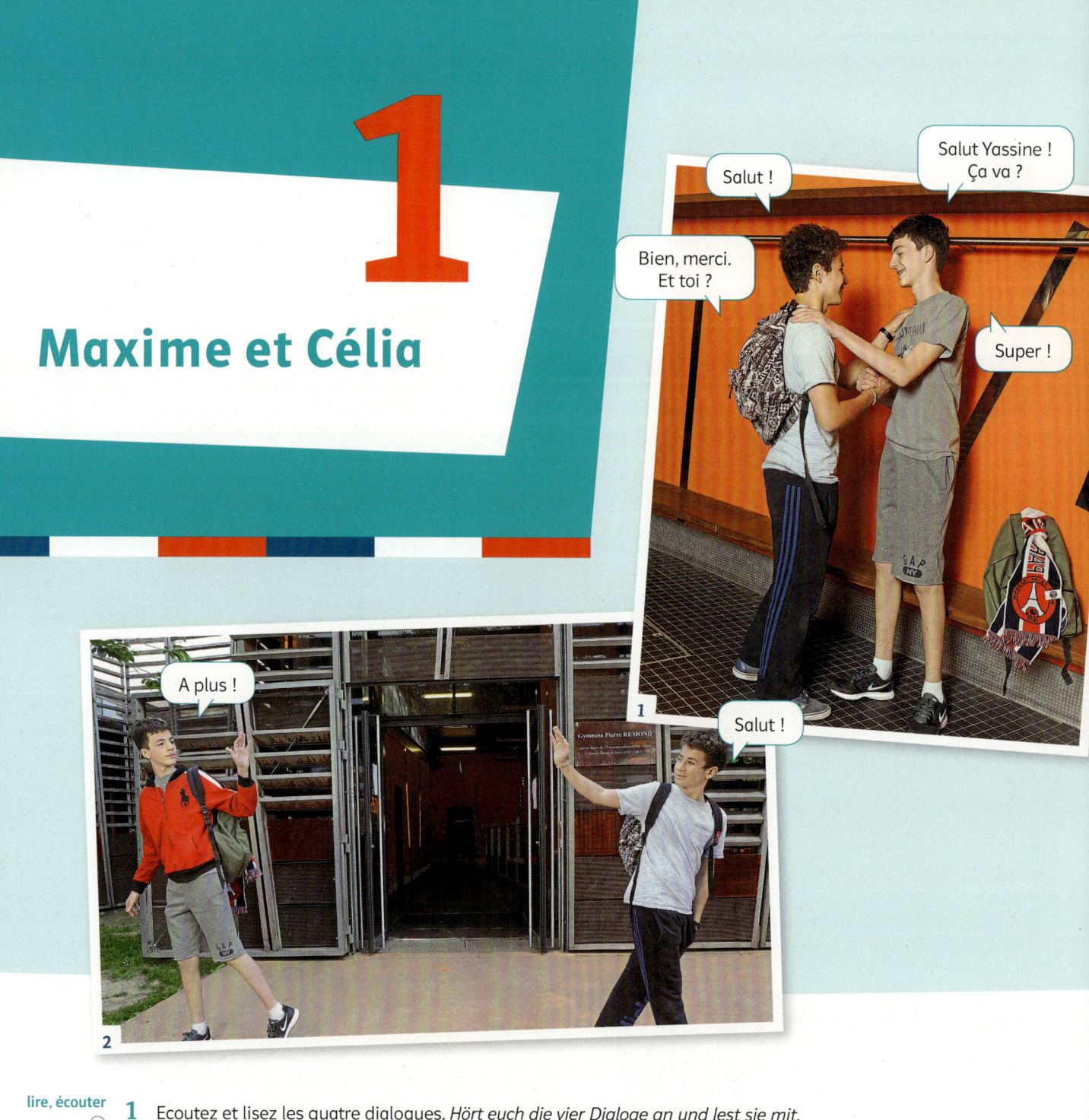

lire, écouter

1 Ecoutez et lisez les quatre dialogues. *Hört euch die vier Dialoge an und lest sie mit.*

2 Ecoutez et répétez. Est-ce que vous connaissez d'autres prénoms français ?
Hört zu und sprecht nach. Kennt ihr weitere Vornamen aus Frankreich?

Manon	Nour	Chloé	Camille		Hugo	Enzo	Vinh	Antoine
Anaïs	Juliette	Lucie	Charlotte		Nicolas	Amir	Victor	Louis
	Morgane	Coumba				Julien	Mathieu	

SUR PLACE

La bise

In Frankreich begrüßt man sich mit einem Küsschen auf die Wange, auf Französisch *la bise* genannt. Dabei variiert die Anzahl der *bises* nach der Region: So macht man in Paris meist zwei *bises*, in Nantes bis zu vier!
Auch wenn man sich kennenlernt, wie hier Célia und Alice, begrüßt man sich in Frankreich mit der *bise*.

> **Tâche finale**
> In der **tâche finale** auf Seite 21 stellt ihr euch französischen Jugendlichen vor, die ihr auf dem Campingplatz kennengelernt habt.

parler **3** a) Et vous, comment est-ce que vous vous dites bonjour ? Racontez en allemand.
Wie begrüßt ihr euch? Erzählt auf Deutsch.

ON DIT

Sich begrüßen

Sich begrüßen	**Sich verabschieden**
Bonjour ! / Salut !	Au revoir ! / Salut ! / A plus !

Sich vorstellen	**Nach dem Befinden fragen**
Je m'appelle… (Et toi ?)	Ça va ?
Moi, c'est…	Oui, et toi ? / Bien, merci. Et toi ?
	Super ! / Ça va bien. / Ça va.

b) Présentez-vous. *Geht in der Klasse umher, sucht eine Mitschülerin / einen Mitschüler und macht euch miteinander bekannt. Sucht dann noch drei weitere Gesprächspartner/innen. Ihr könnt euch auf Seite 10 Vornamen aussuchen.*

1

Entrée   **Atelier A**   Atelier B   Bilan

Bienvenue en France !

| une adresse | une banane | un bonbon | un bus | un café | un croissant | une famille |

| un film | un groupe | une guitare | un numéro | une orange | un parc | un pull | une salade | une tomate |

écouter, parler

1 Ecoutez et regardez. *Schaut euch die Zeichnungen und die Wörter an. Hört euch an, wie die Wörter ausgesprochen werden. Dann zeigt A auf ein Bild und fragt. B antwortet.*

A : Qu'est-ce que c'est ?   B : C'est un parc.

STRATEGIE

Worterschließung (I): Wörter aus anderen Sprachen ableiten

Viele französische Wörter könnt ihr leicht erschließen, weil sie eurer Muttersprache oder einer anderen Sprache, die ihr bereits sprecht, ähnlich sind. Achtet aber auf Abweichungen, wie z.B. bei der Aussprache (un b**u**s, une fami**ll**e), der Schreibung (un gr**oup**e) oder bei dem Artikel (**une** salade).

écouter

2 Ecoutez les deux scènes et notez les mots que vous (re)connaissez. *Hört euch die zwei Szenen an und notiert die Wörter, die ihr erkannt habt. Bonus: Hört euch die Szenen ein zweites Mal an und findet heraus, wo sie sich abspielen und worum es geht.*

	scène 1			scène 2	
0	*maman*	5	0	*concert*	5
1		6	1		6
2		7	2		7
3		8	3		8
4		9	4		9

Le sac de Maxime

SUR PLACE

La rentrée

Wie in Österreich haben alle französischen Schüler/innen gleichzeitig im Juli und August Sommerferien. Nach dieser zweimonatigen Pause fängt die Schule in ganz Frankreich am gleichen Tag in der ersten Septemberwoche wieder an. Daher spielt der Schulbeginn *(la rentrée)* eine große Rolle.
In Freizeitzentren werden Kurse angeboten, wie hier im *Espace Jeunes Le 27*.
Es befindet sich im 17. Arrondissement von Paris (siehe Seite 8).

Bonjour !

Oh oh ! Hé, tu es dans la lune ?

Oh, pardon…

Maxime : Bonjour monsieur. Je suis là pour un cours de guitare.
M. Fofana : Alors, le mercredi, il y a un cours avec Samira.
Maxime : Ah, Samira ? Elle est super !
5 **M. Fofana :** Et le samedi, il y a un cours avec monsieur Legrand. Il est cool aussi.
Maxime : D'accord. Euh… il y a encore une place avec Samira ?
M. Fofana : Oui, tu t'appelles comment ?
10 **Maxime :** Je m'appelle Maxime Mercier.
M. Fofana : Alors c'est bon, Maxime !
Maxime : Super, merci. Au revoir monsieur.

Dix minutes plus tard, Maxime est à la maison. Et il a un problème…
Mais Célia est encore à l'Espace Jeunes.

Tiens, un sac !

1   Entrée   **Atelier A**   Atelier **B**   Bilan

Alors, tu t'appelles comment ?
Maxime Mercier. Et tu as quel âge ?
13 ans. Moi aussi, j'ai 13 ans !
L'anniversaire de Maxime, c'est
le 19 septembre ! Mais c'est bientôt…
Et tu habites où, Maxime ?
Ah, moi aussi, j'habite rue Truffaut !
Mais, il y a les croissants Mercier…
Oui, Mercier, c'est la boulangerie !
Elle est dans la rue des Batignolles !

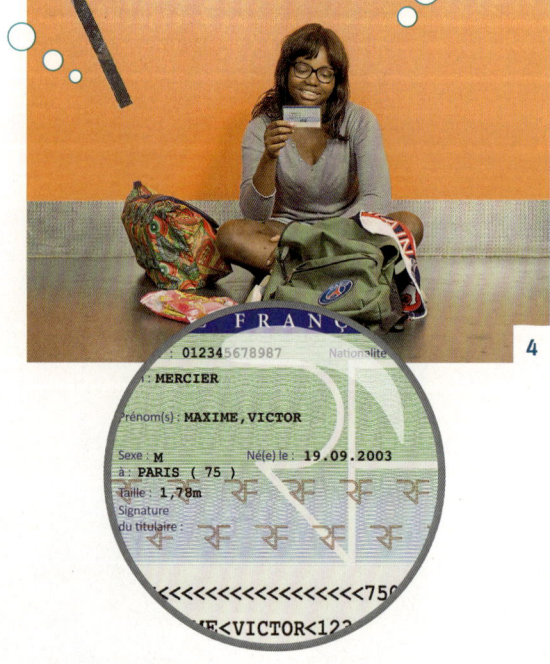

Et dans le sac, il y a des bonbons et un porte-monnaie avec le nom et l'adresse…

Et le numéro de portable de Maxime, c'est le 07.27.08.11.14. J'ai une idée !

Compréhension de l'écrit

lire 3   Relisez le texte « Le sac de Maxime ». Qu'est-ce qui va ensemble? *Verbindet den Satzanfang (1–7) mit dem Satzende (A–J). Achtung: In Spalte 2 sind zwei Satzteile zuviel.* La première réponse (0) est donnée en exemple. *Die Antwort (0) dient als Beispiel.*

0	Maxime est à l'Espace Jeunes ____.	A	a un cours samedi
1	Samira ____.	B	a le sac de Maxime
2	M. Legrand ____.	C	est dans la boulangerie
3	Le cours de guitare de Maxime ____.	D	a des bonbons
4	Célia _B_.	E	pour un cours de guitare
5	Dans le sac de Maxime, il y ____.	F	a seize ans
6	L'anniversaire de Maxime ____.	G	est dans la rue des Batignolles
7	La boulangerie Mercier ____.	H	a un cours mercredi
		I	est avec Samira
		J	est bientôt

Ecrivez vos réponses ici:

0	1	2	3	4	5	6	7
E	H	A	I	B	D	J	G

Entrée   **Atelier A**   Atelier B   Bilan

1

lire 4 Qu'est-ce qu'on dit en français ? Trouvez les expressions dans le texte. *Was sagt man auf Französisch? Findet die passenden Ausdrücke im Text.*

a) Wie fragt man, wie jemand heißt?
b) Wie stellt man sich vor?
c) Wie entschuldigt man sich?
d) Wie sagt man, dass alles klappt?
e) Wie bedankt man sich?
f) Wie stimmt man zu?

lire 5 Regardez la photo de la carte d'identité page 14. *Seht euch das Foto von Maximes Ausweis an. Was bedeuten folgende Wörter?*

nom   prénom   né(e) le

parler 6 Qu'est-ce qu'ils disent ? *Was sagen sie?*

SUR PLACE

Bonjour et au revoir !

In Frankreich ist es höflicher, nicht nur *bonjour* bzw. *au revoir* zu sagen, sondern die Person auch direkt anzusprechen: *Bonjour monsieur (Fofana). Au revoir madame/mademoiselle.*

1

2

3

4

5

Etre et avoir (1)

lire 7 a) Cherchez dans le texte les formes de **être** et **avoir** et faites un tableau. *Sucht die Verbformen von* être *und* avoir *im Text und tragt sie in die Tabelle ein.*

b) **A vous!** Faites le dialogue. *Übernehmt die Rolle von Alice (Rolle A) oder Célia (Rolle B). Die Rolle B findet ihr auf der Seite 146. Setzt die Formen von* avoir *oder* être *ein.*

Rôle A

Alice : Salut, Célia. Tu ▢ où ?

Célia : Je suis dans le bus. Tu as un problème ?

Alice : Mais non, je/j' ▢ une idée ! Il y ▢ un film avec Kev Adams.

Et je/j' ▢ des places !

Célia : C'est cool ! Kev Adams, il est super !

Kev Adams

1   Entrée   **Atelier A**   Atelier **B**   Bilan

Jeu de sons

8 Ecoutez les mots. *Hört die Wörter und schreibt sie auf. Ordnet sie dann in folgende Tabelle ein. Überlegt dabei, ob der letzte Buchstabe ein Vokal oder ein Konsonant ist und ob der letzte Buchstabe hörbar oder stumm ist.*

Schreibung / Lautung	Vokal	Konsonant
hörbar	merci	foot
stumm	adresse	cours

Question ou pas ?

écouter **9** Ecoutez les phrases : affirmation (A) ou question (Q) ? Les réponses (1) et (2) sont données en exemple. *Hört euch die Sätze an: Handelt es sich um eine Aussage (A) oder eine Frage (Q)? Hört euch dann die Sätze noch einmal an und wiederholt sie.*

4 §

1	A	3		5		7		9	
2	Q	4		6		8		10	

1–3 §   ### Une guitare : la guitare de Maxime

10 a) Qu'est-ce que c'est? Utilisez **l'article indéfini**.

1

2

3

4

5

6

b) A qui c'est? Relisez le texte p. 13–14 et utilisez **l'article défini**. *Wem gehört es an?*

0	C'est **la** guitare de Maxime.	3	
1		4	
2		5	

11 Ecrivez cinq noms au singulier ou au pluriel. *Schreibt fünf Nomen im Singular oder Plural mit bestimmtem Artikel und lest sie eurer Partnerin / eurem Partner vor. Diese/r sagt, ob die Nomen im Singular oder Plural stehen.*

POUR VOUS AIDER

Die *liaison* kann euch helfen.
les‿oranges

0	les guitares	3	
1		4	
2		5	

Entrée   **Atelier A**   Atelier **B**   Bilan

1

12 Faites des dialogues. Utilisez **les articles définis et indéfinis**.

a) A : Qu'est-ce que c'est ?
B : C'est un sac.

un sac   une boulangerie
un porte-monnaie   une rue

b) A : Et qu'est-ce qu'il y a dans le sac ?
B : Dans le sac, il y a des oranges.

des croissants   un porte-monnaie   un parc
un nom   une boulangerie   une adresse
un café   des oranges   une famille   des bananes

De 0 à 31

13 a) Ecoutez les nombres et écrivez-les. *Hört euch die Zahlen an und schreibt die Reihen auf.*

a	3 – 7 – 11 – 15	d	
b		e	
c		f	

b) Complétez le nombre manquant. *Ergänzt dann die Zahl, die jeweils fehlt.*

MINI-TÂCHE

Un cours à l'Espace Jeunes

Espace Jeunes LE 27

PLANNING DES ACTIVITÉS

Activité	Jour	Horaire	Intervenant
Hip-hop I	Mardi	17h00 – 18h00	Marina Guilbert
Hip-hop II	Mercredi	16h00 – 17h00	David Santos
Danse africaine	Mercredi	14h00 – 15h00	Anis Belahdj
Guitare I	Mercredi	15h00 – 16h00	Samira Chebbi
Guitare II	Samedi	10h30 – 11h30	Mathieu Legrand
Théâtre	Vendredi	18h00 – 19h00	Bruno Bouazza
Atelier vidéo	Jeudi	18h30 – 19h30	Agnès Philibert
Atelier cuisine	Samedi	11h00 – 12h00	Léa Cauli
Football	Mercredi	14h00 – 15h00	Igor Pessard
Judo	Samedi	16h15 – 17h15	Anne Vinet

parler 14 Faites un dialogue.
Ihr seid für ein paar Monate in Paris und möchtet euch im Espace Jeunes *anmelden. Sucht euch einen Kurs auf der Internetseite des Freizeitzentrums und eine Adresse auf Seite 8 heraus. Euer Gesprächspartner übernimmt die Rolle des Mitarbeiters (Rolle A) und stellt euch drei Fragen. Wechselt nach einem Durchgang die Rollen. Vergesst nicht, euch zu begrüßen und zu verabschieden.*

Anlass
Toi : Bonjour monsieur.
  Je suis là pour…
A : Il y a…

Name
A : Tu… ?
Toi : Je…

Alter
A : Tu… ?
Toi : J'ai…

Adresse
A : Tu… ?
Toi : J'habite…

Quelle histoire !

1.

2. Dans la boulangerie Mercier.

Célia : Bonjour ! Vous êtes monsieur Mercier ?
M. Mercier : Euh, oui.
Célia : Maxime et moi, on a rendez-vous.
5 Là, ce sont les affaires de Maxime : son sac et son porte-monnaie.
M. Mercier : Ses affaires ? Mais… pourquoi ?
Célia : Maxime est parfois dans la lune, non ?
M. Mercier : Parfois ? Mon fils est toujours dans la
10 lune… Ah, Maxime, ta copine est là.
Maxime : Ma copine ?!?
Célia : Salut Maxime ! Voilà ton sac…
Maxime : Oh, mes affaires ! Ouf…
Célia : Au revoir monsieur Mercier. Salut Maxime !
15 Maxime : Attends !

3. Maxime et Célia sont dans la rue.

Célia : Oh, vous avez un chien ? C'est super !
Maxime : Oui, il s'appelle Gaston. Et toi, tu t'appelles comment ?
20 Célia : Célia. J'habite aussi rue Truffaut.
Maxime : Tu as aussi un cours à l'Espace Jeunes ?
Célia : Oui, j'ai un cours de hip-hop. Ils ont des cours super à l'Espace Jeunes !
Maxime : Oui ! Moi, j'ai un cours de guitare électrique
25 le mercredi ! Le rock, c'est ma musique.
Célia : Alors nous sommes ensemble à l'Espace Jeunes le mercredi, cool !

4. Maxime : Merci pour mes affaires, Célia, c'est sympa ! Attends, je suis là dans une minute…
Voilà : Gaston et moi, nous avons une surprise ! …
Ça, c'est la tarte au chocolat de mon père : c'est sa
30 spécialité !
Célia : Mmmh ! Merci !
Célia et Maxime : Gaston, NON !

Entrée   Atelier **A**   **Atelier B**   Coin lecture   Bilan

1

Compréhension de l'écrit

lire 1 Lisez le texte « Quelle histoire! ». D'abord décidez si les affirmations (1–7) sont vraies (V) ou fausses (F) et mettez une croix (☒) dans la bonne case. Ensuite identifiez la phrase du texte qui motive votre décision. Ecrivez <u>les quatre premiers mots</u> de cette phrase dans la case prévue. La première réponse (0) est donnée en exemple. *Sind folgende Aussagen richtig (V) oder falsch (F)? Begründet eure Wahl mit den ersten vier Wörtern des entsprechenden Satzes im Text.*

0	Célia est au téléphone avec le père de Maxime.
1	Célia a le porte-monnaie de Maxime.
2	Célia est la copine de Maxime.
3	Après, Maxime et Célia sont à l'Espace Jeunes.
4	Gaston est le chien de Célia.
5	Il y a un cours de hip-hop à l'Espace Jeunes.
6	Maxime a un cours de guitare classique.
7	Maxime a une surprise pour Célia.

	V	F	Les quatre premiers mots
0	x		*Allô? Maxime Mercier?*
1	X		J'ai son sac et portmonnaie
2		X	Ma copine ??
3	X		
4		X	de Maxime
5	X		
6		X	
7	X		le tard au chocolat

lire 2 a) Relisez le texte. *Sucht folgende Ausrufe im Texte: Welche Gefühle werden damit ausgedrückt?*

Oh non !   Ouf !   Euh …

b) Que dit Maxime ? *Wie drückt sich Maxime in folgenden Situationen aus?*

1. Er erkundigt sich nach Célias Namen.
2. Er stellt Célia seinen Hund vor.
3. Er bedankt sich für seine Sachen.
4. Er findet Célias Verhalten nett.
5. Er möchte, dass Célia wartet.
6. Er möchte Célia überraschen.

lire, écrire 3 A l'aide des textes A et B, faites le portrait de Maxime. *Sucht aus den Texten A und B alle Informationen über Maxime heraus (z.B. wann er Geburtstag hat, wo er wohnt, welche Hobbys er hat, etc.) und stellt ihn dann in einem Text vor.*

Voilà Maxime Mercier. L'anniversaire de Maxime, c'est …

Jeu de sons : [ã] [ɛ̃] [ɔ̃]

4 a) Ecoutez et répétez.

[ã]	[ɛ̃]	[ɔ̃]
– Att**en**ds ! D**an**s la boul**an**gerie Vittr**an**t, il y a **en**core tr**en**te croiss**an**ts. – Comm**en**t ?	Ti**en**s ! Mart**in** est **un** cop**ain** de Basti**en** ? C'est symp**a** ! Et son chi**en** s'appelle Luci**en**.	– B**on**jour M**an**on, voilà **on**ze b**on**b**on**s. – Des b**on**b**on**s, oh n**on** ! – Pard**on** !

b) *Ordnet die folgenden Wörter den drei Nasalen zu. Erklärt, welche Regelmäßigkeiten euch bei der Schreibung auffallen.*

orange   vingt   nom   bon   septembre   bientôt

1   Entrée   Atelier A   **Atelier B**   Coin lecture   Bilan

Etre et avoir (2)

La langue dans son contexte

5 Lisez le texte sur Célia et ses copines. Il y a des mots qui manquent. Choisissez le mot (A–L) pour chaque blanc (1–9). Il y a deux mots dont vous n'aurez pas besoin. Ecrivez vos réponses dans les cases. La première réponse (0) est donnée en exemple. *Füllt die fehlenden Wörter (A–L) in die Lücken (1–9) ein. Achtung: es sind zwei Wörter zuviel.*

Célia et ses copines (0) ___ à l'Espace jeunes, elles (1) ___ un cours de hip-hop.

Célia : Bonjour, monsieur. Nous (2) ___ là pour le cours de hip-hop.

Le Prof : Super ! Et vous (3) ___ ?

Célia : Je (4) ___ Célia et les filles, là, ce (5) ___ mes copines, Lola et Elisa.

Après le cours, les filles (6) ___ dans la rue.

Lola : Elisa et moi, nous (7) ___ une surprise pour toi !

Célia : Ah ha, vous (8) ___ une surprise pour moi ?

Elisa : Oui, nous (9) ___ un film avec Jean Dujardin.

Célia : Super ! Alors, rendez-vous samedi chez moi !

Jean Dujardin

A	ai	C	avons	E	es	G	ont	I	sont	K	sont
B	avez	D	avons	F	êtes	H	sommes	J	sont	L	suis

Ecrivez vos réponses ici :

0	1	2	3	4	5	6	7	8	9
I	G	H	L	K	J		+	D	
	I	L	K	J	C	B	D		

C'est ton portable ?

6 Complétez les phrases avec les adjectifs possessifs **mon**, **ma**, **mes** et **ton**, **ta**, **tes**.

A
– Ce sont ___tes___ affaires ?
– Oui, ce sont ___mes___ affaires.

B
– Et ___t___ adresse ?
– ___Ma___ adresse, c'est 24 rue des Dames.

C
– C'est ___ta___ famille ?
– Oui, c'est ___ famille. Et là, c'est Gaston, ___ chien.

D
– ___ salade est super. Et ___ café ?
– ___ café ? Bof…

20   vingt

Entrée   Atelier **A**   **Atelier B**   Coin lecture   Bilan

1

7 Complétez les phrases avec les adjectifs possessifs **son**, **sa**, **ses**.

M. Mercier : La copine de Maxime est là.

Elle a _son_ porte-monnaie et _son_ sac.

Mme Mercier : _sa_ copine ? Et elle a _ses_ affaires ?

Mais c'est qui ? ? ?
_____ nom ?
_____ âge ?
_____ adresse ?
_____ copains ?

8 Traduisez les phrases suivantes. *Übersetzt die folgenden Sätze ins Deutsche und erklärt, was unterschiedlich ist.*

a) Voilà Maxime avec **son** chien, **sa** guitare et **ses** affaires.

_____

b) Voilà Célia dans **sa** rue avec **son** portable et **ses** bonbons.

_____

TÂCHE-FINALE

Toi et moi

ON DIT

Sich vorstellen

So frage ich jemanden
nach seinem Namen.
    Tu t'appelles comment ?
nach seinem Alter.
    Tu as quel âge ?
nach seinem Wohnort.
    Tu habites où ?
nach seiner Telefonnummer.
    Et ton numéro de portable / téléphone ?

So sage ich,
wie ich heiße.
    Je m'appelle…
wie alt ich bin und wann ich Geburtstag habe.
    J'ai… ans. Et mon anniversaire, c'est le…
wo ich wohne.
    J' habite à… et mon adresse, c'est…
wie meine Telefonnummer lautet.
    Mon numéro de téléphone, c'est le…

parler **9** *Ihr lernt auf einem Campingplatz französische Jugendliche kennen.*

a) *Begrüßt euch und fragt nach:*

– dem Befinden   – dem Geburtstag
– dem Namen   – dem Wohnort
– dem Alter   – der Telefonnummer.

b) *Erzählt dann mehr über euch: Haustiere, Musik, Hobbys…*

c) *Übt das Gespräch zu zweit ein und spielt es dann frei der Klasse vor. Entscheidet, welches Team am besten gespielt hat. Wenn ihr euch filmt, könnt ihr eure Szene leichter verbessern.*

POUR VOUS AIDER

Im Französischen sagt man das Datum mit den **Grundzahlen**:
Heute ist der **2. (zweite)** März.
*Aujourd' hui, c'est le **2 (deux)** mars.*

Ausnahme:
Mein Geburtstag ist am **1. (ersten)** Mai.
*Mon anniversaire, c'est le **1er (premier)** mai.*

vingt et un **21**

1 Bilan

La grammaire

Du benennst Dinge und Personen.	Das brauchst du dafür:	
Gaston est **un** chien.	den unbestimmten Artikel	1, 2 §
	un / **une** **des**	
C'est **le** chien de Maxime.	den bestimmten Artikel	3 §
	le / **la** / **l'** **les**	

Du sprichst über dich.	Das brauchst du dafür:	
Moi, c'**est** Maxime. / Je **suis** Maxime.	das Verb *être*	5 §
	je suis nous sommes tu es vous êtes il / elle / on est ils / elles sont	
J'**ai** 14 ans.	das Verb *avoir*	6 §
	j' ai nous avons tu as vous avez il / elle / on a ils / elles ont	
Yassine, c'est **mon** copain et Célia, c'est **ma** copine.	die Possessivbegleiter	7 §
	mon / **ma** **ton** / **ta** **son** / **sa** **mes** **tes** **ses**	

Du befragst jemanden zu seiner Person.	Das brauchst du dafür:	
Tu t'appelles comment ? Tu habites où ? Tu as quel âge ? C'est qui ?	Fragestellung und Fragewörter	4 §
	comment **où** **quel** **qui**	

Autocontrôle

1–3 §   **1**   Mettez le bon **article**.

Monsieur 1 : Bonjour monsieur, il y a (0) __une__ boulangerie ici ?

Monsieur 2 : Il y a (1) _____ boulangerie rue Truffaut. C'est (2) _____ boulangerie Mercier.

Monsieur 1 : Ils ont (3) _____ croissants et (4) _____ tartes ?

Monsieur 2 : Ah oui, (5) _____ croissants Mercier sont super !

Monsieur 1 : Merci ! Et il y a aussi (6) _____ parc ?

Monsieur 2 : Oui, (7) _____ parc Clichy-Batignolles.

5 §   **2**   Mettez la bonne forme du verbe **être**.

a) Maxime : Vous _____ où ?

M. et Mme Mercier : Nous _____ à la boulangerie. Et toi, tu _____ où ?

Maxime : Moi, je _____ encore à la maison. Gaston _____ là aussi.

| Entrée | Atelier **A** | Atelier **B** | | **Bilan** |

Die Lösungen zu den Bilan-Aufgaben findet ihr ab Seite 184.

b) Louis : Vous _____ monsieur Legrand ?

M. Legrand : Oui. Et vous, vous _____ ?

Emma : Moi, je _____ Emma, et là, c' _____ mon copain Louis.

Nous _____ là pour le cours de guitare.

6 § 3 Mettez les mots dans le bon ordre et faites des phrases avec la bonne forme du verbe avoir. (0) est donné en exemple. *Bringt die Wörter in die richtige Reihenfolge und bildet Sätze mit der passenden Form von avoir.*

0) une / avoir / j' / idée.   *J'ai une idée.*

1) problème / avoir / un / Maxime.   _____

2) avoir / vous / encore une place ?   _____

3) Yassine / avoir / et Alice / 14 ans.   _____

4) quel / tu / avoir / âge ?   _____

5) sac / de / Célia / avoir / le / Maxime.   _____

6) une surprise / nous / pour toi / avoir.   _____

7) la famille Mercier / un chien / avoir.   _____

7 § 4 Complétez les questions ou les réponses. Utilisez les adjectifs possessifs. (0) est donné en exemple.

0) *C'est ton sac ?*   Oui, c'est mon sac.

1) C'est le portable d'Alice ?   Oui, _____

2) Le rock, c'est ta musique ?   Oui, _____

3) Ce sont tes affaires ?   Oui, _____

4) Ce sont les copines de Maxime ?   Oui, _____

5) C'est ton adresse ?   Oui, _____

6) C'est le porte-monnaie d'Alice ?   Oui, _____

7) C'est _____ ?   Oui, c'est ma guitare.

4 § 5 Posez les **questions** correspondantes. (0) est donné en exemple. *Stellt die passenden Fragen.*

0) *Comment tu t'appelles ?*   Je m'appelle Célia.

1) _____   J'ai 14 ans.

2) _____   J'habite rue Truffaut.

3) _____   Oui, ça va.

4) _____   C'est ma copine Lola.

5) _____   C'est mon sac.

Das kann ich jetzt!

parler 6 Qu'est-ce que vous dites en français ? *Was sagt ihr auf Französisch?*

a) Begrüße deinen Nachbarn und frage, wie es ihm geht.
b) Stelle dich vor (Namen, Alter, Wohnort).
c) Verabschiede dich von deinem Lehrer.
d) Frage deinen Nachbarn nach seinem Namen, Alter und Wohnort.
e) Gib deinem Nachbarn deine Handynummer: Es ist die 06. 31. 13. 22. 09.
f) Du möchtest wissen, was das ist.

Chez Maxime

3. Après les cours, avec mes copains, on a souvent rendez-vous dans le parc Clichy-Batignolles. C'est cool pour le skate !

4. Ou bien on est dans le centre commercial. Il y a des magasins et aussi un cinéma !

5. Ma famille et moi, on est souvent « Chez Léon », un restaurant super dans la rue Legendre.

1. Salut ! Voilà mon quartier, les Batignolles.

2. Mon endroit préféré dans le quartier, c'est l'Espace Jeunes Le 27.

6. Et voilà, là, c'est chez moi ! On entre ?

parler 1 Qu'est-ce qu'il y a dans le quartier de Maxime ? Qu'est-ce qu'il y a aussi chez vous ?
Was gibt es in Maximes Viertel? Was gibt es auch bei euch?

2 Cherchez ces lieux sur le plan du quartier à la page 8. *Sucht die Orte auf dem Stadtplan auf Seite 8.*

une armoire
un lit
un bureau

La famille Mercier habite dans un appartement de quatre pièces.

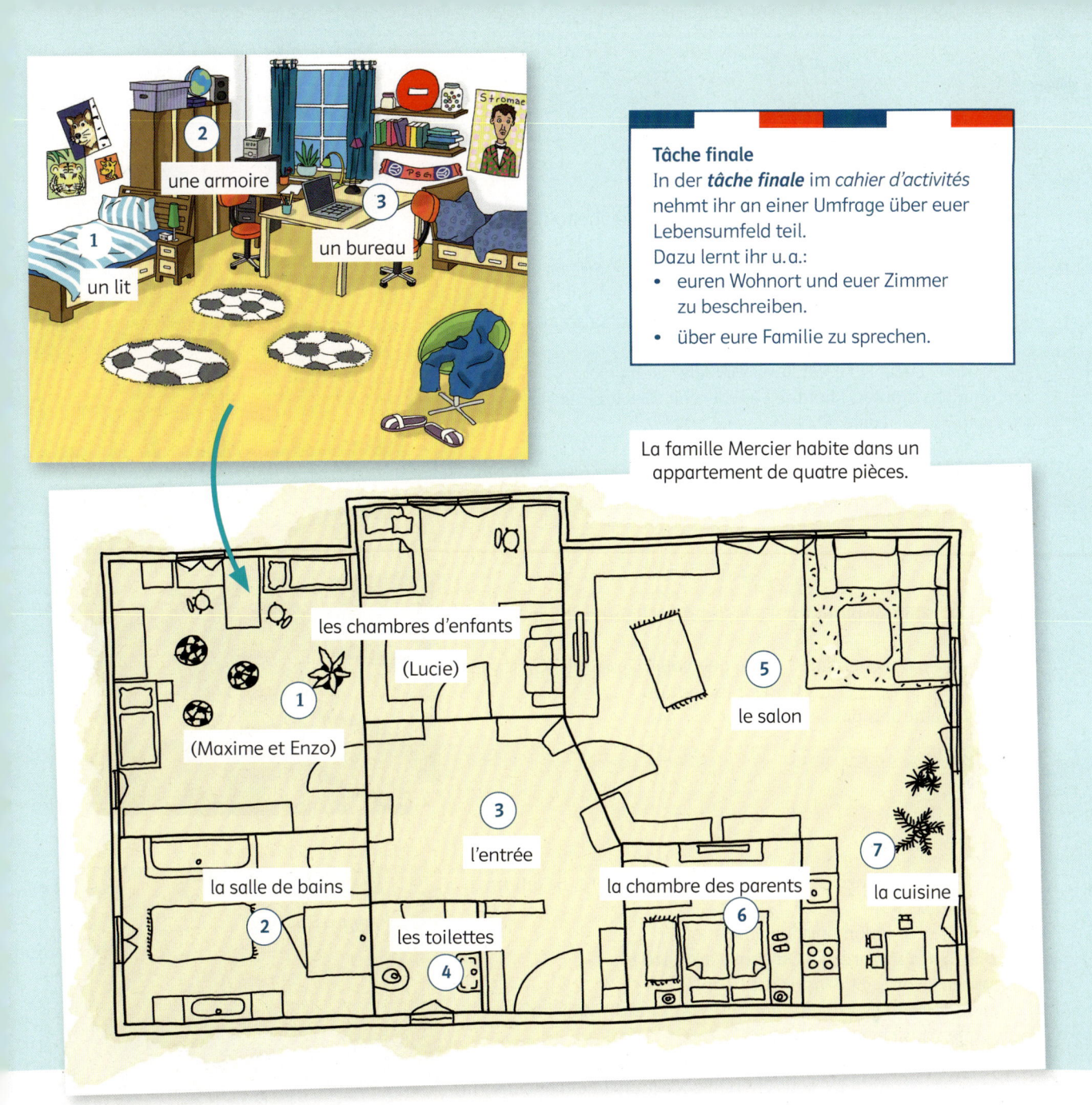

Tâche finale
In der *tâche finale* im *cahier d'activités* nehmt ihr an einer Umfrage über euer Lebensumfeld teil.
Dazu lernt ihr u.a.:
- euren Wohnort und euer Zimmer zu beschreiben.
- über eure Familie zu sprechen.

les chambres d'enfants
(Lucie)
(Maxime et Enzo)
le salon
l'entrée
la salle de bains
la chambre des parents
la cuisine
les toilettes

écouter 3 Ecoutez. Qui est dans quelle pièce? La première réponse (0) est donnée en exemple.

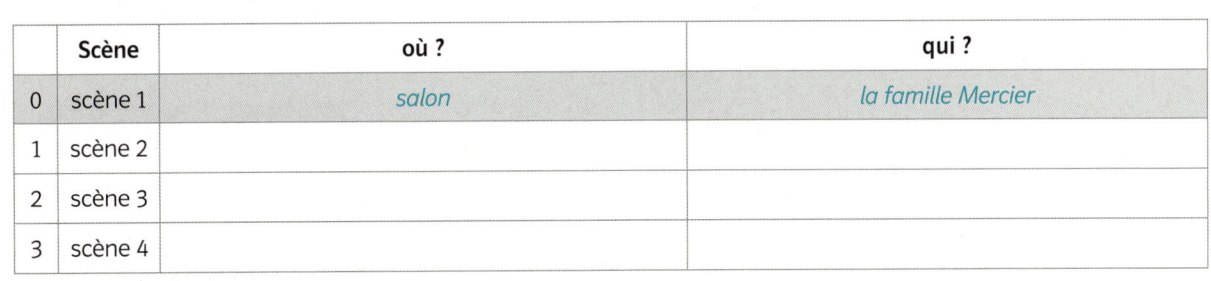

	Scène	où ?	qui ?
0	scène 1	*salon*	*la famille Mercier*
1	scène 2		
2	scène 3		
3	scène 4		

écouter 4 Alice et sa mère visitent un appartement. Ecoutez la visite et notez le nom des pièces (1–6) dans l'ordre de la visite. La première réponse (0) est donnée en exemple.

	Quelle pièce ?		Quelle pièce ?
0	*l'entrée*		
1		4	
2		5	
3		6	

Un matin chez les Mercier

1. Le matin, dans la famille Mercier, on cherche toujours quelque chose…
Le père de Maxime, travaille dans sa boulangerie et là, il cherche une commande.
Dans la chambre, Enzo cherche ses affaires. Sa sœur Lucie est dans la salle de bains …
Maxime : Lucie ! ! ! C'est aussi MA salle de bains !
Lucie : Tu saoules, Maxime ! Je cherche mes lunettes !
Mme Mercier : Lucie, Maxime, vous arrêtez !

2. Dix minutes plus tard, Lucie est dans l'entrée. Sa mère arrive.
Mme Mercier : Les enfants, est-ce que vous avez tout ? On y va !
… Euh, Lucie, et tes frères ? Ils sont où ?
Lucie : Je ne sais pas…

3. Maxime et Enzo sont encore dans la chambre, ils ont un problème.
Maxime : Zut ! Mon portable ! Il est où ?
Enzo : Sur ton bureau ? Ou dans l'armoire ?
Maxime : Non… Et… non. Zut ! Zut ! Zut !
Mme Mercier : Les garçons, vous êtes en retard ! Mais qu'est-ce que vous cherchez ?
Enzo : Nous cherchons son portable.
Mme Mercier : Ah non, vous cherchez toujours quelque chose !
Maxime : Oh, maman…
Enzo regarde sous le lit de son frère et trouve le portable.
Maxime : Super, Enzo ! Merci !

4. Les garçons arrivent dans l'entrée.
Maxime : On est là !
Mme Mercier : Alors, on y va ! … Mais… Où sont mes clés ?
Les enfants rigolent.

| Entrée | **Atelier A** | Atelier **B** | Coin lecture | Bilan |

2

Compréhension de l'écrit

1 Lisez le texte « Un matin chez les Mercier ». Qui cherche quoi ? Où sont les personnes?
Vous pouvez utiliser certaines lettres plusieurs fois. La première réponse (0) est donnée en exemple.
Wer macht was? In welchem Raum des Hauses befindet sich die Person? Die handelnden Personen bekommen Buchstaben. Ihr könnt einen Buchstaben mehrmals verwenden.

A Monsieur Mercier
B Madame Mercier
C Maxime
D Lucie
E Enzo

Qui cherche… ?

sa commande	0	*A*
ses lunettes	1	D
ses enfants	2	B
son portable	3	C
ses clés	4	AB
ses affaires	5	

Où… ?

la boulangerie	00	*A*		
la chambre	9	C	8	
la salle de bains	9	A		
l'entrée	10	B		

2 a) Complétez le texte de Maxime.

Sur la photo, ce sont mes _____ :

ma _____ s'appelle Laura et mon

_____ Sébastien.

Dans ma _____ , il y a trois enfants :

mon _____

Enzo, ma _____ Lucie et moi.

parler b) Préparez cinq questions et posez-les à votre voisin/e.
Überlegt euch fünf Fragen zur Familie eurer Nachbarin / eures Nachbars. Stellt ihr/ihm eure Fragen.

Tu as un frère ?
Ton père s'appelle comment ?

Maxime cherche son portable.

3 Faites des phrases. *Bildet so viele sinnvolle Sätze wie möglich und achtet dabei auf die richtige Verbform. Wer hat die meisten Sätze?*

La famille Mercier	travailler	Lucie.
Je	chercher	rue Truffaut.
Maxime, tu	trouver	les clés.
Nous	arriver	dans une boulangerie.
Enzo et Maxime	entrer	avec madame Mercier.
On	habiter	un film.
Monsieur, vous	regarder	dans l'appartement.
Monsieur Mercier	rigoler	une idée.
Lucie et sa copine		mercredi.

vingt-sept **27**

2   Entrée   **Atelier A**   Atelier B   Coin lecture   Bilan

Qu'est-ce qu'il y a ?

4 Complétez les dialogues avec **est-ce que** ou **qu'est-ce que**.

Lucie : _Est-ce que_ tu es là mercredi ?

Zoé : Mercredi ? Oui !

Lucie : Alors, _____ on regarde un film ?

Zoé : Super ! Et _____ on regarde ?

M. Mercier : C'est moi.

Mme Mercier : Oui ? _____ il y a ?

M. Mercier : Laura, _____ tu as mes clés ?

Mme Mercier : Quoi ? Tu cherches encore tes clés ?

Jeu de sons : [s]/[z] et [ʃ]/[ʒ]

5 a) Ecoutez les mots et complétez le tableau.

[s] wie nass	[z] wie Hase	[ʃ] wie schlank	[ʒ] wie Garage
place,	*maison,*	*chambre,*	*âge,*

b) Prononcez les phrases suivantes le plus vite possible. *Sprecht folgende Sätze so schnell wie möglich.*

1. A Toulou**s**e, mademoi**s**elle **Z**oé a un maga**s**in de mu**s**ique.
2. Au**j**ourd'hui, **J**ulie donne des oran**g**es à **J**ulien et **J**érôme.
3. Dans le parc Cli**ch**y, **Ch**arlotte et **Ch**arles **ch**er**ch**ent leur **ch**ien **Ch**ou**ch**ou.
4. **S**amedi, **S**arah, **s**a **s**œur **S**ophie et les gar**ç**ons **s**ont dans le centre commer**c**ial.

On compte les moutons…

trente-deux   quarante-et-un   cinquante-trois   soixante-neuf

6 a) Vous connaissez déjà les nombres de 0 à 31. Regardez maintenant les nombres de 32 à 69. *Ihr kennt schon die Zahlen von 0 bis 31. Wie bildet man die Zahlen bis 69?*

b) Comptez. *Formuliert Rechenaufgaben, deren Ergebnisse die Zahlen auf den Schafen sind. Folgende Formulierungen sind möglich:*

21 **plus** 32, **ça fait** 53.   21 **plus** 32 **font** 53.   21 **plus** 32 **égalent** 53.
53 **moins** 21, **ça fait** 32.   53 **moins** 21 **font** 32.   53 **moins** 21 **égalent** 32.

Entrée **Atelier A** Atelier B Coin lecture Bilan

2

écouter **7** a) Lucie joue les standardistes. Ecoutez les conversations : qui appelle ?
Lucie spielt die Auskunft. Hört euch die Gespräche an und sagt, wer anruft.

b) Ecoutez les appels encore une fois et donnez les informations demandées.
Gebt den Anrufern die gewünschten Informationen.

MINI-TÂCHE

Ma famille, ma chambre

ON DIT

Mein Zuhause

Meine Familie vorstellen
Sur la photo, c'est / ce sont... Et voilà...
Mon père s'appelle... / Ma mère, c'est...
J'ai un frère / une sœur...
Ils s'appellent...
Il/Elle a ... ans.
Là, c'est mon chien. Son nom, c'est...

Meine Wohnung beschreiben
Mon adresse, c'est...
J'habite rue... à...
J'habite avec... dans... de... pièces.
Mein Zimmer beschreiben
Ma chambre est cool/super.
Sur/Sous..., il y a... / J'ai aussi...

écrire **8** Faites deux filets à mots. *Lest die Texte in* Entrée *und in* Atelier A *noch einmal durch und erstellt je ein Wörternetz zu* ma famille *und* ma chambre.

parler **9** a) Faites votre portrait. *Stellt euch und euer Zuhause bzw. ein Fantasie-Zuhause mithilfe der Wörternetze und des* On dit*-Kastens vor. Nehmt dazu auch Fotos und Zeichnungen und stellt eure Ergebnisse wie in einer Galerie in der Klasse aus. Welcher Steckbrief gefällt euch am besten?*

b) Présentez-vous. *Stellt euch mithilfe des Steckbriefs vor.*

Une partie de ping-pong

1 Regardez la photo numéro 1. C'est qui ?

Maxime et son copain Yassine ont rendez-vous à l'Espace Jeunes. Aujourd'hui, ils font une partie de ping-pong. Célia et une copine arrivent. Maxime présente Célia à Yassine.

1. Yassine : Salut Célia. Moi, c'est Yassine. Et toi, tu t'appelles comment ?
Alice : Moi, c'est Alice.
Célia : Alice est dans ma classe. Elle est de Marseille.
5 Yassine : Alors bienvenue à Paris, Alice !
Alice : Merci.
Yassine : Alors, vos profs, ils sont comment ?
Alice : On a de la chance, nos profs sont cool.
Maxime : Sauf votre prof d'anglais : elle est grave !
10 Les quatre copains rigolent.

2. Yassine : Vous faites une partie avec nous ?
Alice et Célia : D'accord !
Yassine donne une balle à Célia et les garçons terminent leur partie avec les filles.

15 Célia : Bon, qu'est-ce qu'on fait, maintenant ?
Yassine : Alice, tu aimes Paris ?
Alice : Ben, je ne sais pas…
Maxime : Mais Paris, c'est super ! Moi, j'adore les Batignolles, c'est trop cool !

20 **3.** Les copains quittent l'Espace Jeunes. Célia raconte des blagues et les garçons rigolent. Mais Alice est triste.
Yassine : Qu'est-ce que tu as, Alice ? Tu fais la tête ?
Alice : Non, je pense à Marseille, à mes copains, à leurs blagues…

25 Alice rentre à la maison. Célia discute avec Yassine et Maxime et elle a une idée…
Célia : Samedi, on montre notre quartier à Alice ! Avec une chasse au trésor !
Yassine : C'est une idée super, Célia !

Compréhension de l'écrit

2 Lisez le texte « Une partie de ping-pong ». D'abord, décidez si les affirmations (1–7) sont vraies (V) ou fausses (F) et mettez une croix (☒) dans la bonne case. Ensuite, identifiez la phrase du texte qui motive votre décision. Ecrivez les quatre premiers mots de cette phrase dans la case prévue. La première réponse (0) est donnée en exemple.

In der nächsten Übung müsst ihr euch zunächst entscheiden, ob die Aussagen richtig (V) oder falsch (F) sind, was ihr in den ersten Spalten ankreuzen müsst. Dann müsst ihr den entsprechenden Satz im Text finden und dessen erste vier Wörter in die entsprechende Zeile schreiben.

0	Les deux amis jouent au tennis de table.
1	Célia est la copine d'Alice.
2	Alice est à Paris pour le week-end.
3	Maxime adore la prof d'anglais de Célia.
4	Célia regarde la partie de ping-pong.
5	Maxime aime son quartier.
6	Alice est triste parce qu'elle pense à ses parents en Bretagne.
7	Le week-end, les copains montrent leur quartier à Alice.

	V	F	Les quatre premiers mots
0	x		*Aujourd'hui, ils font une*
1	x		
2		x	
3		x	
4		x	
5	x		
6		x	
7	x		

Qu'est-ce que tu aimes ?

3 Travaillez à deux. Faites des dialogues.

A : Moi, j'aime **les** surprises. Et toi ?
B : Moi aussi, j'adore **les** surprises. / Non, je déteste **les** surprises.
   Mais j'aime… Et toi, qu'est-ce que tu aimes ?

aimer ♥
adorer ♥♥
détester ✖

1

2

3

4

5
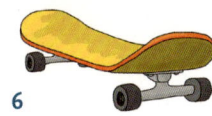
6

7

8

Qu'est-ce qu'on fait?

4 Jouez à deux : faites des phrases avec le verbe **faire** à l'aide des deux paquets de cartes.
Benutzt die zwei Stapel, um Sätze mit dem Verb faire zu bilden (siehe Mediencode).

Nous faisons une tarte au chocolat.

je	une tarte au chocolat
tu	une surprise
il	un numéro
elle	un film sur le quartier
on	la tête
nous	une partie de ping-pong
vous	des blagues
ils	des photos dans le quartier
elles	un café

Cours intensif-Code qk72qm

Notre appartement et nos copains

5 a) Complétez avec **son**, **sa**, **ses**.

1. Alice pense à _____ copains et _____ quartier à Marseille.

2. Elle va à l'Espace Jeunes avec _____ copine Célia.

3. Célia est dans _____ classe.

b) Complétez avec **leur** ou **leurs**.

1. Célia, Maxime et Yassine montrent _____ quartier à Alice.

2. _____ endroit préféré dans le quartier, c'est l'Espace Jeunes.

3. Maxime et Yassine trouvent _____ profs cool.

Célia présente Alice à ses copains.

6 a) Regardez les phrases. *Benennt in den vier Sätzen das direkte und das indirekte Objekt. Wie werden beide an das Verb angeschlossen?*

Maxime présente Célia à Yassine.
_____
_____

Nous montrons notre quartier à Alice.
_____
_____

Yassine donne une balle à Célia.
_____
_____

Maxime raconte la partie à Enzo.
_____
_____

b) *Schreibt nun die englische und die deutsche Übersetzung unter die Sätze. Sagt, was euch dabei auffällt.*

Entrée   Atelier A   **Atelier B**   Coin lecture   Bilan

2

7 a) Mettez les mots dans l'ordre et écrivez les phrases. *Bringt die Wörter in die richtige Reihenfolge und schreibt die Sätze in euer Heft.*

1. Alice | à | nous | la | Maintenant, | présentons | classe.
2. la | vous | l'appartement | à | montrez | famille Renard. | Aujourd'hui,
3. blague | raconte | à | parents. | Yassine | ses | une
4. donne | Après la partie, | Célia | Maxime. | sac | à | son

b) Faites encore deux phrases. *Bildet nach diesem Modell zwei eigene französische Sätze.*

Jeu de sons : la liaison

8 Ecoutez et trouvez la bonne phrase. *Findet den richtigen Satz.*

a) 1. Ils sont à la maison.
   2. Ils‿ont une maison.

b) 1. Vous‿avez leur adresse ?
   2. Vous‿avez leurs‿adresses ?

c) 1. Il habite à Paris.
   2. Ils‿habitent à Paris.

d) 1. Ils‿ont des‿idées pour leur anniversaire.
   2. Ils‿ont des‿idées pour leurs‿anniversaires.

POUR VOUS AIDER

La liaison
Im Französischen werden Wörter manchmal durch Bindung (**la liaison**) „zusammen" ausgesprochen. Die Bedeutung kann davon abhängen, ob es die *liaison* gibt oder nicht.

C'est où ?

STRATEGIE

Hörverstehen – Übung in der Klasse: Globales und selektives Hörverstehen
Wenn ihr einen französischen Text hört, versteht ihr nicht sofort alle Einzelheiten.
Versucht beim **ersten Hören in der Klasse** herauszufinden, wer spricht und wo/in welcher Situation sich die Personen befinden (Globalverstehen).
Beim **zweiten Hören** achtet ihr auf die Einzelheiten (selektives Hörverstehen).
Besprecht das Resultat in der Klasse.

9 **Globalverstehen:** Ecoutez les trois scènes. Où est-ce qu'elles se passent ?
An welchen Orten spielen sich die Szenen ab?

La scène numéro 1, c'est dans _____.

La scène numéro 2, c'est dans _____.

La scène numéro 3, c'est dans _____.

Selektives Verstehen:

Scène 1: La jeune fille cherche _____.

Scène 2: Au rendez-vous, Yassine a _____.

Scène 3: Les garçons jouent au _____.

En français et en allemand

STRATEGIE

Médiation (I) – Dolmetschen
Beim Dolmetschen geht es darum, Inhalte von einer Sprache in die andere zu übertragen.
Adressat: Macht euch klar, für wen ihr dolmetscht: Das spielt z. B. bei der Anrede eine Rolle.
Inhalt: Überlegt euch, welche Informationen eure Gesprächspartnerin/euer Gesprächspartner benötigt. Ihr müsst also nicht alles wiedergeben und auf gar keinen Fall wortwörtlich übersetzen!
Sprache: Achtet beim Dolmetschen auf sprachliche Korrektheit.

médiation 10 Jouez les interprètes ! *Euer Sportverein hat Gäste aus Rennes. Mit Léo, der nur wenig Deutsch spricht, spielst du gerade im Jugendzentrum Tischtennis, als dein Freund Niklas mit einem Mädchen dazu stößt. Niklas kann kein Wort Französisch. Du bist also gefordert und stellst zunächst alle vor.*

  Du: Hallo Niklas! Das ist Léo.
  Niklas: Hi, ich bin Niklas. Und das ist Mia aus Eisenstadt. Sie wohnt jetzt in meiner Straße und geht in meine Klasse. **Du:** …
5 **Mia:** … und sag Léo auch gleich, dass Niklas die ganze Zeit herumblödelt. **Du:** …
  Léo: D'accord. Et qu'est-ce qu'ils font ici ? Ils ont un cours aujourd'hui ? **Du:** …
  Niklas: Nein. Ich führe Mia einfach mal durchs Viertel
10 und zeige ihr meine Lieblingsorte. **Du:** …
  Léo: Votre quartier est trop cool ! Surtout la boulangerie Hermann, j'adore leurs croissants. Ils sont presque aussi bons que les croissants français ! **Du:** …
15 **Mia:** Echt?
  Léo: Ils font une partie avec nous ? **Du:** …
  Niklas: Nein, das geht heute nicht, wir sind gerade auf dem Weg in den Stadtpark, dort treffen wir uns mit Sarah…. **Du:** …
20 **Mia:** Also, macht's gut, Jungs

Schaut im Text auf Seite 30 nach, wie ihr „herumblöden" anders übersetzen könnt. Auch für „die ganze Zeit" kennt ihr einen anderen Ausdruck.

In diesem Satz versteht ihr nicht alles. Ihr könnt aber erahnen, dass es noch immer um die Croissants geht. Ihr könnt hier also beruhigt verkürzen.

Auch hier könnt ihr vereinfachen: Überlegt, was ihr sagt, wenn ihr mit jemandem eine Verabredung habt.

MINI-TÂCHE

Une enquête de Géo Ado

écrire 11 Le magazine « Géo-Ado » fait une enquête sur les familles, les appartements et les villes où les jeunes habitent. Vous décidez d'écrire un article.

Dans votre **article**, vous :
- présentez votre famille
- décrivez la ville où vous habitez
- décrivez votre appartement

Donnez **un titre** à votre article. Ecrivez environ **80 mots**.

Entrée   Atelier **A**   Atelier **B**   **Coin lecture**   Bilan

Chasse au trésor dans le quartier !

Avant la lecture

Stratégie **1** Qu'est-ce que c'est en allemand ? *Findet mithilfe bereits bekannter Sprachen heraus, was diese Wörter auf Deutsch heißen.*

une table   une enveloppe   une dame   une bibliothèque

un kiosque   un message   une solution

Pendant la lecture

lire **2** Lisez le texte et regardez les images. Pendant la lecture, notez les indices et les lieux où les enfants sont. La première réponse (scène 1) est donnée en exemple.

	indice	lieu
1	a) une photo b) un papier	l'appartement de Célia
2	a) _____ b) _____	
3	a) _____ b) _____	
4		

1. Aujourd'hui, Célia, Maxime et Yassine ont rendez-vous avec Alice dans l'appartement de Célia. Sur la table, il y a une enveloppe avec le nom d'Alice …

5 Alice : Qu'est-ce que c'est ?
Célia : C'est une surprise ! Une surprise pour… Alice !
Alice regarde dans l'enveloppe et trouve une photo et un papier.
10 Alice : Euh… ???
Yassine : Aujourd'hui, chasse au trésor dans les Batignolles !
Alice : Alors, la photo, le papier, ce sont des indices ?
15 Maxime : Oui ! C'est l'indice numéro 1.
Célia : Et à mon avis, l'indice numéro 2 est dans la gare Saint-Lazare…
Alice : … sur le quai¹ 27.
Yassine : Bravo les filles ! On y va !

1

----
1 **un quai** [ɛke] *(hier)* ein Bahnsteig

2   Entrée   Atelier A   Atelier B   **Coin lecture**   Bilan

20   **2.** Quai 27, c'est le bureau des objets trouvés[1]. Alice montre la photo à la dame et la dame donne une enveloppe à Alice. Dans l'enveloppe, il y a encore une photo et… une pièce de puzzle[2].

Maxime : Vous avez une idée ?
25   Alice : Oui, on cherche un livre maintenant !
Célia : Et dans le livre, il y a l'indice numéro 3…
Alice : Et on trouve le livre où ?
Yassine : A la bibliothèque !!!

3   *Alice und ihre Freunde haben hier ein erstes Puzzleteil erhalten. Um herauszufinden, welche Überraschung auf Alice wartet, müsst ihr alle „Puzzleteile" zusammensetzen.*

3. Les copains sont maintenant dans la bibliothèque de
30   leur quartier, rue des Batignolles. Yassine et Alice trouvent la BD,
« Le taxi brousse[3] de Papa Diop » de Christian Epanya…
et une enveloppe…

Maxime : Alice, il y a un kiosque place de Clichy.
35   Alice : Et Gérard, c'est qui ?
Célia : Surprise… !

4. Place de Clichy, devant le kiosque.
Maxime : Bon, et maintenant, qu'est-ce qu'on fait ?
Alice : Oui, il est où, Gérard ?
40   Le monsieur dans le kiosque : Vous cherchez un Gérard… ?
Les copains : Ouiiiiii !!!
Le monsieur : C'est moi ! Et toi, tu es Alice…
Alice : Ça alors, comment vous…
45   Mais là, Alice regarde le monsieur et…
Alice : Les copains, j'ai la solution !

4   a) Regardez le dessin numéro 4. *Was sieht Alice bei Gérard?*
b) Quel mot trouve Alice ? *Welches Lösungswort findet Alice?*

5. Dans l'enveloppe de Gérard, les copains trouvent un message : « Bravo Alice ! Tu as bientôt ta surprise. Maintenant, rendez-vous 72 avenue de Clichy. »

50   Dix minutes plus tard, Alice et ses copains sont dans l'avenue de Clichy. Le numéro 72, c'est un restaurant…

---

1 **un bureau des objets trouvés** [ɛ̃byʀodezɔbʒɛtʀuve] ein Fundbüro • 2 **une pièce de puzzle** [ynpjɛsdəpœz(œ)l] ein Puzzleteil • 3 **un taxi brousse** [yntaksibʀus] ein Buschtaxi (ein in afrikanischen Ländern gebräuchliches Gemeinschaftstaxi, in dem zwischen 6 und 15 Personen Platz haben)

| Entrée | Atelier **A** | Atelier **B** | **Coin lecture** | Bilan |

2

écouter **5** Ecoutez la fin du texte « Chasse au trésor dans le quartier ! ». Pendant l'écoute, trouvez les éléments corrects de la liste (A–G) pour compléter les phrases (1–4). Il y a deux éléments dont vous n'aurez pas besoin. Ecrivez vos réponses dans les cases prévues. La première réponse (0) est donnée en exemple. *Ordnet die Satzhälften einander zu. Es bleiben zwei Satzhälften übrig.*

0	Binta est ____.	B
1	La Gazelle de Dakar est ____.	
2	Le restaurant a ____.	
3	La surprise d'Alice, c'est ____.	
4	Les Batignolles, c'est ____.	

A	un quartier de Marseille
B	la cousine de Célia
C	un restaurant
D	des spécialités sénégalaises
E	une spécialité française
F	un repas sénégalais
G	un quartier super

Ecrivez vos réponses ici:

0	1	2	3	4
B				

Après la lecture

lire **6** Qu'est-ce qu'on dit en français… ? Cherchez les expressions correspondantes dans le texte.
Was sagt man auf Französisch …? Schaut im Text nach.

a) Meiner Meinung nach …
b) Los geht's!
c) Habt ihr eine Idee?
d) Wer ist Gérard?
e) Überraschung!
f) Was machen wir?
g) Und wo ist Gérard?
h) Ich hab' die Lösung!
i) Treffpunkt

parler **7** Qu'est-ce que vous montreriez dans votre quartier / votre village ? Racontez.
Was würdet ihr von eurem Viertel / eurem Dorf zeigen?

Moi, dans mon quartier, j'aime …, alors je montre …

SUR PLACE

Le Sénégal

In der *bande dessinée* « Le taxi brousse de Papa Diop » schildert Christian Epanya liebevoll das Leben im Senegal: Mit jeder Fahrt im Buschtaxi wird ein Aspekt des Alltags gezeigt …

Bis zur Unabhängigkeit im Jahre 1960 war Senegal eine französische Kolonie. Heute leben in Frankreich viele Menschen senegalesischer Herkunft – wie Célias Familie.

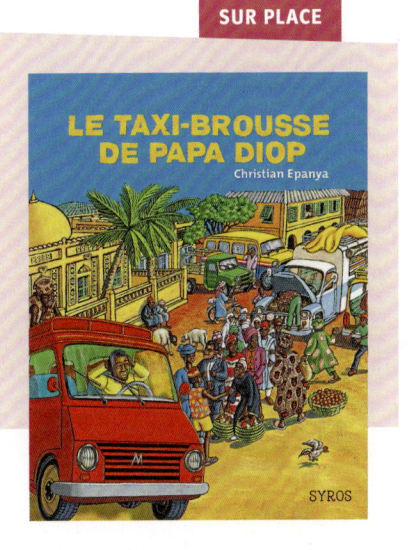

2 — Bilan

Entrée · Atelier A · Atelier B · Coin lecture · **Bilan**

La grammaire

Du beschreibst Tätigkeiten.	Das brauchst du dafür:	
Enzo et Maxime **cherchent leurs affaires**. Célia **raconte** une blague **à Yassine**.	**Verben auf -er** je cherche — nous cherchons tu cherches — vous cherchez il/elle/on cherche — ils/elles cherchent das direkte und indirekte Objekt im Satz	8 §
Les filles, qu'est-ce que vous **faites** ?	**das Verb faire** je fais — nous faisons tu fais — vous faites il/elle/on fait — ils/elles font	10 §

Du sprichst über deine Familie.	Das brauchst du dafür:	
Voilà **mon** frère Enzo. Sur la photo, il est avec **nos** parents et **notre** sœur.	**die Possessivbegleiter** notre copain/copine — nos copains/copines votre copain/copine — vos copains/copines leur copain/copine — leurs copains/copines	11 §

Du kannst Fragen stellen.	Das brauchst du dafür:	
Est-ce que tu travailles samedi ? **Qu'est-ce que** vous cherchez ?	Die Fragen mit **est-ce que** und **qu'est-ce que**	9 §

Autocontrôle

8 § 1 Faites une phrase avec chaque verbe.

Je	présenter	un croissant	à Enzo
Tu	donner	Yassine	à son frère
Maxime	montrer	l'appartement	à Mme Mercier
Nous	raconter	des photos	à mon copain
Vous		un film	à Lucie
Alice et Célia		un portable	

12 § 2 Complétez avec la bonne forme du verbe **faire**.

Maxime : Les filles, qu'est-ce que vous _____ samedi ?

Célia : Alice et moi, nous _____ des photos dans le quartier.

Maxime : Et toi Yassine ? Tu _____ une partie de ping-pong avec moi samedi ?

Yassine : Non, j'ai rendez-vous dans le parc avec des copains. Mais Maxime, qu'est-ce qu'il y a ?

Maxime : Je _____ la tête ! Samedi, toi tu es dans le parc, et les filles _____ des photos ! Et moi ?

Yassine : Attends Maxime, on _____ des blagues !

Entrée   Atelier **A**   Atelier **B**   Coin lecture   **Bilan**

Die Lösungen zu den Bilan-Aufgaben findet ihr ab Seite 184.

2

9 § **3** Trouvez les bonnes questions.

a) Je cherche le chocolat.
b) Je fais une tarte au chocolat.
c) Oui, c'est une surprise.
d) Non, elle est pour mes parents.

11 § **4** Complétez les phrases avec les **adjectifs possessifs au pluriel**.

Monsieur et madame Mercier regardent des photos de _____*leur*_____ famille avec _____ voisins, monsieur et madame Boussac.

Mme Boussac : Ce sont _____ enfants sur la photo ?

M. Mercier : Oui, ce sont _____ enfants : _____ fille Lucie et _____ fils Maxime et Enzo.

Mme Mercier : Et là, ils sont avec _____ copains.

M. Boussac : Et là ? C'est _____ boulangerie ?

M. Mercier : Oui, elle est dans la rue des Batignolles.

La langue dans son contexte

5 Lisez le message de Yassine sur WhatsApp à son cousin Quentin. Dans la plupart des lignes il y a un mot qui ne devrait pas y être. Ecrivez ces mots dans les cases prévues. Cependant, 2 à 4 lignes sont correctes. Marquez ces lignes avec le symbole ✓. Deux réponses (0, 00) sont données en exemple.
In den meisten Zeilen ist ein Wort zu viel, das den Satz falsch macht. Schreibt diese Wörter in die vorletzte Spalte. 2–4 Zeilen sind aber richtig, da sollt ihr ein Häkchen setzen. Zwei Antworten (0, 00) sind als Beispiel vorgegeben.

Les amis de Yassine

Salut Quentin ! Voilà, ce sont mes copains. Elle est bien	✓	0
notre photo, non ? Maxime est pour toujours dans ma classe,	*pour*	00
c'est trop cool. La fille, c'est une copine de la Célia. Elle	la	1
s'appelle Alice. Maintenant elle habite à Paris, mais elle	✓	2
est de Marseille ! C'est lycée en Provence. Elle est aussi		3
au son collège, dans la classe de Célia. Elle est sympa,	son	4
mais elle est fille triste aussi. Normal, tu quittes tes	est	5
copains, ton quartier bien, ton école et tu arrives où ?		6
À Paris ! Mais elle a tout de la chance. Nous sommes là		7
pour elle. Et notre idée : montrer tard à Alice		8
notre quartier avec une chasse au trésor ! On a rendez-vous		9
chez appartement Célia. …! Zut, je suis en retard ! A plus.		10

Das kann ich jetzt!

parler **6** Qu'est-ce que vous dites en français ?

a) Du möchtest wissen, wo der neue Schüler herkommt.
b) Sage, in welcher Straße und in welchem Ort du wohnst.
c) Du magst dein Viertel: Dort gibt es ein Kino und ein Einkaufszentrum.
d) Dein Lieblingsort ist der Park.
e) Deine Schwester heißt Lili. Sie ist 5 Jahre alt und liebt Schokolade über alles.
f) Sie hasst aber Salat.
g) Sage, dass dein Bruder Moritz immer spät dran ist und oft schmollt.

trente-neuf **39**

3 Au collège

Aux Batignolles, il y a plusieurs collèges. Célia, Alice, Maxime et Yassine sont en classe de 4ᵉ au lycée-collège Honoré de Balzac.

1

A midi, les élèves ont faim et sont à la cantine.

2

A la récré, les élèves quittent leur salle de classe et jouent ou discutent dans la cour.

3

SUR PLACE

Le système scolaire

Nach fünf Jahren Volksschule (*école primaire*) gehen **alle** französischen Schülerinnen und Schüler für vier Jahre ins *collège*. Es umfasst vier Klassen: *la 6ᵉ, la 5ᵉ, la 4ᵉ, la 3ᵉ*. Danach gehen die meisten für drei Jahre ins *lycée*: es umfasst *la seconde (2ⁿᵈᵉ), la première (1ᵉʳᵉ)* und *la terminale*. Es entspricht in etwa der gymnasialen Oberstufe und führt zur Reifeprüfung (*le bac*).
Die Schule *Honoré de Balzac* umfasst gleichzeitig *collège* und *lycée* an einem Standort, was untypisch für Frankreich ist. Die Schule ist somit sehr groß: 220 Lehrpersonen unterrichten dort mehr als 2000 Schülerinnen und Schüler.

parler 1 a) Regardez les photos. Qu'est-ce qu'il y a dans le collège de Maxime ? Et qu'est-ce qu'il y a dans votre collège ? *Was gibt es in Maximes Schule? Und was gibt es in eurer Schule?*

Dans le collège de Maxime, il y a une cour… Dans mon collège, il y a aussi une cour…

b) Et qu'est-ce qu'il n'y a pas dans votre collège ? Notez ces lieux. *Notiert diese Orte.*

parler 2 Regardez la vidéo sur le lycée-collège Honoré de Balzac.

Online-Code 2g7ej6

a) Quels lieux est-ce que la jeune fille montre ? Notez-les.
b) Qu'est-ce que vous aimez ? Racontez.

40 quarante

Quand un prof est malade, les élèves sont en permanence avec un surveillant et font leurs devoirs…

Tâche finale
In der *tâche finale* auf Seite 53 dreht ihr für eure französische Partnerschule kurze Videos über euren Schulalltag.

A l'infirmerie, madame Belkacem, l'infirmière, aide les élèves malades.

… Ou ils sont au CDI[1] avec la documentaliste. Là, il y a des livres, des BD et des ordinateurs.

A Honoré de Balzac, il y a une piscine et quatre gymnases pour les cours de sport.

1 Centre de documentation et d'information

3 Faites un filet à mots autour du **collège** et complétez-le pendant la leçon. *Macht eine Mind-Map zum Thema* collège *und ergänzt es im Laufe der Lektion.*

les lieux — le collège — les personnes

4 a) « **aux** Batignolles » – « **au** CDI. » Expliquez. *Woraus setzen sich* au *und* aux *zusammen?*

b) Travaillez à deux. Demandez à votre voisin/e où il/elle est. Puis changez de rôle.

A : Tu es où ? B : Je suis à la piscine.

l'infirmerie — les toilettes — la bibliothèque
le salon — l'école — le café — le cinéma
la gare — la cantine

Compréhension de l'oral

5 Ecoutez les dialogues et dites où les scènes se passent. Dans chaque scène, deux mots-clé vous servent d'indice. *Wo spielen die Szenen? Zwei Schlüsselwörter geben euch jeweils einen Hinweis auf den Ort.*

scène	mot-clé 1	mot-clé 2	Lieu
1	*mal à la tête*	*aspirine*	*infirmerie*
2			
3			
4			

quarante et un 41

3
Entrée   **Atelier A**   Atelier **B**   Bilan

Une journée au collège

Lundi matin, à huit heures moins le quart, Maxime et Alice sont dans le bus. Alice est de mauvaise humeur : elle a sport en première heure.

> Tu détestes le sport ? Mais pourquoi ? Moi, c'est ma matière préférée !

1

> Maxime, qu'est-ce que tu fais ? Est-ce que tu écris un SMS ? Je rêve !!!

Dix heures dix. Après la récré, Maxime a SVT avec monsieur Giordano. Les élèves lisent le quarantième texte sur les volcans… C'est l'horreur ! Maxime écrit un SMS à Célia, mais…

2

Il est midi moins vingt, madame Lopez est malade : cool, une heure de perm ! Mais aujourd'hui, le surveillant, c'est « Dark Vador »…

> Vous dites un mot, et c'est une heure de colle !

3

> J'ai un SMS de Célia : « … Rendez-vous mercredi à l'Espace Jeunes ? Avec Alice et Yassine ? » Moi, je dis oui, et toi ?

A une heure et quart, Maxime et ses copains sont dans la cour. Après la cantine, ils font parfois une partie de ping-pong. Mais aujourd'hui, Maxime discute avec Yassine.

4

42   quarante-deux

Entrée **Atelier A** Atelier B Bilan

3

Il est une heure et demie. Maxime a français avec madame Fontaine, il adore ses cours. Et aujourd'hui, elle propose une sortie au théâtre aux élèves ! Super !

Mais alors pour la sortie, vous lisez encore la scène 3. D'accord ?

A demain !

5

A cinq heures vingt-cinq, c'est la fin des cours. Maxime et Yassine discutent encore une demi-heure à l'entrée avec des filles de leur classe.

6

SUR PLACE

Une journée au collège

Im *collège* dauert der Unterricht meistens bis 17 Uhr, nur am Mittwoch endet er bereits gegen 12 Uhr. Mittags essen die meisten Schülerinnen und Schüler in der Schulkantine. Nach der Schule müssen noch die Hausaufgaben gemacht werden, was manchmal mehr als eine Stunde dauert.

Compréhension de l'écrit

lire **1** Lisez le texte « Une journée au collège ». Complétez les phrases (1–8) en quatre mots au maximum. La première réponse (0) est donnée en exemple.

0	Alice a sport, alors elle est ____.	*de mauvaise humeur*
1	Pour Maxime, le sport est ____.	
2	En SVT, les élèves travaillent avec un texte ____.	
3	En SVT, Maxime ____.	
4	Les élèves sont en permanence, parce que ____.	
5	Mercredi, Maxime et Célia se retrouvent ____.	
6	Avec la classe de français, Maxime fait ____.	
7	Pour le cours de français, Maxime lit ____.	
8	Après les cours, Maxime et Yassine parlent ____.	

quarante-trois **43**

3   Entrée   **Atelier A**   Atelier **B**   Bilan

parler   **2**   A votre avis, est-ce que Maxime aime le collège ? Pourquoi (pas) ?

lire   **3**   a) Quels mots du texte est-ce que vous comprenez à l'aide d'autres langues ?
12 Stratégie   *Welche Wörter aus dem Text könnt ihr erschließen?*

     b) Qu'est-ce qu'on dit en français ?

1. Wie sagt Alice, dass sie Sport überhaupt nicht mag?
2. Wie drückt Herr Giordano aus, dass er etwas nicht fassen kann?
3. Wie sagt Maxime, dass er den Biologieunterricht nicht erträgt?
4. Wie sagt man, dass jemand nicht gut drauf ist?

Production écrite

Maxime écrit un SMS.

écrire   **4**   Maxime écrit un SMS à Célia pendant le cours de SVT.

Dans son SMS, il:

- explique pourquoi il n'aime pas le cours
- propose un rendez-vous mercredi

Ecrivez environ **40 mots**.

13 §   **Elle propose une sortie aux élèves.**

5   Mettez les mots dans l'ordre et écrivez les phrases (1–6) dans votre cahier. Utilisez **au, à l', à la, aux**. La première réponse (0) est donnée en exemple.

    0   sortie – élèves – Madame – une – propose – Fontaine – théâtre

       Madame Fontaine propose une sortie au théâtre aux élèves.

    1   élèves – leurs – surveillants – devoirs – montrent – Les
    2   Célia – dit – bonjour – documentaliste
    3   Alice – croissant – M. Mercier – un – donne – frère – d'
    4   blague – raconte – Yassine – Maxime – de – parents – une
    5   présente – M. Giordano – Mme Fontaine – infirmière
    6   son – dit – Maxime – adresse – prof de SVT

> **GRAMMAIRE**
>
> **à + article contracté** wird nicht nur bei Ortsangaben verwendet, sondern schließt auch das indirekte Objekt an:
> *Madame Fontaine propose une sortie **aux** élèves.*

Jeu de sons : [ã] [õ] [ɛ̃]

6   a) Travaillez à trois. A a une carte avec le son [ã] comme « volc**an** », B une avec le son [õ] comme « récréati**on** » et C une avec le son [ɛ̃] comme « mat**in** ». Ecoutez les mots et montrez la bonne carte.

     b) Ecoutez les trois dialogues. *In jedem der drei Dialoge kommt ein Nasal nur ein einziges Mal vor. Kreuzt diesen Nasal jeweils an.*

	[ã]	[õ]	[ɛ̃]
Dialogue 1			
Dialogue 2			
Dialogue 3			

Entrée **Atelier A** Atelier **B** Bilan

3

Quelle heure est-il ?

ON DIT

Die Uhrzeit

nach der Uhrzeit fragen
Il est quelle heure, s'il te / vous plaît ?
Tu as / Vous avez l'heure, s'il te / vous plaît ?
Quelle heure est-il ?

die Uhrzeit angeben
Il est huit heures.
Il est dix heures dix.
Il est midi et quart.
Il est une heure et demi**e**.
Il est quatre heures moins vingt.
Il est six heures **moins le** quart.
Il est midi. / Il est minuit.

fragen / sagen, wann etwas stattfindet
– A quelle heure est-ce que ça commence ?
– A trois heures.
– De quelle à quelle heure est-ce que… ?
– De quatre à cinq heures.

sich mit jdm. verabreden
Rendez-vous à… heures ?
Rendez-vous dans un quart d'heure /
dans une demi-heure.

parler **7** a) Travaillez à deux : A demande l'heure, B répond. Puis changez de rôle.

b) Discutez avec votre voisine/voisin. Demandez-lui à quelle heure elle/il fait les choses suivantes.

avoir des récréations    avoir rendez-vous à la cantine    avoir cours de français aujourd'hui

faire ses devoirs    rentrer à la maison    être à l'école le lundi matin

écouter **8 Compréhension de l'oral**

Vous allez entendre cinq dialogues. D'abord vous aurez 45 secondes pour lire l'exercice ci-dessous, puis vous entendrez l'enregistrement deux fois. Pendant l'écoute, répondez aux questions (1–8) avec quatre mots au maximum. La première réponse (0) est donnée en exemple.

Scène 1	0	Qu'est-ce que M. Mercier donne à Yassine ?	*un croissant*
	1	Quelle heure est-il ?	
Scène 2	2	Il est quelle heure ?	
	3	Quel cours a Alice ?	
Scène 3	4	Où vont Maxime et Célia avec Yassine ?	
	5	A quelle heure se retrouvent les copains ?	
Scène 4	6	A quelle heure se retrouve le groupe la semaine prochaine ?	
Scène 5	7	Quelle heure est-il ?	
	8	Que fait Célia ?	

3 Entrée **Atelier A** Atelier B Bilan

L'emploi du temps de Maxime

Classe : 4ᵉ G				Professeure principale : madame Barichon	
heure / jour	Lundi	Mardi	Mercredi	Jeudi	Vendredi
8h05–9h00	maths		technologie	vie de classe[4]	
9h00–9h55	histoire-géo[1]-éducation civique	histoire-géo-éducation civique	maths	perm	SVT
9h55–10h10	Récréation				
10h10–11h05	SVT[2]	EPS[3]	anglais	français	maths
11h05–12h00	arts plastiques	EPS	éducation musicale	français	français
12h00–13h30	Cantine				
13h30–14h25	français	allemand		anglais	anglais
14h25–15h20	histoire-géo-éducation civique	français		perm au CDI	physique-chimie
15h20–15h35	Récréation				
15h35–16h30	allemand	physique-chimie		allemand	
16h30–17h25	technologie			maths	

lire 9
12 Stratégie

a) Quelles matières est-ce que vous devinez ?
Welche Fächer könnt ihr erraten? Schaut euch die Fußnoten und die Strategie auf Seite 12 an.

b) Quelles matières de Maxime est-ce que vous n'avez pas ?
Welche von Maximes Fächern habt ihr nicht? Faites une liste.

c) Pensez à votre emploi du temps. Est-ce qu'il y a des matières que Maxime n'a pas ?
Dites lesquelles. *Welche von euren Fächern hat Maxime nicht?*

parler
d) Quelles autres différences est-ce qu'il y a entre votre emploi du temps et celui de Maxime ?
Racontez. *Welche weiteren Unterschiede gibt es zwischen Maximes und eurem Stundenplan?*

e) Complétez votre filet à mots de la page 41 avec les informations données dans l'emploi du temps.

MINI-TÂCHE

Mon école et moi

écrire 10
🌐 6bj2m7

a) Faites une affiche sur votre école. *Erstellt eine Collage mit Fotos eurer Schule. Schreibt zu jedem Bild mindestens einen Satz auf Französisch. Füllt den Stundenplan mithilfe des dico personnel aus und fügt ihn in eure Collage ein.*

parler
b) Présentez ensuite votre école à l'aide de votre affiche.

---

1 **l'histoire** (f.) – **géo(graphie)** (f.) • 2 **SVT** (f. pl.) **sciences de la vie et de la Terre**. • 3 **l'EPS** (f.) **l'éducation physique et sportive** • 4 **la vie de classe** (f.) wird jede Woche vom Klassenvorstand (*professeur principal*) abgehalten. Sie dient dazu, sich über das Zusammenleben in der Klasse auszutauschen. Man erstellt gemeinsame Regeln und löst Probleme und Konflikte.

A l'arrêt de bus

A six heures, Maxime et Yassine sont à l'arrêt de bus devant le collège.

Yassine : Qu'est-ce qu'il y a,
5 Maxime ? Tu ne parles plus. Tu fais la tête ?
Maxime : Non, je ne fais pas la tête, mais ça ne va pas trop. Je pense au mot de monsieur
10 Giordano dans mon carnet de correspondance.
Yassine : Attends, ce n'est pas très grave !
Maxime : Dis ça à mes parents…

15 § **Ce n'est pas grave…**

1 a) *Wie bildet man die Verneinung im Französischen?*

b) *Votre voisine / voisin est parfois dans la lune et mélange les informations sur les personnages du manuel. Aidez-la / le et répondez aux questions en utilisant* **ne… pas**.
Eure Nachbarin / Euer Nachbar verwechselt die Lehrwerksfiguren. Helft ihr/ihm. Benutzt die Verneinungswörter **ne … pas** *und gebt die richtige Antwort.*

1. Est-ce que Maxime a 15 ans ?
   Non, il n'a pas 15 ans, il a 14 ans.
2. Est-ce que Célia est sa sœur ?
3. Est-ce qu'il habite rue Nollet ?
4. Est-ce qu'il aime le cours de SVT ?
5. Est-ce qu'il déteste son quartier ?
6. Est-ce que Brutus, c'est son chien ?
7. Est-ce qu'Enzo est son copain ?
8. Est-ce qu'Alice est dans sa classe ?
9. Est-ce que son père travaille au collège ?
10. Est-ce que Dark Vador est son prof ?

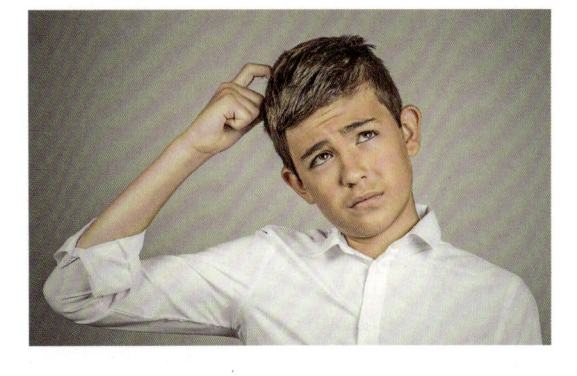

2 *Regardez le dessin, puis corrigez les phrases. Utilisez* **ne … pas** *et* **ne… plus**. *Travaillez à deux, changez de rôle à chaque phrase.*

a) Maxime est avec Lucie.

b) Maxime et Yassine sont encore à l'arrêt de bus.

c) Les garçons discutent.

d) Maxime fait ses devoirs.

e) Yassine lit.

f) Maxime fait encore la tête.

g) Célia et Alice sont là.

Enzo et le collège

1. Lundi soir, madame Mercier, Lucie et Enzo sont dans la cuisine. Maxime arrive.

Mme Mercier : Salut Maxime ! Ça va ?
Maxime : Bof… J'ai un mot de monsieur Giordano dans mon carnet de correspondance…
Lucie : Bravo Max ! Et pourquoi ?
Maxime : Juste pour un SMS pendant le cours de SVT… C'est nul !
Mme Mercier : Ecoute Maxime, moi, je comprends ton prof : les SMS pendant les cours, ça ne va pas.
Maxime : Oh maman, arrête !

2. Lucie : Bon Max, on y va ?
Mme Mercier : Vous allez où ?
Lucie : Max et moi, on a plein de devoirs pour demain.

Lucie et Max prennent leurs sacs.

Lucie : Enzo, tu aides maman pour le repas ?
Enzo : Non.
Mme Mercier : Enzo !!! Mais qu'est-ce que tu as ?
Enzo : Je ne vais pas au collège l'année prochaine !
Mme Mercier : Quoi ? Mais qu'est-ce que tu racontes, Enzo ?
Enzo : Le collège, c'est nul ! Maxime a toujours plein de devoirs ! Le week-end, il est toujours dans sa chambre et le…

3. Mme Mercier : Tu dis des bêtises, Enzo. Le samedi, ton frère et ses copains vont souvent au ciné. Et on fait aussi des sorties en famille le week-end.
Maxime : Regarde, dimanche, on va à la piscine.
Enzo : Peut-être… Mais tu ne vas plus chez Yassine le mercredi après-midi !
Maxime : J'ai mon cours de guitare le mercredi.
Enzo : Oui, mais tu dis toujours : le collège, c'est l'horreur !
Lucie : Mais il fait des blagues, Enzo ! Au collège, on a les copains. Et puis on apprend aussi plein de choses. Et ça, c'est cool !
Enzo : Bof…
Mme Mercier : Ecoute, Enzo, tu as encore une année avant le collège… Alors pas de panique ! Bon, les enfants, prenez vos affaires : vous faites vos devoirs maintenant. Enzo et moi, on prépare le repas : il est déjà sept heures, votre père rentre dans une demi-heure.

SUR PLACE

Le carnet de correspondance

Das *carnet de correspondance* ist ein Heft, das der Kommunikation zwischen der Schule und den Eltern dient. Darin wird z.B. vermerkt, wenn eine Schülerin / ein Schüler fehlt oder zu spät kommt. Es wird aber auch festgehalten, wenn eine Schülerin / ein Schüler gegen die Schulordnung verstößt oder im Unterricht nicht mitarbeitet.
Französische Schüler/innen tragen das *carnet de correspondance* stets bei sich und ihre Eltern sind aufgefordert, es regelmäßig anzuschauen.
Entspricht dem österreichischen Mitteilungsheft.

Entrée   Atelier **A**   **Atelier B**   Bilan

3

Compréhension de l'écrit

lire 3 Lisez le texte « Enzo et le collège ». Pendant la lecture, décidez quelle est la réponse correcte (A, B, C, D). Ecrivez vos réponses dans la case prévue. La première réponse (0) est donnée en exemple.

La famille Mercier

0   Mme Mercier :

A	pense que M. Giordano est nul.
B	est d'accord avec M. Giordano.
C	comprend Maxime.
D	écrit un SMS à M. Giordano.

1   Le soir, Lucie et Maxime :

A	aident Mme Mercier avec le repas.
B	aident Enzo à écrire un SMS.
C	font leurs devoirs.
D	font du sport.

2   Enzo déteste le collège, parce que/qu' :

A	il y a trop de devoirs.
B	M. Giordano saoule.
C	on a cours l'après-midi.
D	il y a des heures de colle.

3   Mme Mercier dit que pendant le week-end, Maxime :

A	va souvent au cinéma.
B	fait ses devoirs avec Lucie.
C	aide sa maman.
D	est dans sa chambre.

4   Le dimanche, la famille Mercier :

A	va au cinéma.
B	va au théâtre.
C	fait du sport.
D	fait de la musique.

5   Le mercredi après-midi, Maxime :

A	retrouve ses copains.
B	rencontre Yassine à l'Espace Jeunes.
C	a cours au collège.
D	apprend un instrument.

6   Pour Lucie, le collège est super parce qu'il y a :

A	plein de sport.
B	plein d'amis.
C	des profs cool.
D	une grande cour de récréation.

Ecrivez vos réponses ici :

0	1	2	3	4	5	6
B	C	A	A	C	C	B

lire **4** a) Cherchez dans le texte toutes les expressions qui indiquent le temps.
écrire   *Sucht im Text alle Zeitangaben.*

b) Qu'est-ce que vous faites à quel moment ?
Racontez et utilisez cinq expressions de a).   L'après-midi, je fais mes devoirs. Le week-end…

En scène !

STRATEGIE

Sprechen (I): Eine Szene lesen/vorspielen

Ihr solltet so oft wie möglich Französisch sprechen, damit ihr euch an die Aussprache gewöhnt.
Eine gute Möglichkeit besteht darin, die Lehrbuchtexte mit verteilten Rollen zu **lesen**:

- Achtet auf die richtige Aussprache und sprecht laut und deutlich.

- Denkt daran, zwischen den einzelnen Sätzen Pausen zu machen.
  Noch besser ist es, wenn ihr den Text **nachspielt**.

- Überlegt euch, welcher Gesichtsausdruck und welche Gesten zu eurer Rolle passen.

- Lernt eure Rolle am besten auswendig.

parler **5** Jouez à quatre le texte page 48. *Überlegt euch, wie ihr eure Rolle spielerisch gestaltet.*

3 Entrée   Atelier A   **Atelier B**   Bilan

Tu vas où ?

16 §

6 a) Trouvez les formes du verbe **aller** dans le texte et faites un tableau.

b) **A vous !** Faites le dialogue. Prenez le rôle de Lucie (rôle A) ou de Maxime (rôle B). Le rôle B est à la page 146. Vérifiez les verbes de votre partenaire.

Rôle A

Lucie : Tu ___ (vas) où, Maxime ?
Maxime : Je vais chez Yassine.

Lucie : Ah oui, vous ___ (allez) ensuite au parc avec Célia et Alice, c'est ça ?
Maxime : Non, Yassine et moi, nous allons à l'Espace Jeunes.

Lucie : Et les filles, elles ___ (vont) où ?
Maxime : Les filles vont au centre commercial. Mais après, on va ensemble au ciné. Et toi ?

Lucie : Moi, je ___ (vais) chez Zoé : on regarde un film chez elle.

7 a) Dites où les gens vont. Changez de rôle après chaque phrase.

1. Maxime a son cours de guitare. Alors, il va à l'Espace Jeunes.

1. Maxime a son cours de guitare.	
2. Elisa et moi, nous avons faim.	
3. Célia et Alice cherchent un livre.	Alors…
4. Tu es malade.	
5. C'est la fin des cours pour toi et ta sœur.	
6. J'adore le skate.	

b) Faites encore trois phrases.

_____
_____
_____

parler **8** Travaillez à deux. Choisissez une activité. Votre voisine/voisin vous pose des questions pour la deviner. Quand elle/il a trouvé la bonne réponse, changez de rôle.
Sucht euch eine Freizeitaktivität aus. Eure Nachbarin / Euer Nachbar stellt euch Fragen, um diese zu erraten. Tauscht dann die Rollen.
Vous trouvez d'autres idées dans le dico personnel aux pages 167–168.

A : Qu'est-ce que tu fais après l'école ? Est-ce que tu vas… ?
B : Non, je ne vais pas…

Entrée   Atelier **A**   **Atelier B**   Bilan

3

Ecoutez !

17 §

9 Qui dit quoi chez les Mercier ? Mettez les verbes entre parenthèses à **l'impératif** et dites qui parle.
Benutzt den Imperativ und sagt, wer spricht.

a) Lucie, (écouter), il est neuf heures. (faire) tes devoirs !
b) – Les garçons, (arrêter) maintenant, je fais mes devoirs.
   – D'accord, (aller) dans notre chambre !
c) Enzo, (ne pas jouer) avec le portable de ta sœur !

> **GRAMMAIRE**
>
> Regarde.
> Regardons.
> Regardez.

parler **10** a) Jouez à quatre. A commence et choisit une des expressions ci-dessous.
A beginnt und wählt einen Ausdruck: Er gibt eine Anweisung an eine einzige Schülerin/an einen einzigen Schüler, an die drei anderen Schüler oder an alle vier, sich eingeschlossen. Die angesprochenen Schüler mimen die entsprechende Tätigkeit. Jetzt ist B dran …

- écouter la prof
- lire un texte
- ne pas parler
- regarder les photos
- écrire un mot
- chercher un livre
- proposer une sortie
- demander l'heure
- faire la tête
- ne pas jouer avec le portable

b) Jouez encore une fois avec les expressions ci-dessous.
Vergesst nicht, die Possessivbegleiter anzugleichen.

- montrer ses devoirs
- écrire dans son carnet de correspondance
- parler de son emploi du temps
- discuter avec sa copine
- ne pas regarder son voisin
- prendre son sac

Jeu de sons [p] [t] [k]

> **STRATEGIE**
>
> Haltet eine Hand vor euren Mund und sprecht das deutsche Wort „Papa".
> Bei den beiden „p" spürt ihr euren Atem an der Hand.
> Nun sprecht das Wort „papa" französisch aus. Wenn ihr es richtig macht, spürt ihr kaum euren Atem.
> Sprecht jetzt die Vornamen Tom und Clara, die es in beiden Sprachen gibt, einmal auf Deutsch und einmal auf Französisch aus.

11 a) Lisez à haute voix les expressions et les mots suivants du texte. *Lest laut vor:*

- **P**as de **p**anique !
- un **t**exte en SV**T**
- un **c**arnet de **c**orrespondance
- une **p**artie de **p**ing-**p**ong
- une sor**t**ie au **t**héâtre
- un **c**ours sur les vol**c**ans

b) Ecoutez et lisez à haute voix.

[p]	[t]	[k]
La **p**rof **p**rincipale de **P**ierre est de **P**erpignan et s'a**pp**elle **P**auline **P**épin.	Lundi ma**t**in à hui**t** heures, **T**ristan et **T**atiana font la **t**ête : ils détes**t**ent les SV**T**.	Mercredi, **C**arla et **C**lément prennent un **c**afé et des **c**roissants au **k**iosque devant le **c**ollège Balzac.

3   Entrée   Atelier **A**   **Atelier B**   Bilan

18 §

Tu comprends la question ?

12   Ecrivez les dialogues avec les mots donnés. *Schreibt die Dialoge mit den vorgegebenen Wörtern.*

0.
Les élèves : Madame – nous – ne pas comprendre – la question 5.

Madame, nous ne comprenons pas la question 5.

La prof : Qu'est-ce que – vous – ne pas comprendre ?

1.
M. Giordano : Moi – prendre – tarte. Qu'est-ce que – tu – prendre ?

Mme Giordano : Moi – prendre – juste – café. Louise et Louis – prendre – aussi – tarte.

2.
Dark Vador : Nous – être – centre commercial. – Qu'est-ce qu – on – prendre – pour demain soir ?

Sa copine : Prendre – tomates – frites.

Le collège, ce n'est pas l'horreur…

écouter **13**   Aujourd'hui, Maxime et Enzo sont à la journée portes ouvertes à Honoré de Balzac. Ecoutez les scènes (1–4) et dites ce qui plaît à Enzo au collège en quatre mots au maximum.
Heute ist der Tag der offenen Tür. Sagt, was Enzo jetzt doch im collège gefällt.

	ce qui plaît à Enzo au collège
scène 1	
scène 2	
scène 3	
scène 4	

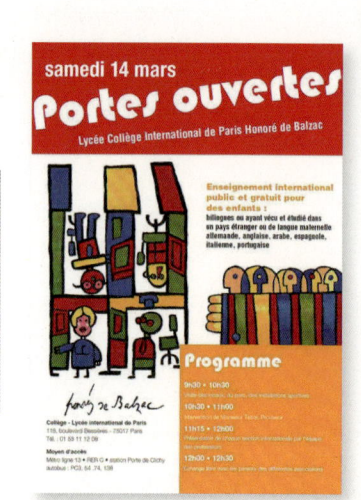

Entrée   Atelier **A**   **Atelier B**   Bilan

3

En allemand

médiation 14
parler
Stratégie

Ta sœur Hannah est en Bretagne. *Deine Schwester Hannah ist beim Schüleraustausch im* collège *Anne de Bretagne in Rennes. Am 12. März findet dort ein Tag der offenen Tür statt. Hannah hat das Programm gemailt und deine Mutter ist neugierig geworden. Erzähl ihr, wie der Tag der offenen Tür verläuft.*

JOURNÉE PORTES OUVERTES
Samedi 11 mars 2017

- **9h**
  Accueil des élèves et des parents (cour)
- **9h15 – 9h45**
  Presentation des classes de breton par monsieur Jaffrézic (salle 102)
- **9h45 – 10h15**
  Diaporama des voyages et échanges scolaires de l'année 2016 (Ehingen, Madrid, Helsinki, Moscou) par les professeurs de langues (salle audiovisuelle)
- **10h15 – 10h30**
  Extrait de la comédie musicale « Mozart, l'opéra rock » par la section musicale (foyer)
- **10h30 – 11h00**
  Présentation des sections sportives par les professeurs d'EPS : hockey sur glace, judo, tennis, rugby (gymnase)
- **11h – 11h30**
  Présentation de la semaine théâtre pour les 4e en présence de l'actrice Morgane Le Plouhinec (foyer)
- **A partir de 11h30**
  Apéritif avec spécialités internationales (cantine)

L'équipe pédagogique se réjouit de vous accueillir dans l'enceinte du collège !

MINI-TÂCHE

Ma journée au collège/lycée

parler 15

Um den Schülerinnen und Schülern an eurer französischen Partnerschule zu zeigen, dass der Schulalltag in Österreich anders als in Frankreich ist, bittet euch eure Französischlehrerin / euer Französischlehrer ein kurzes Video über euren Tagesablauf zu drehen.

Travaillez à deux et présentez votre journée au collège/lycée. Changez de rôle pendant la vidéo. Parlez de votre école, votre emploi du temps, votre classe, vos profs…
Dites aussi ce que vous aimez et ce que vous n'aimez pas.

Les expressions ci-dessous et votre filet à mots peuvent vous aider.

- Je m'appelle… et je vais au…, je suis en…

- Notre prof principal(e)…
- Dans notre classe,…

- Au collège/lycée, moi, j'aime/je n'aime pas/ je déteste…
- Ma matière préférée…

- Voilà mon…
- On a… heures de cours par semaine, on a cours de… à…

cinquante-trois **53**

3 Entrée Atelier A Atelier B **Bilan**

La grammaire

Du sagst, wo eine Person ist oder hingeht. | **Das brauchst du dafür:**

Maxime est **au** CDI. Célia **va à l'**infirmerie. Vous allez **à la** cantine ? Le collège de Maxime est **aux** Batignolles.	**die Präposition à und den bestimmten Artikel** — 13 § à + **le** = **au** à + **l'** = à **l'** à + **la** = **à la** à + **les** = **aux**
	das Verb aller — 16 § je **vais** nous allons tu **vas** vous allez il/elle/on **va** ils **vont**

Du sprichst über Tätigkeiten (in der Schule). | **Das brauchst du dafür:**

Les élèves **écrivent** un texte. Yassine **lit** un livre.	**die Verben dire, lire, écrire** — 14 § je dis lis écris tu dis lis écris il/elle/on dit lit écrit nous disons lisons écrivons vous **dites** lisez écrivez ils/elles disent lisent écrivent
Je ne **comprends** pas la question. Avec notre prof, nous **apprenons** plein de choses.	**die Verben comprendre, apprendre, prendre** — 18 § je comprends nous comprenons tu comprends vous comprenez il/elle/on comprend ils/elles compre**nn**ent

Du verneinst etwas. | **Das brauchst du dafür:**

Je **ne** vais **pas** au collège aujourd'hui. Zut ! Mon portable **n'**est **plus** là.	**die Verneinung** — 15 § **ne** + Verb + **pas** **ne** + Verb + **plus**

Du kannst sagen, was jemand tun soll. | **Das brauchst du dafür:**

Arrête de faire des bêtises. **Prenez** vos livres, s'il vous plaît.	**den Imperativ** — 17 § Ecoute. Ecoutez. **! Va.** Ecoutons.

Autocontrôle

13–16 § **1** Complétez les phrases. Utilisez le verbe **aller** (_____) et la préposition **à + article** (_____).

a) Maxime ____va____ ____au____ collège.

b) Les élèves de 4ᵉ _____ _____ piscine.

c) Les garçons, vous _____ _____ CDI ?

d) Célia, est-ce que tu _____ _____ cantine avec Alice ?

e) Après la cantine, je _____ _____ toilettes.

54 cinquante-quatre

Entrée   Atelier **A**   Atelier **B**   **Bilan**

Die Lösungen zu den Bilan-Aufgaben findet ihr ab Seite 184.

3

14–17 § **2** Complétez avec les verbes **dire** (d), **lire** (l), **écrire** (e), **comprendre** (c), **prendre** (p) et **apprendre** (a).

a) A Honoré de Balzac, les élèves (a) plein de choses.
b) Aujourd'hui, nous (e) un texte sur le théâtre.
c) Au CDI, Maxime (l) une BD, et Célia et Alice (e) un texte.
d) Maxime, Yassine, qu'est-ce que vous (d) ? Je ne (c) pas.
e) Tu (p) une salade à la cantine ?
f) Vous (c) ma question ?

La langue dans son contexte

3 Lisez les conseils pour une bonne année scolaire. Il y a des mots qui manquent. Utilisez le mot entre parenthèses pour former le mot qui manque pour chaque blanc (1–11). Ecrivez vos réponses dans les cases en-dessous. La première réponse (0) est donnée en exemple.
Verwendet die Wörter in den Klammern, um das fehlende Wort richtig einzusetzen.

C'est bientôt la rentrée

C'est bientôt la rentrée. Les (0) ____ **(trois)** donnent leurs idées aux sixièmes. Tu as plein de (1) ____ **(question)** ? C'est normal, alors pas de panique !

- (2) ____ **(apprendre)** ton emploi du temps le premier jour et prépare bien (3) ____ **(ton)** affaires le soir à la maison.

- Quand tu n'as pas cours, (4) ____ **(faire)** déjà tes devoirs en permanence ! C'est sympa, parce qu'on travaille avec (5) ____ **(son)** copains et les surveillants nous aident. Ils font parfois des blagues et on rigole bien aussi.

- Tu (6) ____ **(chercher)** des informations sur les volcans, l'histoire de Paris ou la musique rock ? (7) ____ **(aller)** au CDI ! Il y a plein de livres et plusieurs ordinateurs. Tu as un problème, tu ne trouves toujours pas ton information ? Pense à la (8) ____ **(document)** : elle aussi a plein d'idées et souvent des solutions !

- Ça ne va pas trop dans une matière ou tu as un problème avec un élève : (9) ____ **(discuter)** avec ton prof principal après son cours. Parler est très important quand ça ne (10) ____ **(aller)** pas.

- Tu n'aimes pas le lundi ? Pense à ta matière (11) ____ **(préféré)**, prends un super petit-déjeuner. Ou donne rendez-vous à ton copain le matin et allez ensemble au collège !

Ecrivez vos réponses ici :

0 *troisièmes*
1 ____
2 ____
3 ____
4 ____
5 ____
6 ____
7 ____
8 ____
9 ____
10 ____
11 ____

Das kann ich jetzt!

parler **4** Qu'est-ce que vous dites en francais ?

a) Frag deinen Freund, was er nach der Schule macht.
b) Du hast jetzt eine Freistunde.
c) Du findest die Kantine blöd.
d) Englisch ist dein Lieblingsfach.
e) Frag deine Freundin nach der Uhrzeit.
f) Sage, dass es Viertel nach drei ist.
g) Du hast dienstags von acht bis viertel vor neun Mathe.
h) Und am Mittwochnachmittag hast du Biologie.
i) Verabrede dich mit Léa um halb zwei für die Hausaufgaben.
j) Sage deiner Mutter, dass ihr noch eure Hausaufgaben macht.

cinquante-cinq **55**

4
Mes loisirs et moi

le handball
le vélo
la guitare électrique
la console
le shopping
l'athlétisme

parler **1** Regardez les photos.
Présentez maintenant vos loisirs dans **un monologue** minute.
Préparez ce que vous allez dire.
Le dico personnel (p. 171) et les expressions ci-dessous peuvent vous aider.

> Qu'est-ce que vous faites ?
> Quand ?
> Avec qui ?
> Qu'est-ce que vous aimez / détestez ?

19 § **2** a) Lisez les phrases de l'encadré «On dit». *Lest die Sätze im* On dit *-Kasten. Wie bei der Präposition* **à** *müsst ihr auch bei der Präposition* **de** *auf den bestimmten Artikel achten. Was verändert sich?*

de + la → _____   de + l' → _____   de + le → _____

b) Complétez la phrase ci-contre : Pour parler de ses loisirs en français, on utilise le verbe _____ + _____ + _____ .

Que font les copains ?

ON DIT

Über Freizeitaktivitäten sprechen

Je fais du foot.
Je fais de la guitare.
Je fais de l'athlétisme.
Je regarde la télé.
Mon loisir préféré, c'est le shopping.

J'aime le hip-hop.
J'adore la lecture.
J'aime faire du hand.
J'aime regarder des vidéos.
J'adore faire de la console.

Je n'aime pas le foot.
Je déteste le shopping !
Le vélo, ce n'est pas mon truc !
Le sport, c'est l'horreur !

le violon

la photo

le théâtre

Tâche finale
In der *tâche finale* im *cahier d'activités* organisiert ihr ein Wochenende für eure französischen Freunde.

le hip-hop

traîner avec ses copains

regarder des vidéos sur Internet

3 Faites un filet à mots autour du **sport** et complétez-le pendant la leçon.

Compréhension de l'oral

écouter **4 Interview sur les loisirs des jeunes**
Vous allez entendre six personnes réponde aux questions d'un reporter. Pendant l'écoute, reliez les personnes avec leurs loisirs (A–L). Il y a deux affirmations dont vous n'aurez pas besoin, mais vous pouvez utiliser des lettres plusieurs fois.
Ecrivez vos réponses dans les cases prévues. La première réponse (0) est donnée en exemple.

Maxime	0	E	1
Enzo	2		
Yassine	3		4
Lucie	5		6
Alice	7		8
Célia	9		10

A	joue au foot
B	joue du violon
C	fait de l'athlétisme
D	fait du hip-hop
E	fait du hand
F	regarde des vidéos
G	fait de la console
H	joue de la guitare électrique
I	fait du théâtre
J	fait du vélo
K	fait du shopping
L	fait de la photo

4   Atelier A

A l'entraînement de hand

1. Le mercredi à dix-huit heures, les joueurs des Batignolles ont entraînement de handball. Maxime appelle Yassine.

Maxime : Allô ? Salut, Yassine ! Rendez-vous dans une heure en bas de chez toi ?
Yassine : Euh, je ne sais pas…
Maxime : Comment ça ? Tu ne vas pas au hand avec moi ?
Yassine : J'ai plein de devoirs, alors je ne vais peut-être pas à l'entraînement…
Maxime : Encore ???
Yassine : Ecoute, ma mère stresse à cause de mes notes. Alors elle n'est pas trop d'accord pour le hand…
Maxime : Mais on a le match contre Vitry dimanche !
Yassine : Bon, bon, d'accord… Alors à plus !

2. En ce moment, les notes de Yassine ne sont pas super : il n'a pas trop envie de travailler pour le collège. A la maison, il regarde pendant des heures des vidéos sur son portable et il ne dort pas beaucoup.

3. A cinq heures et demie, Yassine part au hand avec Maxime. Mais aujourd'hui, pour lui, l'entraînement, c'est la catastrophe ! Il rate ses passes, il fait des fautes…

Jérémy, l'entraîneur, est en colère.

Jérémy : Yassine, qu'est-ce qu'il y a ? Tu dors ou quoi ? Ça ne va pas du tout avec toi en ce moment !

Pour Yassine, c'est la honte…

Après l'entraînement, dans les vestiaires.

Jérémy : Tu manques trop souvent, Yassine. Regarde les autres : eux, ils sont toujours à l'entraînement.
Julien : Jérémy a raison, c'est nul, Yassine !
Kylian : Pense à l'équipe !
Jérémy : Désolé Yassine, dimanche, tu pars avec nous à Vitry, mais tu ne joues pas.

Jérémy et l'équipe sortent. Yassine reste dans les vestiaires…

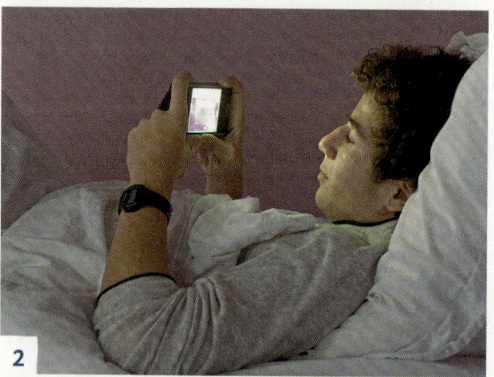

Tu sors trop !

1 **A vous !** Après l'entraînement, Yassine discute avec sa mère.
Faites le dialogue : prenez le rôle de Mme Khelif (A) ou de Yassine (B). Le rôle B est à la page 148.
Mettez les bonnes formes de **partir**, **sortir** et **dormir** et vérifiez les verbes de votre partenaire.

Rôle A

Mme Khelif : Yassine, vous ▭ à quelle heure dimanche ?
Yassine : Nous partons vers 13 h 30. Enfin, je pars avec l'équipe, mais je ne joue pas…

Mme Khelif : Comment ça, tu ▭, mais tu ne joues pas ? Mais pourquoi ?
Yassine : Ce n'est pas super à l'entraînement… Je dors un peu…

Mme Khelif : Yassine, tu ▭ trop souvent le soir en ce moment.
Yassine : Oh, ça va, maman… Les autres aussi sortent.

Mme Khelif : Et ils ▭ aussi à l'entraînement ??? Regarde Maxime, il ne ▭ pas, lui !
Yassine : Bon, bon alors maintenant, je ne sors plus pendant la semaine, d'accord ?

Entrée Atelier **A** Atelier **B** Coin lecture Bilan

4

Compréhension de l'écrit

lire 2 Lisez le texte « A l'entraînement de hand ». Complétez ensuite les phrases (1–7) en 4 mots au maximum. Ecrivez vos réponses dans les cases prévues. La première réponse (0) est donnée en exemple.

Les problèmes de Yassine

0	Maxime retrouve Yassine ____.	*dans une heure*
1	Yassine ne va pas au sport, parce qu'il ____.	
2	Yassine doit rester à la maison à cause de ____.	devoir
3	Le dimanche prochain, il y a ____.	un match
4	Yassine n'est pas bon en classe, parce qu'il ____. (Donnez <u>une</u> réponse)	n'apprend pas beaucoup
5	Au hand, Yassine ____. (Donnez <u>une</u> réponse)	?
6	Jérémy pense que les autres jouent mieux, parce qu'ils sont ____.	toujours à l'entraînement
7	Pour le dimanche, Jérémy décide que Yassine ____.	joue pas

Production écrite

écrire 3 Sur Internet vous avez trouvé l'annonce suivante :

> Vous avez une amie / un ami ?
> Décrivez-la/le et gagnez des vacances ensemble.

Dans **votre article**, vous :

- décrivez sa famille
- présentez ses loisirs
- racontez ce que vous faites ensemble

Donnez **un titre** à votre article. Ecrivez **100 mots**.

Production orale

parler 4 Vos habitudes. *Eure Gewohnheiten*. Parlez avec votre voisin/e sur ce que vous faites pendant la journée.

Dans votre **monologue**, vous :

- dites quand vous partez le matin
- expliquez quand vous dormez
- racontez si vous sortez souvent

Parlez environ **2 minutes**.

4   Entrée   Atelier A   Atelier B   Coin lecture   Bilan

Jeu de sons : [wa]

5 a) Ecoutez et répétez les mots. Puis écrivez-les. *Schreibt die Wörter auf.*
b) Vous connaissez déjà d'autres mots avec le son [wa]. Faites une liste.

C'est à moi !

6 Complétez les phrases avec les bons **pronoms toniques moi, toi,...**

a) C'est la catastrophe pour _____ : ma mère, _____, elle stresse à cause de mes notes. Jérémy, _____, est en colère. Et puis l'équipe : avec _____ aussi, j'ai des problèmes…

b) _____, j'adore l'entraînement de hand. Julien est un joueur super.
Avec _____, on va gagner contre Vitry ! Mais Yassine…
A _____, j'ai envie de dire : « Yassine, _____, tu ne joues plus dans l'équipe ! »

c) Qu'est-ce que je pense de Yassine ? A cause de _____, l'équipe est en colère.
Les autres, _____, jouent bien. Mais l'équipe de Vitry, _____ aussi, elle joue bien…
Yassine part avec _____ dimanche, mais qu'est-ce que je vais faire avec _____ ?

7 Avec lui ou sans lui ? Notez les pronoms **lui, elle, eux, elles** sur des cartes.
Ecoutez les phrases et montrez la carte qui va avec la phrase.

a) Je fais du shopping **sans ma mère.** → Je fais du shopping **sans elle.**

Allô maman ?

écouter
8 Maxime appelle sa mère au bureau. Ecoutez leur discussion, puis répondez aux questions.
33 Stratégie
a) Pourquoi est-ce que Maxime appelle sa mère ?   c) Qu'est-ce que madame Mercier va faire ?
b) Quelle est l'idée de Maxime ?   d) Quel est le numéro de portable de madame Khélif ?

MINI-TÂCHE

Production écrite: Mon corres

écrire
9 Vous cherchez un/e partenaire français/e pour chatter sur Internet. Grâce à l'OFAJ (Office franco-allemand pour la jeunesse), vous obtenez les fiches de deux jeunes. Les fiches se trouvent à la page 148.
Die Steckbriefe befinden sich auf S. 148.

Choisissez un des jeunes et écrivez-lui.

Dans votre **e-mail**, vous :
- vous présentez, vous et votre famille
- décrivez vos loisirs
- posez des questions à votre corres

Ecrivez environ **80 mots**.

ON DIT

Eine E-Mail schreiben
Salut… ! / Bonjour !
Moi, c'est… / Je m'appelle…
Je fais… / Et toi, qu'est-ce que… ?
Merci de ta réponse !
Bises. / Bisous.
A bientôt ! / Salut !

La photo

1. Jeudi matin, Kylian et Julien sont dans la cour avec des élèves de 4e et de 3e, ils regardent leurs portables. Célia est à côté d'eux et écoute leur discussion : elle a l'air en colère. Quand Yassine arrive, Kylian et les autres rigolent.

Kylian : Alors Yassine, ça va mieux aujourd'hui ?
Julien : Ou est-ce que tu vas encore pleurer comme un bébé à l'entraînement la semaine prochaine ? Ha ha ha…
Yassine : Hein ? Mais pourquoi est-ce que tu dis ça ?
Matteo : Dis Kylian, quand est-ce que vous avez un match ?
Kylian : Dimanche. Enfin, NOUS, nous avons un match. Yassine, lui, ne va pas jouer : il préfère rester sur le banc de touche…
Le groupe rigole et part. Célia va alors vers Yassine.

2. Yassine : Mais qu'est-ce qu'ils racontent ? Je ne comprends pas… Et toi ?
Célia : Yassine, c'est quoi la photo ?
Yassine : La photo ??? Quelle photo ?

Célia sort son portable de son sac.
Célia : Regarde…

Yassine : Mais… C'est une photo de moi hier dans les vestiaires. Mais comment est-ce qu'ils ont… ? C'est trop la honte !!!
Célia : Dis, Yassine, si tu as des problèmes…
Yassine : Non Célia. Tout va bien !
Célia : Mais… Tu pleures sur la photo, Yassine…
Yassine : Mais non, je pleure pas !

3. Célia : Ecoute, je comprends : parfois, on craque…
Yassine : C'est bon, Célia, arrête !
Célia : Quoi ? Tu préfères ne pas parler de tes problèmes avec les autres ? Une photo comme ça sur les réseaux sociaux, c'est grave ! C'est du harcèlement !!! Qu'est-ce que tu vas faire ?
Yassine : Je ne sais pas…
Célia : Zut, ça sonne ! Ecoute, on va parler à Maxime à la récré, d'accord ?
Yassine : Non, c'est MON problème ! Je vais trouver une solution !

Julien
Mais que fait Yassine dans notre équipe ? Quel blaireau !

Kylian Et vous alors, vous préférez les héros ou les blaireaux ???

Matteo

4   Entrée   Atelier A   **Atelier B**   Coin lecture   Bilan

Faire le résumé d'un texte

lire 1 Lisez le texte « La photo ». Puis remettez les phrases suivantes dans l'ordre pour avoir un résumé du texte. Ecrivez le texte dans votre cahier. Attention: il y a deux lignes de trop. La première réponse (0) est donnée en exemple.

A Sur la photo, c'est Yassine dans les vestiaires : il pleure.
B Yassine préfère rester à la maison.
C Il va trouver une solution sans Célia.
D Célia est dans la cour du collège et écoute la discussion de Kylian et Julien.
E Yassine ne comprend pas le problème.
F Yassine préfère ne pas parler de son problème.
G Jeudi matin, Kylian et ses copains regardent leurs portables et discutent.
H Quand Yassine arrive au collège, des élèves rigolent.
I Kylian prend la place de Yassine.
J Célia montre une photo à Yassine.

0	1	2	3	4	5	6	7
G							

parler 2 Pour chaque dessin, faites une phrase avec la bonne préposition.

sur   contre   en bas de chez   à côté de   vers   dans

lire 3 a) Comment est-ce qu'on exprime des émotions négatives ? Cherchez les expressions dans les textes A et B.
parler b) Imaginez une situation avec deux de ces expressions, puis jouez-la.
49 Stratégie

parler 4 Et vous, qu'est-ce que vous pensez de la situation de Yassine ? Est-ce que pour vous, c'est du harcèlement ? Donnez votre avis. Les expressions de l'exercice 3 peuvent vous aider.

Jeu de sons : [e] ou [ɛ] ?

5 Faites deux groupes. Ecoutez les mots. Le groupe A écrit tous les mots avec le son [e] comme dans « télé », le groupe B écrit les mots avec le son [ɛ] comme dans « maison ».

Entrée Atelier **A** **Atelier B** Coin lecture Bilan

4

23 § **Quand est-ce que vous arrivez ?**

6 a) Regardez le calendrier de Maxime et complétez les **questions**.

___ = Fragewort: Qu'… / Quand… / Où… / Pourquoi…   ___ = Fragewort + est-ce que/qu'

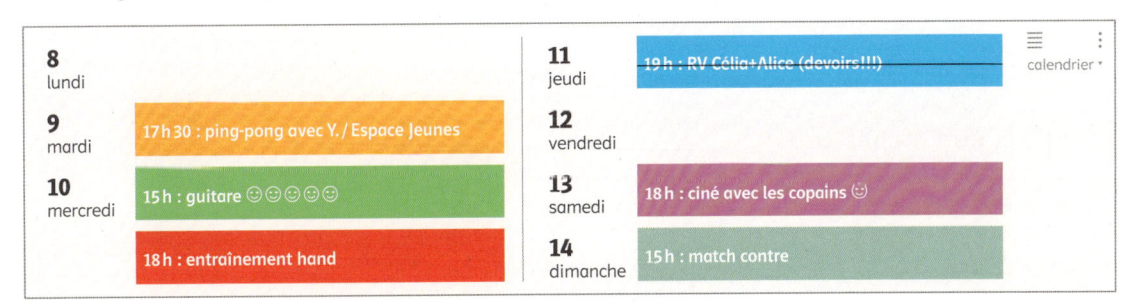

8 lundi		11 jeudi	19h : RV Célia+Alice (devoirs!!!)
9 mardi	17h30 : ping-pong avec Y. / Espace Jeunes	12 vendredi	
10 mercredi	15h : guitare ☺☺☺☺	13 samedi	18h : ciné avec les copains ☺
	18h : entraînement hand	14 dimanche	15h : match contre

1. _____ est-ce que Maxime fait mardi 9 à 17h30 ?
2. _____ est-ce qu'il ne va pas au rendez-vous avec Célia et Alice ?
3. _____ est-ce qu'il a entraînement de hand ?
4. _____ il a rendez-vous mardi ?
5. _____ les copains vont au cinéma samedi ?
6. _____ il va mercredi ?
7. _____ il a dimanche ?

parler b) Puis répondez aux questions.

24 § **Qu'est-ce qu'il va faire ?**

7 a) Regardez les phrases suivantes et expliquez comment on forme **le futur composé**.

1. Je vais trouver une solution. (l. 34)
2. On va parler à Maxime. (l. 33)
3. Qu'est-ce que tu vas faire ? (l. 31)
4. Yassine ne va pas jouer. (l. 12)

b) Célia pense à la situation de Yassine. Mettez les mots dans l'ordre et écrivez les phrases.

0. on – Qu'est-ce – faire ? – qu' – va
   Qu'est-ce qu'on va faire ?

1. Comment – aider – je – est-ce – Yassine ? – que – vais

2. est-ce que – va – Kylian – arrêter – Quand – ses bêtises ?

3. n' – regarder – allons – Maxime et moi, nous – la photo. – plus

4. Maxime – parler – à Jérémy. – va

5. Après, – rigoler. – les joueurs de l'équipe – plus – vont – ne

soixante-trois **63**

4   Entrée   Atelier A   **Atelier B**   Coin lecture   Bilan

8 Après les cours, Célia parle à Maxime. Complétez les phrases avec les verbes au futur composé.

jouer (× 2)   être en colère   parler   ne pas jouer   faire   avoir   partir

Célia : Maxime, où est-ce que vous _____ dimanche ?

Maxime : Nous _____ à Vitry.

Célia : Et Yassine, qu'est-ce qu'il _____ ?

Maxime : Il _____ à Vitry avec nous, mais il _____.

Célia : Et si tu _____ à Jérémy demain ?

Maxime : Je _____ un problème avec Yassine.

Et Kylian et les autres _____.

écrire 9 Et vous, qu'est-ce que vous allez faire ce week-end ?
Pensez à vos loisirs de samedi et dimanche, écrivez au moins cinq phrases.

médiation 10 An eurer Schule sind französische Austauschschüler zu Besuch.
Sie möchten gerne wissen, was man als Jugendlicher im Jugendfreizeitzentrum machen kann. Ihr erklärt ihnen das Programm auf Französisch.

Mai

Samstagskino 16:00 Uhr
5.5.   Fluch der Karibik 4
12.5.   Himmelfahrt
19.5.   Pfingsten
24.5.   Keinohrhasen

Open stage 19 – 21:00 Uhr
5.5.   Bühne frei für die Bands aus dem Proberaum. Gastmusiker sind herzlich willkommen !

Familienbrunch 10 – 12:00 Uhr
13.5.   Von Baby bis Oma: Alle sind eingeladen zum gemeinsamen Frühstück!

Film vertonen 10 – 18:00 Uhr
20.5.   Wir vertonen einen Film mit Rudi Rock, Musiker und Stummfilmvertoner. (€ 20,-, ab 14J.).

Wöchentliche Angebote

Montag
9 – 11:00 Uhr   Eltern-Kind-Café
15 – 18:00 Uhr   Jugendcafé (ab 10J.)

Dienstag
16 – 17:00 Uhr   Hip-Hop (12 – 16J.)
17 – 19:00 Uhr   Proberaum

Mittwoch
17 – 19:00 Uhr   Proberaum

Donnerstag
15 – 18:00 Uhr   Jugendcafé (ab 10J.)
17 – 19:00 Uhr   Proberaum
20 – 22:00 Uhr   Vätergruppe

Freitag
16 – 17:00 Uhr   Theatergruppe (ab 12J.)
20 – 22:00 Uhr   Müttergruppe

Toi et ton portable

11 Vous avez un téléphone portable ? Préparez un **monologue minute** pour votre classe :

- dites ce que vous faites avec le portable
- racontez combien de temps vous passez sur les réseaux sociaux

Promenez-vous dans la classe et échangez vos réponses avec plusieurs élèves.

90 % des 13–16 ans en France ont un téléphone portable.

50 % ont déjà un smartphone.

Entrée   Atelier **A**   **Atelier B**   Coin lecture   Bilan

4

Une journée à Paris Plages

> **ON DIT**
>
> **Sich mit Freundinnen/Freunden verabreden**
>
> **Einen Vorschlag machen**
> Qu'est-ce qu'on fait samedi ?/
> Tu as une idée pour samedi ?
> On fait du skate / de la musique /
> de l'athlétisme ?
> On va au cinéma / à la piscine ?
> Qu'est-ce que tu préfères faire ?
> Tu as envie de faire du shopping
> avec moi demain ?
>
> **Einen Vorschlag annehmen**
> Aller au cinéma, c'est une super idée !
> D'accord, je vais avec toi à la piscine.
>
> **Einen Vorschlag ablehnen**
> Merci, mais je préfère rester à la maison.
> Merci, mais j'ai déjà rendez-vous avec…
> Merci, mais je ne vais pas au cinéma avec vous. Je préfère faire du vélo.
>
> **Sich verabreden**
> Rendez-vous dans une heure / à 17 h chez toi / en bas de chez toi / à côté de / devant…

parler 12 En été, les rives de la Seine se transforment en une immense plage. Tu veux passer une après-midi à Paris-Plages avec tes amis Alina et Niklas. Tu adores le sport, Niklas aime beaucoup la danse et Alina est fan de cinéma. Travaillez à trois, chacun prend un rôle. Parlez de ce que vous avez envie de faire. Faites le programme de votre sortie, puis donnez-vous rendez-vous.

Im Sommer verwandelt sich das Seineufer in Paris in einen riesigen Strand. Erstellt zu Dritt das Programm für einen gemeinsamen Nachmittag im Rahmen von «Paris Plages» und verabredet euch.

PROGRAMME • PROGRAMME • PROGRAMME • PROGRAMME • PROGRAMME •

Beach-Volley
Parvis de l'Hôtel de Ville :
Tous les jours de 13h à 20h

Danses latines
(samba, cha-cha-cha, salsa)
Pont Neuf : Tous les jours
de 17h à 20h

Pétanque
Pont au Change :
Tous les jours de 9h à 23h

Taï Chi
Voie Georges Pompidou :
Tous les jours de 10h à 12h

Activités nautiques
(Aviron, kayak, voile)
Bassin de la Villette :
Tous les jours de 13h à 20h

Cinéma Paris Plages
Parvis de l'Hôtel de Ville :
le 22 août de 20h à 22h

Rugby
Place de l'Hôtel de ville :
Tous les jours de 10h à 20h

Soirée Just dance
Quai de Seine:
le 22 août de 18h à minuit

PROGRAMME • PROGRAMME • PROGRAMME • PROGRAMME • PROGRAMME •

TÂCHE FINALE

Un week-end pour vos copains

13 Préparez un week-end pour vos copains. *In der* tâche finale *im cahier d'activités erstellt ihr ein Programm für eure französischen Freunde, die ein Wochenende in eurer Stadt/Region verbringen wollen.*

soixante-cinq **65**

4 | Entrée | Atelier A | **Atelier B** | Coin lecture | Bilan

Compréhension de l'oral

écouter 1 **Avant de lire le texte** « On est tous des blaireaux! », écoutez-le.

Vous allez entendre l'histoire du match de Batignolles contre Vitry. D'abord vous aurez 45 secondes pour lire l'exercice ci-dessous, puis vous entendrez l'enregistrement deux fois. Pendant l'écoute, trouvez les éléments corrects dans la liste (A–J) pour compléter les phrases (1–7). Il y a deux éléments dont vous n'aurez pas besoin. Ecrivez vos réponses dans les cases prévues. La première réponse (0) est donnée en exemple.

Après la deuxième écoute, vous aurez 45 secondes pour contrôler vos réponses.

On est tous des blaireaux

0	Yassine a des problèmes à cause de ____ .
1	Yassine va voir Jérémy pour expliquer ____ .
2	Yassin va jouer dans un match s'il ne manque plus ____ .
3	Célia parle avec Maxime et elle a ____ .
4	Kylian ne va pas jouer dimanche, parce que/qu' ____ .
5	Au match, Célia et les autres portent des T-shirts pour montrer ____ .
6	Quand Julien tombe, Yassine joue ____ .
7	L'équipe de Batignolles ne gagne pas, mais les joueurs sont quand même ____ .

A	la photo de Yassine est de lui
B	leur sympathie pour Yassine
C	la situation à la maison et à l'école
D	après la mi-temps
E	une idée pour aider Yassine
F	sa photo sur Facebook
G	les dix minutes avant la fin du match
H	un plan pour gagner le match
I	tous des amis
J	l'entraînement de hand

Ecrivez vos réponses ici:

0	1	2	3	4	5	6	7
F							

On est tous des blaireaux !

Depuis mercredi, Yassine ne va pas bien du tout. Sur les réseaux sociaux, ses « copains » écrivent des commentaires pas cool sur la photo dans les vestiaires. Et dimanche, il ne va pas jouer contre Vitry. Alors jeudi, après les cours, Yassine va au gymnase. Jérémy est là avec l'équipe de hand des 9–12 ans.

1. Yassine : Jérémy, tu as une minute pour moi ?
Jérémy : Oui, j'arrive dans cinq minutes.

Jérémy : Alors, qu'est-ce qu'il y a ? Tu es à côté de tes pompes en ce moment…
Yassine : Oui, ça ne va pas bien… C'est le stress partout : à la maison avec ma mère, au lycée avec les profs et les copains et au hand avec toi…
Jérémy : Ecoute Yassine : va aux entraînements et je vais penser à ta participation au match contre Saint-Denis dans quinze jours. D'accord ?
Yassine : D'accord… Merci Jérémy.
Jérémy : Mais dis, tu as aussi un problème à cause de la photo, non ?
Yassine : Oui, mais ça, c'est mon problème.
Jérémy : Non, c'est le problème de l'équipe. Je m'en occupe…

2. Pendant ce temps[1], devant le collège.

Célia : Dis Maxime, qu'est-ce que tu penses de l'histoire avec Yassine ?
Maxime : C'est pas sympa…
Célia : Tu rigoles[2] ? Un harcèlement comme ça, c'est super grave ! Il faut faire quelque chose !
Maxime : Mais quoi ?
Célia : Ecoute, moi, j'ai un plan.

Célia explique son idée à Maxime.
Maxime : Célia, tu es super !
Célia : Alors, rendez-vous dimanche !

3. Vendredi soir, l'équipe des Batignolles a rendez-vous au gymnase, mais sans Yassine.

Jérémy : Ecoutez, on a un problème dans l'équipe. La photo de Yassine dans les vestiaires, elle est de qui ?
Dans les vestiaires, c'est le silence.
Jérémy : C'est grave ! La photo, mais aussi les commentaires. On est UNE équipe !
Kylian regarde ses pieds[3].
Kylian : La photo, elle est de moi…
Jérémy : OK. Dimanche, tu ne joues pas contre Vitry… Et pour tout le monde : plus de ça chez nous ![4]

---

1 **pendant ce temps** zur gleichen Zeit • 2 **Tu rigoles !** Das ist doch wohl nicht dein Ernst! • 3 **un pied** [ɛ̃pje] ein Fuß •
4 **Plus de ça chez nous !** So etwas darf bei uns nicht mehr vorkommen!

4. Le jour du match contre Vitry arrive. Yassine et Kylian sont sur le banc de touche, ils ne parlent pas. Le match va commencer dans trois minutes. Mais qu'est-ce qui se passe ?[5] Les fans de l'équipe des Batignolles sont debout, Célia fait un signe et alors, ils retirent leurs pulls. Ils ont un t-shirt avec l'inscription[6] : « On est tous des blaireaux ! » Yassine comprend, il est tout rouge[7] : tout ça pour lui…

5. Le match commence. Les deux équipes jouent bien. A la mi-temps, le score est de 12 à 12. Le match reprend. Dix minutes avant la fin, Julien tombe e t se tord la cheville[8]. Pour lui, le match, c'est fini. Jérémy regarde le banc de touche et… appelle Yassine. D'abord, Yassine fait une faute et rate ses passes. Mais le public, Jérémy et l'équipe crient : « Allez Yassine ! ». Maxime fait alors une passe à Yassine, il tire, et… buuuuuut ! L'arbitre siffle la fin du match. 19 à 17… Vitry gagne.
Mais Yassine, Maxime, Kylian et les autres joueurs des Batignolles font quand même la fête avec leurs fans.

Maxime : Alors Kylian, c'est qui le blaireau ?
Kylian : C'est bon Maxime, c'est moi…
Yassine : Non, on est tous des blaireaux !

Compréhension de l'écrit

STRATEGIE

Lesen (I) Globalverstehen

Um leichter zu verstehen, worum es in einem Text geht, gibt es einige Tipps:

1. Seht euch vor dem Lesen den **Titel** und die **Abbildungen** an. Sie geben erste Informationen zum Thema oder zum Handlungsverlauf.

2. Nach dem Lesen stellt euch die vier W-Fragen:
Was …? *(Quoi… ?)* **Wann …?** *(Quand… ?)*
Wo …? *(Où… ?)* **Wer …?** *(Qui… ?)*

lire 2 Lisez maintenant le texte et complétez le tableau ci-dessous.

Scène	Quand ?	Où ?	Qui ?	Quoi ?
1.	*jeudi*	*gymnase*	*Yassine/Jérémy*	*les problèmes*
2.				
3.				
4.				
5.				

---

5 **Qu'est-ce qui se passe ?** Was passiert da? Was ist los? • 6 **une inscription** ein Aufdruck • 7 **Il est tout rouge.** Er ist knallrot. • 8 **Il se tord la cheville.** Er verstaucht sich den Knöchel.

| Entrée | Atelier A | Atelier B | **Coin lecture** | Bilan |

parler 3 Qu'est-ce qu'ils disent dans les situations suivantes ? Utilisez les expressions du texte.

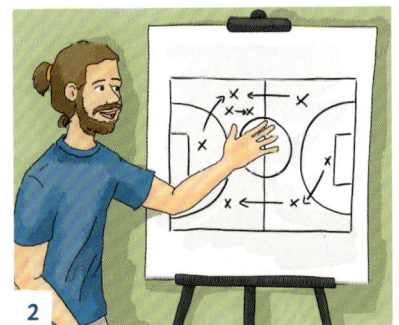

parler 4 Jouez les commentateurs sportifs !
A l'aide du texte, racontez le match de l'équipe des Batignolles contre Vitry.
Spielt den Sportreporter und kommentiert das Spiel.

Bonjour à tous ! Il est presque 15 heures, le match entre les Batignolles et Vitry va bientôt commencer…

Non au harcèlement !

SUR PLACE

Contre le harcèlement à l'école

Unter dem Hashtag #NAH (*Non au harcèlement !*) hat das französische Kultusministerium Ende 2013 eine Kampagne gegen Mobbing an Schulen gestartet.
Die Aktion wendet sich vor allem an die Opfer und Zeugen von Mobbing aber auch an die Täter.
Außerdem wird jedes Jahr ein Wettbewerb zum Thema Mobbing ausgerichtet: Schüler von der *école primaire* bis zum *lycée* werden aufgefordert, Plakate und Videos einzureichen.

parler 5 Voilà une des affiches qui a remporté en 2015 un prix au concours « Mobilisons-nous contre le harcèlement ».
Diese Plakat ist eines der Gewinner des Wettbewerbs 2015.

a) Regardez l'affiche et décrivez-la.

b) Comment est-ce que vous trouvez l'affiche ? Donnez votre avis.

6 Regardez la vidéo du collège La Guicharde « On est tous des héros ».
Dieses Video gehört zu den Gewinnern des Wettbewerbs 2015.

3an8wd

4   Entrée   Atelier A   Atelier B   Coin lecture   **Bilan**

La grammaire

Du sprichst über Hobbys.

Maxime fait **du** hand.
Lucie fait **de l'**athlétisme.
Alice fait **de la** photo.

Das brauchst du dafür:

die Präposition **de** und den bestimmten Artikel	19 §
de + le = **du**	
de + l' = **de l'**	
de + la = **de la**	
das Verb **faire**	10 §

Du sprichst über Gewohnheiten.

A cinq heures, Yassine **part** au hand.
En ce moment, il ne **dort** pas beaucoup.

Das brauchst du dafür:

die Verben **dormir, partir, sortir**				20 §
je	**sors**	vous	sortons	
tu	**sors**	nous	sortez	
il / elle / on	**sort**	ils / elles	sortent	

Du sagst, was du lieber magst.

Je **préfère** le foot.
Il **préfère** ne pas parler avec Jérémy.

Das brauchst du dafür:

das Verb **préférer**		22 §
je préf**è**re	nous préf**é**rons	
tu préf**è**res	vous préf**é**rez	
il / elle / on préf**è**re	ils / elles préf**è**rent	

Du stellst Fragen.

Pourquoi est-ce que tu dis ça ?
Quand est-ce que vous avez un match ?

Das brauchst du dafür:

die Fragestellung mit est-ce que und Fragewort			23 §
Où… / Quand… / Comment… / Pourquoi… / Avec qui…	est-ce que / est-ce qu'	tu habites ? il ne joue pas ? vous travaillez ?	

Du sprichst über Zukunftspläne.

On **va parler** à Maxime.
Je **ne vais pas parler** à Jérémy.

Das brauchst du dafür:

das **futur composé**	24 §
das Verb **aller** + Infinitiv	
die Verneinung : je **ne** vais **pas** jouer	

Du verweist auf Personen.

Et **toi**, tu joues aussi dans l'équipe de Maxime ?
On va jouer avec **eux** ?

Das brauchst du dafür:

die unverbundenen Personalpronomen		21 §
moi	nous	
toi	vous	
lui / elle	eux / elles	

Autocontrôle

24 §   **1**   Qu'est-ce que vous allez faire le week-end ? Faites des phrases au **futur composé**.

vendredi
- préparer un repas avec mes copains
- regarder un DVD

samedi
- aider mes parents dans la cuisine
- mes parents et moi / faire du vélo

dimanche
- faire mes devoirs
- ne pas regarder la télé
- chatter

Entrée   Atelier **A**   Atelier **B**   Coin lecture   **Bilan**   Die Lösungen zu den Bilan-Aufgaben findet ihr ab Seite 184.

4

La langue dans son contexte

2 Lisez le blog des élèves du collège Honoré de Balzac. Il y a des mots qui manquent. Choisissez la réponse correcte (A, B, C ou D) pour chaque blanc (1–10). Ecrivez vos réponses dans les cases prévues. La première réponse (0) est donnée en exemple.

Tous ensemble contre le harcèlement !

Ils ont des lunettes, le sport n'est pas leur truc … Pour plusieurs élèves, aller (0) ___ collège, c'est l'horreur. À la rentrée, tout (1) ___ bien, mais après trois semaines, c'est la catastrophe. Les parents ne (2) ___ pas du tout pourquoi leurs enfants sont de mauvaise humeur et sans énergie quand ils rentrent de l'école. Ils ont toujours (3) ___ triste et sont à côté de leurs pompes. Ils ne font plus leurs devoirs et leurs notes sont très mauvaises. Le dimanche après-midi, c'est déjà le stress pour eux et en semaine, ils sont souvent (4) ___ pour l'école. Mais quand leurs parents ou leurs profs demandent pourquoi ils font (5) ___ , pourquoi ça ne va plus, les enfants préfèrent ne pas parler de leurs problèmes avec eux. Parce que pour les élèves, le harcèlement, c'est la honte. À midi, ils ne mangent (6) ___ à la cantine parce que les autres font encore des commentaires et rigolent. A (7) ___ , ils ne sortent plus dans la cour avec leurs camarades de classe et (8) ___ aller au CDI parce que là, on ne parle pas et les portables sont dans les sacs. Ils aiment l'endroit pour son silence. (9) ___ le silence n'est pas la solution. Il faut parler aux parents, au professeur principal aussi ou bien encore aux surveillants. Ils sont là (10) ___ écouter et aider quand il y a un problème. Le harcèlement est un problème grave et c'est l'affaire de tous !

(0)	**A**	de	**B**	à	**C**	au	**D**	du
(1)	**A**	va	**B**	aller	**C**	vont	**D**	allons
(2)	**A**	comprennent	**B**	comprenons	**C**	comprend	**D**	comprend
(3)	**A**	un cours	**B**	un film	**C**	l'air	**D**	l'âge
(4)	**A**	tristes	**B**	plus tard	**C**	mauvais	**D**	en retard
(5)	**A**	de la musique	**B**	du sport	**C**	la tête	**D**	la fête
(6)	**A**	encore	**B**	plus	**C**	plusieurs	**D**	aussi
(7)	**A**	la récré	**B**	la sortie	**C**	la piscine	**D**	l'entraînement
(8)	**A**	préférez	**B**	préférons	**C**	préfère	**D**	préfèrent
(9)	**A**	Si	**B**	Mais	**C**	Que	**D**	Quand
(10)	**A**	d'	**B**	à	**C**	pour	**D**	et

0	1	2	3	4	5	6	7	8	9	10
C										

Das kann ich jetzt!

parler **3** Qu'est-ce que vous dites en français ?

a) Sage, dass du gerne Sport machst.
b) Du findest Handball gar nicht gut.
c) Du schlägst deinem Freund vor, am Wochenende einen Einkaufsbummel zu machen.
d) Du lehnst einen Vorschlag ab und sagst, dass du lieber ins Kino gehst.
e) Mache mit deiner Freundin einen Treffpunkt vor dem Kino aus.
f) Sage deinem Freund, dass er wütend aussieht.
g) Du fragst deine Freundin, ob sie kurz für dich Zeit hat.
h) Du erklärst, dass man etwas gegen Mobbing tun muss.

soixante et onze **71**

5 La magie de Paris

Aujourd'hui, Célia joue les touristes : elle prend le bus touristique et traverse Paris. Avec elle, il y a sa mère Rose, Nicolas, le compagnon de sa mère et Vanessa, la fille de Nicolas.

1. la cathédrale Notre-Dame de Paris
2. le quartier de Montmartre
3. l'avenue des Champs-Elysées
4. la place du Trocadéro avec la tour Eiffel
5. le centre Pompidou
6. l'opéra Garnier

1 a) Regarde les photos, lis les informations et retrouve les lieux. Note leurs noms.

1. Elle est le symbole de la capitale. _____
2. C'est le quartier des artistes. _____
3. C'est là qu'on peut voir la Joconde, par exemple. _____
4. De là partent douze avenues qui forment une étoile. _____
5. C'est un endroit où on peut faire du shopping, aller au cinéma. _____
6. Pour la danse, c'est un lieu de référence. _____

parler b) Vous aussi, vous jouez les touristes dans votre région. Où allez-vous ? Que visitez-vous ? Comparez vos réponses.

c) Pendant la visite, le guide parle de la Joconde, elle « habite » au Louvre. Comment est-ce qu'elle s'appelle en allemand ?

In der **tâche finale** auf Seite 86 schreibt ihr einen Reiseblog.
Dazu lernt ihr u. a.:
- einen längeren Text in der Vergangenheit zu verfassen.
- Sehenswürdigkeiten und Erlebnisse zu beschreiben.

7 le musée du Louvre avec sa pyramide

8 le Sacré-Cœur

9 le centre commercial de Châtelet-les-Halles

10 l'île Saint-Louis

11 l'arc de triomphe sur la place de l'Etoile

ON DIT

Ausdrücken, was einem (nicht) gefällt

Moi, j'aime / j'adore / je préfère /
je déteste le / la / les…
Je trouve… (trop) bizarre / moche.
moderne / immense / touristique.
cool / sympa / magnifique / fantastique.
Ça me plaît. / Ça ne me plaît pas.

parler 2 Jouez à deux. Vous aimeriez visiter deux lieux à Paris. Lesquels ? Dites pourquoi et mettez-vous d'accord.
Ihr möchtet zwei Orte in Paris sehen. Welche? Einigt euch.

A : Moi, j'aimerais visiter le Louvre parce que je voudrais faire une photo de la Joconde.
B : Non, ça ne me plaît pas. Je voudrais visiter le centre Pompidou : il est moderne.
A : D'accord, alors on va d'abord…

soixante-treize

5 Atelier A

Compréhension de l'oral

3 Faites l'exercice suivant en deux étapes.

a) Vous allez entendre un guide touristique à Paris. Pendant la première écoute, notez les numéros des lieux de visite dans l'ordre de visite *(Spalte 1+2)*.

1 La place de la Concorde

2 Le Quartier Latin

b) Ecoutez le texte une deuxième fois. Dites quel adjectif correspond à quel lieu *(Spalte 1+3)*. Quelquefois, il y a deux adjectifs possibles.

A	bizarre	F	immense	K	romantique
B	célèbre	G	important	L	stressant
C	cool	H	magnifique	M	sympa
D	élégant	I	moche	N	touristique
E	fantastique	J	moderne		

La première réponse est donnée en exemple.

1	2	3
lieu de visite	numéro	adjectif
la cathédrale Notre-Dame de Paris		
le quartier de Montmartre		
l'avenue des Champs-Elysées		
la place du Trocadéro		
la tour Eiffel		
le centre Pompidou / Beaubourg		
l'opéra Garnier	1	H
le musée du Louvre		
le Sacré-Cœur		✕
le centre commercial de Châtelet-les-Halles		
l'île Saint-Louis		
l'Arc de triomphe sur la place de l'Etoile		
la pyramide du Louvre		
la place de la Concorde		
le Quartier Latin et la place Saint-Michel		✕

Entrée Atelier A Atelier B Atelier C Bilan

5

Bizarre, bizarre...

Compréhension de l'écrit

1 Lisez le texte « Bizarre, bizarre ». D'abord décidez si les affirmations (1-6) sont vraies (V) ou fausses (F) et mettez une croix (☒) dans la bonne case de la grille de réponses. Ensuite identifiez la phrase du texte qui motive votre décision. Ecrivez **les quatre premiers mots** de cette phrase dans la case prévue. Il y a peut-être plusieurs réponses correctes mais vous ne devez en donner **qu'une seule**. La première réponse (0) est donnée en exemple.

0	Rose va rentrer tard parce qu'elle travaille longtemps.
1	Rose trouve normal que Célia prépare le dîner.
2	Célia trouve la réponse de Rose et Nicolas super.
3	Célia et Alice veulent aller à une présentation de BD.
4	Nicolas aide Célia.
5	Avec la ligne trois, c'est direct jusqu'au musée.
6	Vanessa aime les BD.

	V	F	Les quatre premiers mots
0	x		*Aujourd'hui, j'ai encore*
1			
2			
3			
4			
5			
6			

2 Regardez le petit-déjeuner chez Célia. Comment est-ce que c'est chez vous ? Racontez en allemand.

1. Célia habite avec Rose et Nicolas. Le week-end, il y a aussi Vanessa.
Mercredi matin, Célia, Rose et Nicolas prennent le petit-déjeuner.

5 Rose : Aujourd'hui, j'ai encore une réunion à 18 heures, je vais rentrer tard.
Nicolas : Et moi, j'ai rendez-vous avec Pierre pour l'apéro, je ne vais pas être là avant 20h30.
Célia : Alors, si vous voulez, je peux faire le repas.
10 Rose : Ma fille veut faire le repas... ?!? Bizarre, bizarre...
Nicolas : TRÈS bizarre! C'est un grand moment !
Célia : Vous pouvez arrêter vos blagues ? Vous n'êtes pas marrants !!!
Rose : Tu as raison. C'est sympa Célia, merci !
15 Nicolas : Oui, merci Célia. Mais... dis donc, tu ne veux pas demander quelque chose à ta mère, toi ?
Célia : Ben... si... Samedi, Alice et moi, on aimerait visiter une exposition très importante au musée Art Ludique : « mangas et cinéma ». Tu es d'accord, maman ?
Rose : Mais c'est quai d'Austerlitz ! C'est loin pour deux petites filles !
Célia : Maman, on a treize ans !

20 **2.** Nicolas : Ecoute, ce n'est pas un problème. En métro, il y a juste un petit changement. Elles peuvent prendre la ligne 3 et ensuite, elles changent à Saint-Lazare.
Célia : Et après, avec la 14, c'est direct jusqu'à Gare
25 de Lyon.
Rose : Je ne sais pas...
Nicolas : Tu peux peut-être demander à Vanessa d'aller avec vous ?
Rose : Mais oui, elle aussi, elle adore les mangas.
30 Célia : Oui, et elle est grande, elle ! Elle a 16 ans !

5 | Entrée | **Atelier A** | Atelier B | Atelier C | Bilan

3 Regardez le plan de métro à la page 189 et suivez le trajet *(Weg)* des filles.
Combien de stations de métro est-ce qu'il y a de Villiers à Gare de Lyon ?

parler **4** A trois, jouez la scène entre Rose, Nicolas et Célia. La stratégie page 49 peut vous aider.

Pouvoir, c'est vouloir !

25 § **5** a) **A vous!** Célia appelle Vanessa. Faites le dialogue. Prenez le rôle de Célia (A) ou de Vanessa (B).
Le rôle B est à la page 146. Mettez les bonnes formes de pouvoir (p) et vouloir (v)
et vérifiez les verbes de votre partenaire.

Rôle A

Célia : Allô Vanessa ? C'est Célia. Dis, Alice et moi, nous ___ (v) aller au musée Art Ludique. Tu ___ (v) peut-être aller là-bas avec nous ?
Vanessa : Qu'est-ce qu'on peut faire au musée Art Ludique ?
Célia : En ce moment, les fans de mangas ___ (p) aller à une expo super : « mangas et cinéma ».
Vanessa : Ça a l'air cool ! Si je peux, je veux bien aller au musée avec vous. Quand est-ce que vous voulez visiter l'exposition ?
Célia : Tu ___ (p) samedi ?
Vanessa : Samedi, j'ai rendez-vous avec Léo. Mais nous pouvons aller au musée dimanche.
Célia : Dimanche, Alice ne ___ (p) pas. Et sans toi, nous ne ___ (p) pas aller à l'expo, ma mère ne ___ (v) pas.
Vanessa : Ah zut ! Ecoute, je vais parler à Léo, on peut peut-être trouver une solution, ok ?

parler b) Exercice sous forme de **dialogue**.

Vous voulez donner rendez-vous à une copine / un copain pour faire de la console. Mais elle/il n'a pas le temps et n'aime pas trop la console. Discutez et :

- trouvez une autre date
- trouvez une autre activité, par exemple :
  – faire du shopping
  – aller au cinéma
  – préparer un repas

Finalement, décidez de ce que vous allez faire et quand.

Jeu de sons

6 Lisez les noms des stations de métro. Puis écoutez le CD et vérifiez la prononciation.

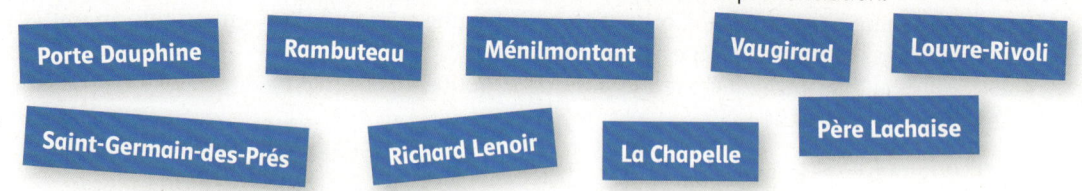

Porte Dauphine   Rambuteau   Ménilmontant   Vaugirard   Louvre-Rivoli

Saint-Germain-des-Prés   Richard Lenoir   La Chapelle   Père Lachaise

STRATEGIE

Lesen (II): Scanning

Beim suchenden Lesen (scanning) seid ihr nur an bestimmten Informationen des Textes interessiert und braucht deswegen nicht jedes Detail zu verstehen.
Sucht den Text gezielt nach **Schlüsselwörtern** oder **Zahlen** ab, um die gewünschte Information zu finden.
Auch **Überschriften** und **Bilder** können bei der Informationsentnahme hilfreich sein.

Entrée   **Atelier A**   Atelier B   Atelier C   Bilan

5

Compréhension de l'écrit

lire **7** a) Lisez le texte sur le musée Art Ludique. Répondez aux questions (1–6) en 4 mots au maximum. La première réponse (0) est donnée en exemple. Challenge: Il y a un prix pour la/le plus rapide !

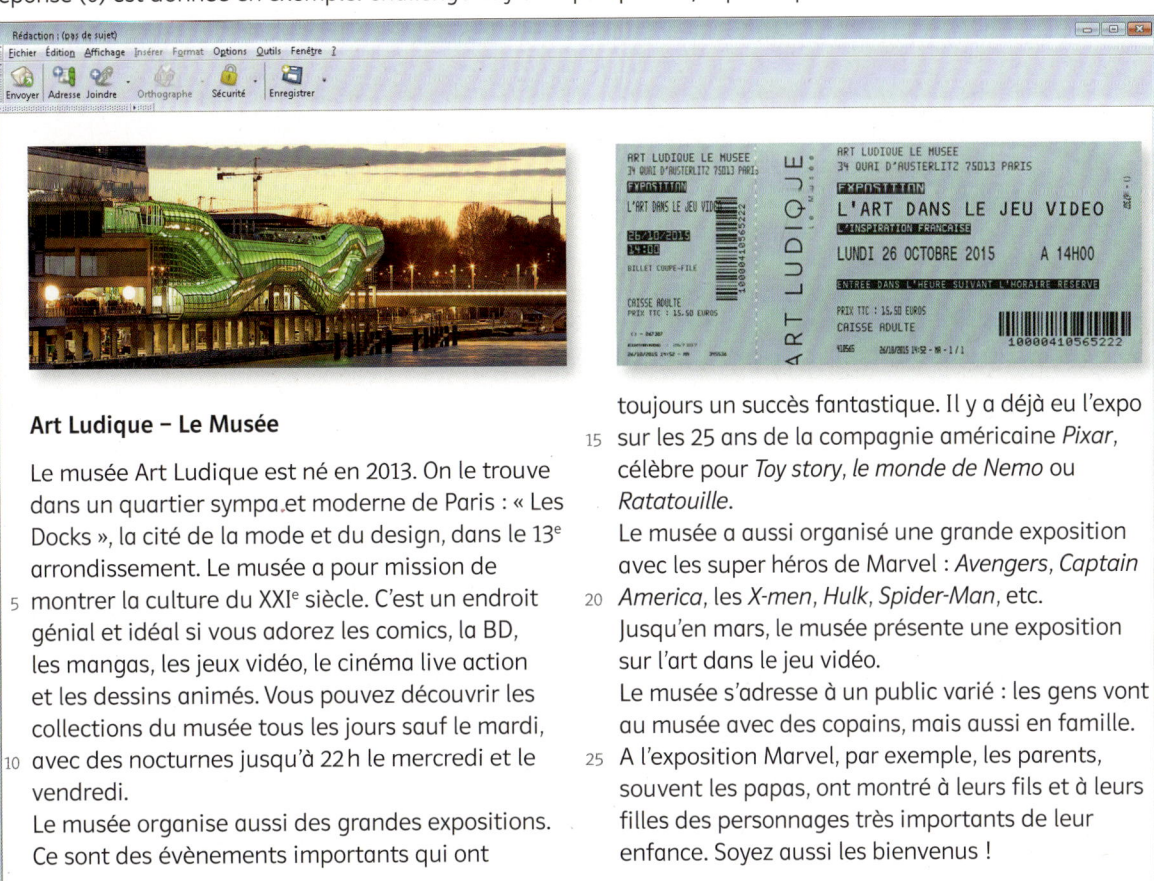

Art Ludique – Le Musée

Le musée Art Ludique est né en 2013. On le trouve dans un quartier sympa et moderne de Paris : « Les Docks », la cité de la mode et du design, dans le 13e arrondissement. Le musée a pour mission de
5 montrer la culture du XXIe siècle. C'est un endroit génial et idéal si vous adorez les comics, la BD, les mangas, les jeux vidéo, le cinéma live action et les dessins animés. Vous pouvez découvrir les collections du musée tous les jours sauf le mardi,
10 avec des nocturnes jusqu'à 22h le mercredi et le vendredi.
Le musée organise aussi des grandes expositions. Ce sont des évènements importants qui ont toujours un succès fantastique. Il y a déjà eu l'expo
15 sur les 25 ans de la compagnie américaine *Pixar*, célèbre pour *Toy story*, *le monde de Nemo* ou *Ratatouille*.
Le musée a aussi organisé une grande exposition avec les super héros de Marvel : *Avengers*, *Captain*
20 *America*, les *X-men*, *Hulk*, *Spider-Man*, etc.
Jusqu'en mars, le musée présente une exposition sur l'art dans le jeu vidéo.
Le musée s'adresse à un public varié : les gens vont au musée avec des copains, mais aussi en famille.
25 A l'exposition Marvel, par exemple, les parents, souvent les papas, ont montré à leurs fils et à leurs filles des personnages très importants de leur enfance. Soyez aussi les bienvenus !

0	Quel est le nom du quartier où se trouve le musée ?	*Les Docks*
1	Qu'est-ce que les visiteurs du musée doivent aimer ? (Donnez <u>une</u> réponse.)	
2	Quel jour est-ce que vous ne pouvez pas aller au musée ?	
3	Jusqu'à quelle heure peut-on visiter le musée deux soirs par semaine ?	
4	Quelle exposition est-ce qu'il y a déjà eu au musée ? (Donnez <u>une</u> réponse.)	
5	Quelle exposition est-ce qu'il y a en février ?	
6	Quelle personne aime aller à l'exposition Marvell avec les enfants ?	

parler b) Quelle exposition vous intéresse ? Dites pourquoi.

26 § **Elle est marrante.**

8 a) Cherchez dans le texte page 75 les formes manquantes des **adjectifs** et complétez le tableau.

b) *Schaut euch in den folgenden Sätzen die Stellung der Adjektive an. Was fällt euch auf? Wie ist es in anderen Sprachen, die ihr kennt?*

C'est un grand moment.   C'est une exposition importante.

	maskulin	feminin
Singular		petit**e**
Plural	petits	

soixante-dix-sept **77**

5 — Atelier A

9 a) Vanessa appelle son copain Léo. Complétez les phrases avec les adjectifs à la bonne forme.

Vanessa : Allô Léo ? J'ai un _____ (petit) problème pour samedi.

Je vais avec Célia au musée Art Ludique. Il y a une expo _____ (important) sur les mangas.

Léo : Ah non Vanessa, tu n'es pas _____ (marrant) !

Tu as toujours des choses _____ (important) à faire !

Et j'ai déjà des places pour un film _____ (fantastique) samedi.

Vanessa : Oh zut… Mais on peut aller au cinéma samedi soir. Et dimanche, on va aller au canal Saint-Martin,

il y a des _____ (petit) cafés très _____ (sympa).

parler b) Que dit Léo ? Imaginez sa réponse.

10 A Paris, il y a plein de choses à voir. Dites pourquoi les touristes aiment aller à Paris. Faites attention à l'accord et à la place de l'adjectif.

A Paris, il y a des grands parcs.

grand	café(s)	moderne
petit	théâtre(s)	immense
	gare(s)	fantastique
	exposition(s)	sympa
	parc(s)	important

MINI-TÂCHE

Un trajet en métro

Mit der Metro fahren **ON DIT**
- Quelle ligne est-ce que je prends pour aller à X ?
- Vous prenez la ligne (numéro) X / le RER X à la station… en direction de X / direction X
- Vous changez / descendez à la station X.
- C'est direct.
- Vous allez jusqu'au terminus.

parler 11 Vous êtes à Saint-Lazare et vous voulez visiter les lieux touristiques suivants. Vous demandez des informations à un employé de la RATP. Jouez à deux : A demande le trajet, B donne les renseignements *(Auskunft)* à l'aide du plan de métro page 189. Changez de rôle à chaque trajet.

A : Bonjour, je voudrais aller… Quelle ligne… ?

B : Alors vous prenez…

la tour Eiffel   le Sacré-Cœur   le Stade de France   le cimetière du Père Lachaise

M° : Bir-Hakeim   M° : Abbesses   M° : St-Denis-Porte de Paris   M° : Père-Lachaise

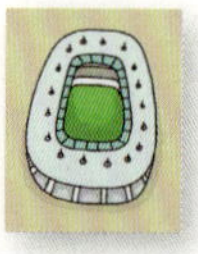

Entrée   Atelier **A**   **Atelier B**   Atelier **C**   Bilan

5

1 Elle est d'accord ?

Mercredi matin, à l'entrée du collège.
Alice : Alors raconte, tu as demandé à ta mère pour l'expo ? Qu'est-ce qu'elle a dit ?
Célia : Oui, j'ai parlé à maman au petit-déjeuner.
5   Ça n'a pas été facile, mais Nicolas a été trop cool !
Alice : Nicolas ? Ah bon ? Qu'est-ce qu'il a fait ?
Célia : Ben, maman flippe toujours un peu. Mais Nicolas a eu une idée super : on a appelé
10   Vanessa et elle va à l'expo avec nous. Et ça, ça a rassuré maman.
Alice : Alors, elle est d'accord ? Youpiiiii !

27 § **Tu as parlé à ta mère ?**

2 a) Im Text findet ihr eine neue Zeitform, das **passé composé**. Was drückt sie aus?

b) Aus welchen Bestandteilen setzt sich die Zeit zusammen? Vergleicht auch mit ähnlichen Zeitformen im Deutschen und im Englischen.

c) Wie wird das Partizip der Verben auf -er gebildet?

d) Ordnet die folgenden Infinitive den unregelmäßigen Partizipformen aus dem Text zu.

   avoir   être   dire   faire

e) Wie bildet man die Verneinung im *passé composé*?

3 a) Racontez ce que vous avez fait / vous n'avez pas fait hier.

1. regarder la télé
2. faire ses devoirs 
3. avoir cours 
4. être en retard 
5. discuter avec des copains 
6. être de mauvaise humeur 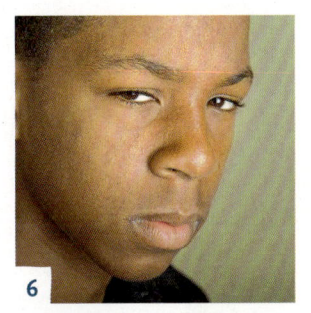
7. chercher ses clés 
8. aider ses parents 

parler   b) Faites des dialogues avec votre voisin/e. Demandez ce que les personnes suivantes ont fait hier :

   votre voisin/e   ses parents   son frère / sa sœur   votre voisin/e et ses copines/copains.

A : Est-ce que tu as eu EPS hier ?
B : Oui, j'ai eu EPS hier.

soixante-dix-neuf 79

5 — Atelier B

4 Paris, c'est l'aventure !

Samedi, 20 heures. Rose et Nicolas attendent les filles, elles sont en retard. Rose descend dans la rue et entend des rires : Célia et Vanessa arrivent enfin. Elles ont passé un après-midi super, mais quelle aventure ! Elles racontent leur histoire à Rose et Nicolas.

On prend le batobus pour aller au musée ?
C'est une idée sympa !

1. 14 heures : Célia a donné rendez-vous à Vanessa à la station de métro Villiers. Mais mauvaise surprise, Alice n'est pas là : elle est malade. Vanessa et Célia ont regardé sur le plan du métro et Vanessa a eu une idée pour traverser Paris.

Pardon madame, où est-ce qu'on prend la ligne 6, s'il vous plaît ?
Vous allez tout droit, puis à gauche.

2. Célia a adoré l'idée de Vanessa. Sur la ligne 2 du métro, les filles ont changé à Charles de Gaulle-Etoile, une station immense. Elles ont trouvé la ligne 6… presque sans problème.

On prend le bateau ici ou on marche encore ?
Moi, je veux bien marcher. C'est joli ici !

3. Elles sont arrivées à la station Bir-Hakeim vingt minutes après. Un quartier magnifique ! Quand on sort du métro, c'est fantastique. Il y a tout de suite la tour Eiffel, le pont Bir-Hakeim et… les touristes.

L'homme a volé quelque chose à la dame !

4. Elles ont traversé la rue et tout à coup, elles ont entendu une femme crier. Un homme est sorti du café et il est allé très vite vers le pont. Puis une femme est sortie aussi du café et est partie à sa poursuite.

Entrée   Atelier **A**   **Atelier B**   Atelier **C**   Bilan   **5**

Il faut aider la dame !

Au voleur ! Au voleur !

5. Alors, Célia n'a pas hésité : elle est aussi partie à la poursuite de l'homme. D'autres personnes ont
20 fait comme elles. Mais Vanessa a eu peur et elle est restée dans la rue…

Pour comprendre le texte

lire **5** a) Choisissez le **résumé** qui correspond au texte et justifiez votre réponse.

1. Célia aime l'idée d'aller à la tour Eiffel en batobus. Alors Vanessa et elle prennent d'abord le métro et descendent à la station Bir-Hakeim. Là, elles entendent une femme crier à cause d'un voleur. Célia et Vanessa veulent aider la dame et partent à la poursuite du voleur.	**2.** Pour aller au musée, les filles veulent prendre le batobus à côté de la tour Eiffel. Elles prennent d'abord le métro, mais après, elles ne trouvent pas la station de batobus. Tout à coup, les filles entendent une femme crier « Au voleur ! », et Célia part à la poursuite du voleur.	**3.** Célia trouve l'idée d'aller au musée en bateau super. Vanessa et elle prennent d'abord le métro et sortent du métro à côté de la tour Eiffel. Là, elles entendent une femme crier à cause d'un voleur. Célia n'a pas peur et part à la poursuite de l'homme. Vanessa, elle, reste dans la rue.

b) Expliquez pourquoi les filles sont descendues à la station Bir-Hakeim.

c) Le batobus, c'est quoi ? Donnez les deux mots qui composent « batobus ». *Wie wird* « batobus » *gebildet?*

28 § **Le voleur est parti !**

6 a) Reliez les personnes aux actions. La règle sur l'accord des adjectifs peut vous aider.

1. Vanessa et Célia   a. sont allés vers le pont.
2. Un homme   b. est partie à la poursuite du voleur.
3. Une femme   c. est sorti du café.
4. D'autres touristes   d. sont arrivées à la station Bir-Hakeim.

b) Expliquez maintenant comment on forme le **passé composé avec être**.

c) Quel type de verbes forme le passé composé avec être ? Expliquez en allemand.

d) Prenez les personnes des phrases 1 à 4 de a) et écrivez quatre autres phrases avec les expressions données.

POUR VOUS AIDER

rester ist eine Ausnahme.

aller au musée   rentrer à la maison

tomber dans la rue   rester dans le métro

_____
_____
_____
_____

quatre-vingt-un **81**

7 Quand les filles ont quitté la maison, Rose stresse un peu et écrit des SMS à Nicolas.
Complétez avec les verbes au passé composé.

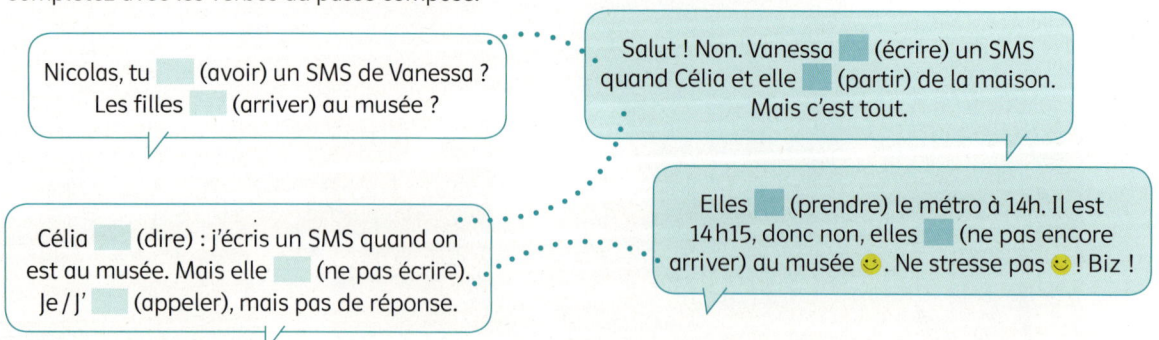

> Nicolas, tu ▢ (avoir) un SMS de Vanessa ?
> Les filles ▢ (arriver) au musée ?

> Salut ! Non. Vanessa ▢ (écrire) un SMS quand Célia et elle ▢ (partir) de la maison. Mais c'est tout.

> Célia ▢ (dire) : j'écris un SMS quand on est au musée. Mais elle ▢ (ne pas écrire). Je/J' ▢ (appeler), mais pas de réponse.

> Elles ▢ (prendre) le métro à 14h. Il est 14h15, donc non, elles ▢ (ne pas encore arriver) au musée 😊. Ne stresse pas 😊 ! Biz !

Pardon, je cherche…

ON DIT

Nach dem Weg fragen / Den Weg erklären

So fragt man nach dem Weg.
Pardon monsieur/madame/mademoiselle,
… où est X, s'il vous plaît ?
… comment est-ce que je vais à X ?
… je cherche la rue X.

So beschreibt man den Weg.
Vous prenez la première / deuxième rue à droite / à gauche.
Tournez à droite / à gauche.
Vous allez tout droit (jusqu'à X).
Vous traversez la rue X / la place X / le carrefour.
C'est à côté de… / en face de X.

8 Nicolas et et son copain Pierre ont rendez-vous pour l'apéro, mais Pierre ne trouve pas le café.
Nicolas lui explique le chemin au téléphone.
Regardez le plan page 148 et écoutez ses explications. Où est le café ?

9 Regardez le plan du quartier page 8 et expliquez à votre voisin le chemin pour aller de A à B.

Puis changez de rôle.

a) A : collège Balzac → B : Espace Jeunes
b) A : square des Batignolles → B : cinéma
c) A : boulangerie Mercier → B : Chez Léon
d) A : parc Clichy-Batignolles → B : piscine

Attendez une minute !

10 Voilà la conjugaison d'un **verbe en -dre**.

Conjuguez les verbes **descendre** et **entendre** au présent et donnez leur participe passé.

GRAMMAIRE

j'atten**ds**   nous atten**dons**
tu atten**ds**   vous atten**dez**
il/elle/on atten**d** ils/elles atten**dent**

p.c. : j'ai **attendu**

11 Des élèves français/es visitent Vienne.
Qu'est-ce qu'elles/ils disent dans les situations suivantes ?
Utilisez les verbes *attendre*, *entendre* et *descendre*.

a) In der U-Bahn fragt ein/e Schüler/in, wo sie aussteigen müssen.
b) Eine Schülerin/Ein Schüler sagt, dass sie/er die Antwort nicht gehört hat.
c) Ein/e Lehrer/in fragt die Schüler/innen, warum sie nicht warten.
d) Ein/e Schüler/in stellt fest, dass zwei Schüler/innen nicht ausgestiegen sind.
e) Ein/e Schüler/in fragt eine andere Schülerin / einen anderen Schüler, ob sie/er mit ihr/ihm vor dem Parlament wartet.

Entrée Atelier **A** **Atelier B** Atelier **C** Bilan

5

En allemand

médiation **12** An der Seine kommt ihr mit einer deutschen Familie ins Gespräch. Die Familie möchte mit dem *batobus* fahren, versteht aber die Anzeigetafel nicht.
Helft ihr weiter und beantwortet ihre Fragen.

a) Die Familie mit zwei Kindern (10 und 16 Jahre alt) möchte am nächsten Tag den *batobus* nehmen. Was kosten die Fahrkarten?
b) Sie möchte den Ausflug so früh wie möglich beginnen. Wann fährt das erste Boot?
c) Wie lange muss die Familie höchstens an einer Station auf das nächste Boot warten?
d) Die Familie möchte wissen, ob man während der Rundfahrt die ganze Zeit an Bord bleiben muss.
e) Die Familie möchte den Triumphbogen sehen. Wo muss sie aussteigen?

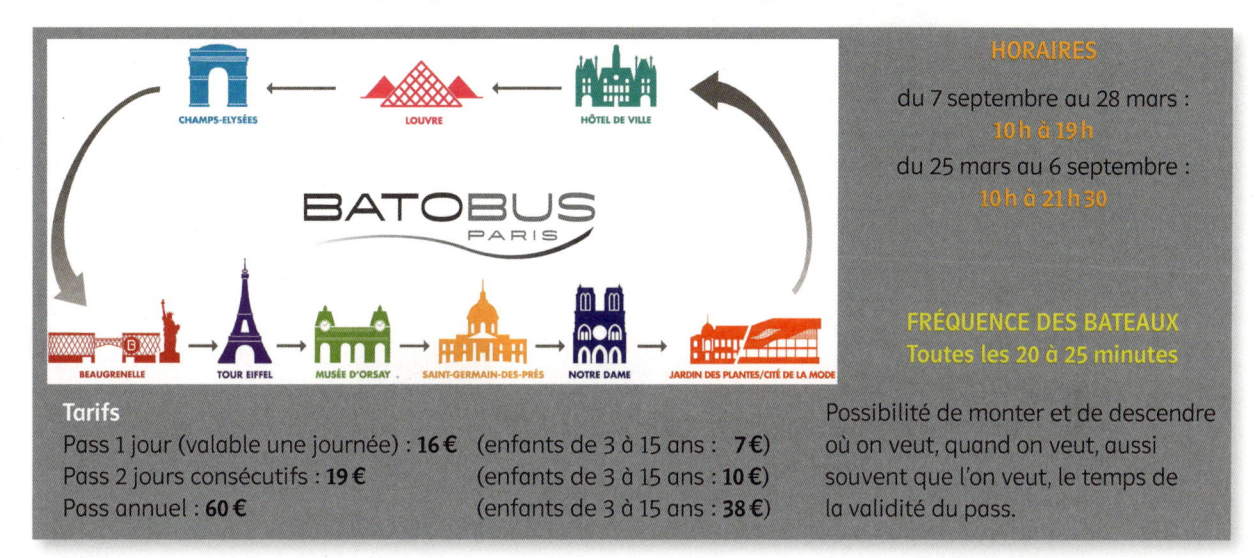

HORAIRES

du 7 septembre au 28 mars :
10 h à 19 h

du 25 mars au 6 septembre :
10 h à 21 h 30

FRÉQUENCE DES BATEAUX
Toutes les 20 à 25 minutes

BATOBUS PARIS

Tarifs
Pass 1 jour (valable une journée) : **16 €** (enfants de 3 à 15 ans : **7 €**)
Pass 2 jours consécutifs : **19 €** (enfants de 3 à 15 ans : **10 €**)
Pass annuel : **60 €** (enfants de 3 à 15 ans : **38 €**)

Possibilité de monter et de descendre où on veut, quand on veut, aussi souvent que l'on veut, le temps de la validité du pass.

MINI-TÂCHE

Mon endroit préféré à Paris

STRATEGIE

Texte überprüfen

Macht nach dem Schreiben eine kurze Pause und lest euren Text dann genau durch.
– Ist alles enthalten, was für diese Textsorte wichtig ist?
– Erfährt man im ersten Satz, worum es geht?
– Sind die Sätze gut zu verstehen?
– Gibt es Stellen, die nicht zum Thema gehören und besser weggelassen werden?
– Gibt es unnötige Wiederholungen?
– Gibt es Fehler? Achtet auf die Fehlerquellen! Siehe Seite 158.

Production écrite

écrire **13** Vous êtes à Paris depuis trois semaines. Hier vous avez passé un moment super dans votre endroit préféré à Paris. Ecrivez un e-mail à votre correspondant français à Nice.

Dans votre **e-mail**, vous : ■ décrivez votre endroit préféré à Paris
■ racontez ce que vous avez fait

Ecrivez environ **80 mots**.

Vous trouvez des idées de visites aux pages 149–150.
Utilisez les expressions ci-dessus au début de vos phrases.

> Salut X !
> Hier, j'ai visité …
> C'est mon endroit préféré à Paris.
> D'abord, j'ai…
> Ensuite…
> J'ai trouvé la visite super parce que…

5 Atelier C

La fin de l'histoire

Avant la lecture

1 A votre avis, comment se termine l'histoire ? Faites des hypothèses en allemand. *Wie endet die Geschichte ?*

1. Rose : Mais c'est dangereux, Célia !
Célia : Bof, moi je n'ai pas trouvé la situation très dangereuse… J'ai juste voulu aider la dame.
Nicolas : Moi, je trouve ça courageux !
  Et vous avez arrêté le voleur ?
Célia : Euh, comment dire ? Quand un touriste a crié « Stop », le voleur a répondu : « Mais c'est du cinéma, monsieur ! Je ne suis pas un voleur, mais un acteur ! »

2. Vanessa : En fait, le réalisateur et son équipe n'ont pas pris de grosse caméra. Et nous, on n'a pas remarqué la petite caméra numérique !
Rose : Et le réalisateur, qu'est-ce qu'il a dit ?
Célia : Il a trouvé la dernière scène avec nous très bonne !

3. Vanessa : Mais il va couper les images : elles ne vont pas pour son film.
Rose : Ah zut… !
Célia : Pas grave, on a passé un très bon après-midi !
Nicolas : Et l'expo alors ?
Célia : Ben, on n'a pas pu aller au musée après…
Nicolas : Alors on va avec vous à l'expo demain ! Avec vous, Paris, c'est l'aventure…
Rose : … Et nous, on aime ça !

Entrée   Atelier **A**   Atelier **B**   **Atelier C**   Bilan

5

Compréhension de l'écrit

2 Lisez le texte « La fin de l'histoire », puis décidez quelle est la réponse correcte (A, B, C ou D) pour chaque question (1–3).
Ecrivez vos réponses dans les cases prévues. La première réponse (0) est donnée en exemple.

0 Célia est partie à la poursuite de l'homme, parce qu'elle :
   A aime les situations dangereuses.
   B aimer jouer à la détective.
   C veut aider la dame.
   D veut aider la police.

1 Après l'action de Célia, le réalisateur :
   A trouve Célia courageuse.
   B trouve la scène dangeureuse.
   C dit qu'il veut Célia dans son équipe.
   D dit qu'il a beaucoup aimé la scène.

2 Les filles ne voient pas la caméra parce que/qu' :
   A elles regardent juste le voleur.
   B elles sont à la poursuite du voleur.
   C elle est très petite.
   D elle est devant une auto.

3 Nicolas propose aux filles de/d' :
   A faire un film avec elles.
   B aller voir les mangas ensemble.
   C aller voir le film où Célia a un rôle.
   D passer l'après-midi ensemble.

0	1	2	3
C			

3 Relisez le texte et faites un filet à mots autour du **cinéma**.

Il n'y a pas de problème.

4 Dites ce qu'il y a / ce qu'il n'y a pas dans la rue où on tourne le film. Utilisez **ne… pas de**.
Beschreibt die Straße, in der der Film gedreht wird. Benutzt ne… pas de.

Dans la rue, il y a un café, mais il **n'y a pas de** restaurant.

un bébé   un café   des magasins   un cinéma   un vélo
une station de métro   un théâtre   une boulangerie   un restaurant
des enfants   un arrêt de bus   un skateboard

quatre-vingt-cinq **85**

5   Entrée   Atelier A   Atelier B   **Atelier C**   Bilan

Paris en chiffres

5 Travaillez à deux. A pose une question, B donne la réponse. Puis changez de rôle.

1. A : Combien de piscines est-ce qu'il y a à Paris ?   B : Il y a 63 piscines à Paris.

1	2	3	4
63	463	84	140
5	6	7	8
137	896	180	303

Compréhension de l'oral

6   a) Lisez les chiffres à voix haute.

b) Vous allez entendre Radio Info parler du nombre de vélos en Europe. Pendant l'écoute, trouvez les chiffres corrects dans la liste (A–I) pour compléter les phrases (1–6). Il y a deux chiffres dont vous n'aurez pas besoin. La première réponse (0) est donnée en exemple.

0	Combien de kilomètres de pistes pour les vélos veut faire Paris?
1	Combien y-a-t-il de kilomètres de pistes à Paris aujourd'hui ?
2	Combien y-a-t-il de kilomètres de pistes à Strasbourg ?
3	Combien y-a-t-il de kilomètres de pistes à Nantes ?
4	Combien y-a-t-il de kilomètres de pistes à Bordeaux ?
5	Combien y-a-t-il de kilomètres de pistes à Copenhague ?
6	Combien y-a-t-il de magasins de vélos à Copenhague ?

A	600
B	440
C	373
D	563
E	497
F	plus de 1000
G	536
H	393
I	480

Ecrivez vos réponses ici

0	1	2	3	4	5	6
F						

TÂCHE FINALE

Mon séjour à Paris… ou ailleurs…

écrire **7** Vous avez passé avec vos copains trois jours à Paris ou dans une autre ville. A votre retour, vous racontez votre séjour dans votre blog de voyage. *Ihr schreibt in eurem Reiseblog über einen Stadtaufenthalt.*

a) Ecrivez votre blog à l'aide de vos notes. N'oubliez pas de rajouter des photos et des « souvenirs » (billets d'entrée, tickets de bus / de métro, etc.)
b) Relisez votre texte et corrigez-le *(korrigiert ihn)* à l'aide de la stratégie page 83.
c) Imprimez vos blogs et exposez-les *(stellt sie aus)* dans votre salle de classe.

– Avec qui est-ce que vous êtes allés à Paris/à… ?
– Où est-ce que vous êtes allés ?
– Qu'est-ce que vous avez visité ?
– Comment est-ce que vous y êtes allés ?

La grammaire

Du beschreibst Dinge und Personen. **Das brauchst du dafür:**

C'est un moment **important**.
Célia a vu une **grande** exposition.
Nicolas a des **bonnes** idées.

die **Adjektive**			26, 30 §
	Singular	Plural	
maskulin	petit	petits	
feminin	petit**e**	petit**es**	
Sonderformen, z. B.: bon, dangeroux, dernier			

Du sagst, was jemand tun kann und was jemand tun will. **Das brauchst du dafür:**

Célia **peut** prendre le métro.
Nous **voulons** prendre le batobus.

die Verben *vouloir* und *pouvoir*			25 §
je	**veux**	**peux**	
tu	**veux**	**peux**	
il / elle / on	**veut**	**peut**	
nous	voulons	pouvons	
vous	voulez	pouvez	
ils / elles	**veulent**	**peuvent**	
p.c. :	j'ai **voulu**	j'ai **pu**	

Du sprichst über die Vergangenheit. **Das brauchst du dafür:**

J'**ai parlé** à maman.
Les filles **sont sorties** du métro.

das *passé composé*	27, 28 §
Hilfsverb *avoir / être* + *participe passé* Verneinung: Alice **n'a pas** hésité.	
! Achtet auf den *accord* beim *passé composé* mit *être*.	

Du beschreibst Tätigkeiten. **Das brauchst du dafür:**

Rose **descend** dans la rue
et **attend** les filles.
Elles **ont entendu** une femme crier.

die **Verben auf** *-dre*				29 §
je	répon**ds**	nous	répond**ons**	
tu	répon**ds**	vous	répond**ez**	
il / elle / on	répon**d**	ils / elles	répond**ent**	
p.c.	j'ai répondu	**!** je **suis** descendu(e)		

5 — Bilan

Autocontrôle

1 Complétez les phrases. Pensez à l'accord et à la place de **l'adjectif**.

a) Dimanche, les filles vont voir la _____ exposition _____ sur les mangas avec Rose et Nicolas.

b) Après l'exposition, Nicolas a une _____ idée _____ .

c) Ils vont dans un _____ restaurant _____ à côté du musée et font un _____ repas _____ .

d) Vanessa et Rose racontent plein de _____ blagues _____ .

e) A la fin, Célia pense : c'est une _____ journée _____ .

grand
bon
petit
bon
marrant
magnifique

2 Qu'est-ce que votre famille et vous avez fait le week-end dernier ? Racontez au **passé composé**.

vendredi	samedi	dimanche
ne pas travailler pour l'école	traverser Paris en batobus (votre sœur)	dormir
regarder un match à la télé (votre père + vous)	visiter une exposition (vos parents)	chatter
	faire du vélo au parc	aller au cinéma (vos copains et vous)

3 Complétez les phrases avec les verbes **pouvoir** (p) ou **vouloir** (v).

a) Dimanche, les filles ___ (v) aller à l'exposition sur les mangas.

b) Célia demande à Maxime : Tu ___ (v) visiter l'exposition avec nous ?

c) Maxime : Dimanche, je ne ___ (p) pas. Ma famille et moi, on ___ (v) faire un tour en batobus. Mais si vous ___ (v), vous ___ (p) prendre le batobus avec nous et aller un autre jour à l'expo ?

d) Célia : Non, nous ne ___ (p) pas : dimanche, c'est le dernier jour de l'exo.

4 Complétez avec les verbes **répondre**, **attendre** et **descendre**.

1. Bizarre… Nicolas ne _____ pas.

2. _____ les filles ! Vos tickets de métro.

3. Tu prends la ligne 2 et tu _____ à la station Rome.

4. Qu'est-ce que Nicolas _____ (p.c.) ?

Entrée   Atelier **A**   Atelier **B**   Atelier **C**   **Bilan**

Die Lösungen zu den Bilan-Aufgaben findet ihr ab Seite 184.

La langue dans son contexte

5 Lisez le texte sur un dimanche à Paris. Il y a des mots qui manquent. Changez le mot entre parenthèses pour former le mot qui manque pour chaque blanc (1–10). Ecrivez vos réponses dans les cases en-dessous. La première réponse (0) est donnée en exemple. *Verwendet die Wörter in den Klammern, um das fehlende Wort richtig einzusetzen.*

Un dimanche à Paris : tout le monde à vélo !

Voilà une idée très sympa le week-end, pour passer un bon moment entre copains ou en famille: faire du vélo et (0) ____ **(visite)** une exposition, un musée ou un lieu intéressant. Depuis plusieurs années, Paris propose des (1) ____ **(sortir)** à vélo pour visiter la ville et (2) ____ **(son)** quartiers.

Vous aimez le sport et la fête ? Il ne faut pas hésiter : (3) ____ **(entrer)** dans l'aventure Paris Bike & Run ! Qu'est-ce que c'est ? C'est un vélo pour deux personnes, ce sont deux trajets différents au centre de Paris avec la Seine pour guide ! C'est très marrant, ce n'est pas (4) ____ **(danger)** et il y a plein de surprises jusqu'à la fin de la (5) ____ **(participer)**.

Vous êtes plutôt romantique et aimez la nature ? Alors rendez-vous au magnifique parc Monceau entre le 8e et le 17e arrondissement. Il n'est pas immense, mais c'est un lieu très (6) ____ **(élégance)** et plein de magie.

Dans le parc, on peut admirer des très (7) ____ **(joli)** statues et il ne faut pas rater la (8) ____ **(grand)** pyramide non plus! Vous êtes ailleurs et quand même à Paris …

Vous avez envie de (9) ____ **(fête)** votre anniversaire avec vos copains, mais vous ne savez pas encore comment ? Pensez à une chasse au trésor à vélo pour découvrir un quartier de Paris. Cherchez les indices parce que les (10) ____ **(répondre)** sont dans la rue, dans les (11) ____ **(petit)** cafés ou sur les places. Vous allez beaucoup apprendre sur l'histoire des lieux et passer un après-midi fantastique.

Ecrivez vos réponses ici :

0   *visiter*
1   _____
2   _____
3   _____
4   _____
5   _____
6   _____
7   _____
8   _____
9   _____
10 _____
11 _____

Das kann ich jetzt!

parler 6 Qu'est-ce que vous dites en français ?

a) Frage, ob du in den Louvre gehen kannst.
b) Sage deinen Eltern, dass sie gar nicht witzig sind.
c) Erkläre einem Passanten, dass es in der Straße keine Bäckerei gibt.
d) Du willst den Batobus nehmen.
e) Frage einen Passanten nach dem Weg zum Eiffelturm.
f) Erkäre einem Touristen den Weg: Er soll den Platz überqueren und dann die zweite Straße rechts abbiegen.

6

Une fête à Montpellier

Mohammed Charib, le cousin de Yassine, habite à Montpellier. Paris-Montpellier, en TGV, ça va vite, et les Khelif rendent souvent visite aux Charib.

1 A Montpellier, il y a des marchés partout. Madame Charib aime beaucoup faire ses courses au marché des Arceaux le samedi. Aujourd'hui, Mohammed est avec elle.

2 Mo et sa mère font la queue au stand de fromages.
Mme Charib : On va prendre un morceau de roquefort, ton père et ta sœur adorent ça.

3 Mo : Maman, on prend aussi des melons ?
Mme Charib : Non, ils sont encore trop chers.

SUR PLACE

La fête des voisins

Beim Nachbarschaftsfest treffen sich die Bewohner/innen eines Wohnhauses / einer Straße / eines Viertels, um sich in einer geselligen Atmosphäre kennenzulernen und sich auszutauschen. Das Fest findet einmal im Jahr an einem bestimmten Termin statt.

lire / parler

1 a) Voilà le menu du repas du dimanche chez les Charib. Où est-ce que madame Charib prend les ingrédients ?

Pour l'entrée, madame Charib va au stand…

b) Qu'est-ce qui est différent dans un repas en France ? Combien de parties est-ce qu'il y a par exemple ? Et chez vous ? Racontez.

> Entrée : bricks de sardines
> Plat : steak grillé, tomates provençales
> Fromage
> Dessert : tarte aux abricots

Tâche finale

In der *tâche finale* im *cahier d'activités* bereitet ihr eine Party vor.
Dazu lernt ihr u.a.:
- eine Einkaufsliste zu schreiben.
- über Essen und Trinken zu sprechen.

4
Mo : Regarde la queue au stand du boucher !
Mme Charib : Dis, on pourrait prendre un poulet pour midi.
Mo : Miam !

5
Mo : On va où maintenant ?
Mme Charib : Au stand de poissons. Et après, on prend encore juste le pain.

Mme Charib : Zut, j'ai oublié les fraises. Je retourne vite au stand de fruits et légumes.

Pendant ce temps, Mo écrit un SMS à Yassine.

6 Devant le stand du boulanger.
Mme Charib : Une baguette, s'il vous plaît !
Mo : Hé maman, on pourrait faire une pissaladière pour la fête des voisins.
Mme Charib : Très bonne idée !

7
Salut cousin ! Vendredi prochain quand t'es là, fête des voisins ! Ça marche ?

ON DIT

Über Vorlieben / Abneigung beim Essen sprechen

J'aime les légumes. / J'adore les fruits. /
Je préfère les fraises.
C'est (très/trop) bon. / C'est délicieux.
Mon plat/dessert préféré, c'est…
Miam !

Je n'aime pas la viande. / Je déteste les tomates.
Ce n'est pas bon. / C'est mauvais.

Beurk !

parler 2 Et vous, qu'est-ce que vous aimez / n'aimez pas ? Le dico personnel page 177 peut vous aider.

3 Faites un filet à mots autour de la **nourriture** et complétez-le pendant la leçon.
Erstellt ein Wortnetz zum Thema „Nahrungsmittel".

écrire 4 Yassine répond au SMS de son cousin. Imaginez sa réponse. Ecrivez trois phrases.

quatre-vingt-onze 91

6 Entrée **Atelier A** Atelier B Coin lecture Bilan

1 Oignons et chocolat !

1. Yassine et sa famille passent le pont du 1er mai à Montpellier et sont arrivés hier, jeudi, chez les Charib. Ce soir, c'est la fête des voisins.

Yassine : Alors, qu'est-ce qu'on doit encore faire pour ce soir ?

M. Charib : Voilà la liste si ça vous intéresse.

Yassine : La liste ???

Mo : Oui, pour la fête, les gens font la cuisine : ils doivent apporter un plat ou une entrée. … Alors on a fait une liste dans l'immeuble.

Yassine : Ah d'accord. Et nous, qu'est-ce qu'on doit apporter ?

Mme Charib : Nous devons apporter une entrée. On va faire des pissaladières.

Yassine : Ah ben, on t'aide si tu veux.

Mme Charib : Merci ! Il me manque encore des choses. Je vous donne de l'argent, vous pouvez aller au supermarché ?

Yassine : Bien sûr. Alors, qu'est-ce qu'on achète ?

Mme Charib : Je n'ai plus d'huile, alors vous achetez une bouteille d'huile et 200 grammes d'olives. Il me faut aussi de la farine. Et… Attends, je dois regarder la recette.

Madame Charib sort.

2. Mo : Pssst, Yassine. Ajoute sur la liste six œufs et une tablette de chocolat.

Yassine : Quoi ???

Mo : Je voudrais faire un gâteau au chocolat. Pour Lou, la fille des voisins du 3e étage…

Yassine rigole : Ah une fille… Je comprends…

Mo : Oh arrête… Tu veux m'aider ou pas ?

Yassine : Mais oui ! Qu'est-ce qu'il te faut encore pour ton gâteau ?

Mo : Du sucre et 150 grammes de beurre. Mais chut, maman arrive…

Mme Charib : Voilà, il nous faut aussi des oignons, beaucoup d'oignons ! Trois kilos !

Mo : Trois kilos ??? Mais qui va éplucher tout ça ?

M. Charib : Mais… toi mon fils…

Yassine : Alors là, je ne t'aide pas !

Mo : Sympa ! Merci !

Yassine : Mais non, je te fais une blague. On va pleurer ensemble sur les oignons…

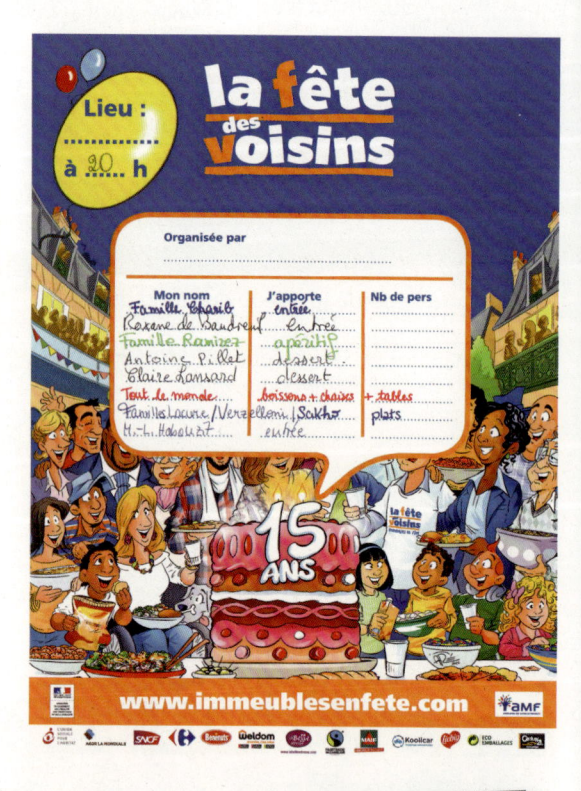

La pissaladière

1 pâte à pizza
1 kg d'oignons
6 cuillères à soupe d'huile d'olive
1 boîte d'anchois
12 petites olives noires
sel

Entrée   **Atelier A**   Atelier B   Coin lecture   Bilan

6

Compréhension de l'écrit

lire 2 Lisez le texte sur la préparation pour la fête des voisins. Complétez ensuite les phrases (1-5) en 4 mots au maximum. Ecrivez vos réponses dans les cases prévues. La première réponse (0) est donnée en exemple.

Oignons et chocolat

0	Pour la fête des voisins, les habitants de l'immeuble ____.	*font la cuisine*
1	Pour informer les autres de ce qu'on apporte ____.	
2	Pour le menu, les Charib ____. (Donnez une réponse.)	
3	Pour son plat, Mme Charib demande aux enfants ____.	
4	Mme Charib quitte la cuisine, parce qu'elle ____.	
5	Mo veut acheter du chocolat, parce qu'il veut ____.	
6	Pour la préparation de l'entrée, Mo doit ____.	

parler 3 Dans l'immeuble de votre correspondant en France, on organise une fête des voisins :

- expliquez à quoi il faut penser quand on prépare une fête
- dites si l'idée de la fête des voisins vous plaît

Parlez pendant 1 minute.

32 § **Tu achètes quoi ?**

4 a) Ecoutez les phrases et levez la main quand vous entendez une forme du verbe **acheter** avec accent.

b) Ecoutez les phrases encore une fois et notez les formes du verbe acheter.

33, 34 § **Tu prends du sucre et une bouteille d'eau.**

5 a) *Übersetzt folgenden Satz ins Deutsche. Was ist anders?*

J'achète **de l'**huile, **de la** farine et **du** sucre.

b) *de l', de la* und *du* nennt man Teilungsartikel. Welche Art von Nomen begleitet der Teilungsartikel?

6 Regardez le dessin, puis dites ce qu'il y a dans le frigo. Travaillez avec votre voisin, faites des phrases à tour de rôle.

A : Dans le frigo, il y a …

7 a) Qu'est-ce que Yassine et Mo doivent acheter ? Faites la liste des courses à l'aide du texte.

b) *Wie werden die Mengenangaben gebildet?*

de la farine
200 grammes…

| Entrée | **Atelier A** | Atelier B | Coin lecture | Bilan |

8 Antoine Pillet et la famille Lacure font aussi les courses pour la fête.
Voilà leurs listes. Dites ce qu'ils achètent.

Antoine Pillet : 250 g, 1 kg, 500 g
Famille Lacure : 100 g, 1 kg

parler **9** Où est-ce que votre famille et vous faites les courses ? Qu'est-ce que vous achetez ?
Faites un monologue minute, votre filet à mots peut vous aider.

Qui doit faire quoi ?

35 § **10** **A vous !** Madame Verzelloni appelle madame Charib. Faites le dialogue. Prenez le rôle de madame Verzelloni (A) ou de madame Charib (B). Le rôle B est à la page 147. Mettez les bonnes formes de **devoir** et vérifiez les verbes de votre partenaire.

Rôle A

Mme Verzelloni : Allô Samira ? C'est Rosaria. Dis, je ___ encore aller au supermarché, il te faut quelque chose ?
Mme Charib : Qu'est-ce que tu dois acheter ? Les garçons doivent aller pour moi au supermarché, si tu veux, ils peuvent aussi faire des courses pour toi.
Mme Verzelloni : Non, non, ça ne va pas : je ___ encore prendre les boissons, ça va être trop pour les garçons. Vous ___ préparer l'entrée, c'est ça ?
Mme Charib : Oui, les garçons et moi, nous devons faire des pissaladières. Et Mo doit faire un gâteau au chocolat.
Mme Verzelloni : Comment ça, il ___ faire un gâteau ? Mais Antoine et Claire ___ faire les desserts, non ? Bizarre…

parler **11** Qui doit faire quoi dans votre famille ce week-end ? Racontez. Faites au moins six phrases. Les expressions à droite peuvent vous aider.

Samedi, je dois faire mes devoirs.
Mon frère… / Mes parents… / Ma sœur et moi…

sortir avec le chien
aider ses grand-parents
acheter un livre
faire ses devoirs
préparer le repas
faire les courses…

36 § ### Ça t'intéresse ou pas ?

12 a) *Lest euch die Sätze aus dem Text durch. Übersetzt die Formen* **me**, **te**, **nous** *und* **vous**.
Welche Funktion haben sie im Satz?

1. Mme Charib : Il **me** manque des choses.
Tu veux **m'**aider ou pas ?

2. Yassine : Mo, je ne **t'**aide pas.
Je **te** fais une blague.

3. Mo : Ça **nous** intéresse.
Tu vas **nous** donner la recette ?

4. Mme Charib : Ça **vous** intéresse ?
Je **vous** donne 20 euros.

b) *Wie ist die Wortstellung bei verneinten Sätzen und bei Sätzen mit Modalverben und Hilfsverben?*

| Entrée | **Atelier A** | Atelier B | Coin lecture | Bilan | **6** |

13 Jouez à trois. A pose la question, B répond de façon positive, C répond de façon négative. Changez de rôle à chaque phrase.

   a) A : Un gâteau en dessert, ça vous plaît ?   B : Oui, ça…   C : Non, ça…

a) Un gâteau en dessert, ça vous plaît ?
b) Tu veux nous faire un gâteau ?
c) Si je fais les courses, ça t'aide ?
d) Ma recette préférée t'intéresse ?
e) Tu me donnes le sucre, s'il te plaît ?
f) On va vous trouver dans la cuisine ce soir ?

Jeu de sons : [i] [y] [ɥ]

14 a) Ecoutez puis lisez les phrases.

[i]	[y]	[ɥ]
A midi, Lili écrit aussi une liste pour Philippe.	Lulu, tu n'épluches plus les légumes ? C'est nul !	Je suis dans la cuisine avec lui depuis minuit.

b) Ecoutez et écrivez les mots, puis trouvez l'intrus. *Findet den Irrläufer heraus.*

c) Prononcez le plus vite possible le virelangue : « As-tu vu le tutu de Lily d'Honolulu ? »

Au marché

ON DIT

Einkaufen

Le vendeur / la vendeuse
Bonjour mademoiselle/madame/monsieur.
Qu'est-ce qu'il vous faut ? / Vous désirez ?
Combien de… est-ce qu'il vous faut ?

Et avec ça ?
Ça fait… euros.
Merci, au revoir !

Le client / la cliente
Bonjour mademoiselle/madame/monsieur.
Est-ce que vous avez… s'il vous plaît ?
Je voudrais… / Il me faut… /
   du / de l' / de la / des
   100 grammes / un kilo / une bouteille /
   un litre(s) / un morceau / un paquet d'/ de
   un peu de… / beaucoup de…
Mais je ne veux pas trop de…
C'est tout, merci !
Ça fait combien ? / Ça coûte combien ?
Voilà… euros, madame / monsieur.

parler 15 Jouez à deux. A est le vendeur, B le client. Choisissez une liste de courses (page 151) ou faites votre propre liste de courses et imaginez les dialogues au marché. Promenez-vous dans la classe et jouez avec plusieurs élèves. Vous êtes le vendeur ou le client. Votre filet à mots et le dico personnel page 177 peuvent vous aider.

Cours intensif-Code d834nm

6   Entrée   **Atelier A**   Atelier B   Coin lecture   Bilan

Compréhension de l'oral

écouter 16

33 Stratégie

Vous allez entendre trois scènes au marché. D'abord vous aurez 45 secondes pour lire l'exercice ci-dessous, puis vous entendrez l'enregistrement deux fois. Pendant l'écoute complétez la grille (1–11) en quatre mots au maximum. Ecrivez vos réponses dans les cases prévues. La première réponse (0) est donnée en exemple.

Au marché

		scène 1		scène 2		scène 3
Qu'est-ce qu'ils font ?	0	une tarte aux fruits	4		8	
Pour quelle occasion ?	1		5		9	
Qu'est-ce qu'ils achètent ?	2		6		10	
Qu'est-ce qu'ils n'achètent pas ? Donnez une réponse.	3		7		11	

MINI-TÂCHE

Un apéro entre copains

Exercice sous forme de **dialogue** (3 minutes)

parler 17

Pendant vos vacances au camping vous avez rencontré des jeunes Français. Ce soir, vous avez rendez-vous pour un apéro. Vous avez trouvé à la réception du camping un prospectus du supermarché. Discutez avec vos copains français les points suivants :

- Quels produits acheter ?
- Combien de chaque produit ?
- budget : vous avez en tout 10 €

À la fin, mettez-vous d'accord sur vos achats.

SUR PLACE

L'apéro

Der Apéro ist ein wichtiger gesellschaftlicher Brauch in Frankreich. Man trifft sich vor dem Essen und nimmt kleine Häppchen und Getränke zu sich.

Tout pour l'apéro !

(Jus d'orange 1,35 €, Coca 1,35 €, Eau 1,35 €, Chips à l'ancienne saveur moutarde 1,35 €, Cacahuètes de comptoir grillées salées 1,35 €, P'tit Prix chips dorées nature 1,35 €, Dés de Gouda et Mimolette 1,35 €, Olives 1,35 €, Cocktail apéritif 1,35 €, Biscuits au Gouda croustillants 1,35 €)

Entrée   Atelier **A**   **Atelier B**   Coin lecture   Bilan

6

1 La fête des voisins (I)

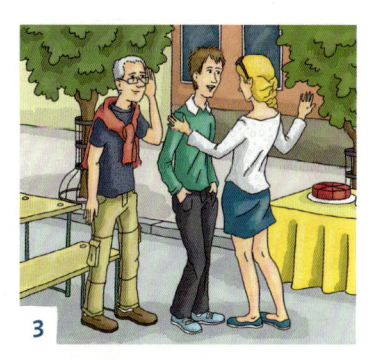

Vendredi soir, en bas de l'immeuble où les Charib habitent, tout est prêt pour la fête. Mo et Yassine sont déjà là, et Mo décrit à son cousin les personnes qui arrivent. Il y a Roxane de Baudreuil, l'actrice qui habite au premier étage et que Mo trouve un peu bizarre. Dans son appartement, elle a dix chats à qui elle lit des romans de
5 Victor Hugo. A côté d'elle, c'est la famille Verzelloni chez qui Mo adore aller : Rosaria Verzelloni fait des pâtes fantastiques ! Là-bas, il y a Antoine Pillet que Mo n'aime pas beaucoup parce qu'il est très curieux et pose toujours plein de questions.

37 §   **Le voisin que je préfère**

2 Auf welche Wörter beziehen sich *qui, que* und *où* in den Zeilen 1 bis 3? Welche Funktion haben sie?

3 a) Faites des phrases avec les **pronoms relatifs** qui conviennent.

Montpellier est la ville			Mo n'aime pas trop.
Mo parle des voisins	qui		tout le monde adore.
Dans l'immeuble, il y a des gens	que		habitent dans l'immeuble.
Rosaria fait des pâtes	qu'		Antoine Pillet a préparé.
Roxane de Baudreuil est l'actrice	où		a dix chats chez elle.
Voilà le dessert			Yassine passe le week-end.

parler

b) Travaillez à deux. Chacun note les prénoms de six copines/copains sur une feuille. Posez questions des. Votre partenaire répond.

A : Qui est Tim ?
B : Tim, c'est le copain avec qui j'écoute de la musique.

> **GRAMMAIRE**
>
> Das **Relativpronomen** *qui* kann auch in Verbindung mit einer Präposition verwendet werden.

Avec qui…	aller après l'école	écouter de la musique
A qui…	faire du shopping	raconter ses problèmes
Chez qui…	penser souvent	passer ses après-midis

4 Jouez aux devinettes. Formez des groupes de quatre personnes. L'un/e de vous est le maître du jeu.
Elle/Il écrit les mots de la page 151 sur des cartes. A commence : elle/il prend la première carte et explique le mot à l'aide d'une proposition relative. Les deux autres devinent de quoi il s'agit. B continue, etc. *Bei diesem Ratespiel wird ein/e Spielleiter/in benötigt.*

A : C'est un/le lieu où … C'est une/la personne qui/que …
B : C'est …

un client

5 La fête des voisins (II)

1. Yassine trouve les descriptions de Mo très marrantes, les deux cousins rigolent beaucoup. Deux filles arrivent, et Mo les présente à Yassine.

Mo : Yassine, voilà Lisa et Coumba, elles habitent aussi dans l'immeuble. Yassine est mon cousin de Paris.
Lisa : Salut Yassine. Alors, la fête te plaît ?
Yassine : Oui, c'est très sympa !
Coumba : Qu'est-ce que vous buvez les garçons ? Ça a l'air bon !
Mo : On boit du thé à la menthe. Il est trop bon !
Lisa : Mo, tu as vu Sofiane ? Je le cherche depuis une demi-heure, je veux lui demander un truc.
Mo : Non, désolé.
Lisa : Bon, si vous le voyez, vous pouvez lui dire de me retrouver au buffet ? Merci !
Coumba : On vous voit tout à l'heure pour le karaoké ? A plus, les garçons !

Lisa et Coumba partent.

2. Yassine : Pour le karaoké ? Sans moi, je chante comme une casserole.
Mo : Ben, c'est ça qui est marrant !
Yassine : Mouais, je vais voir. Bon, on mange quelque chose ? J'ai trop la dalle moi !

Le buffet est magnifique : les deux cousins voient plein de plats qui ont l'air délicieux.
A table, les gens mangent, boivent et rigolent, il y a une ambiance super. Yassine est très content d'être là, mais Mo stresse un peu parce que Lou n'est pas là.

Yassine : Bon alors, elle est où, Lou ?
Mo : Je sais pas… Attends, si, je la vois, elle est là-bas !
Yassine : Où ça ?
Mo : La fille avec le t-shirt à paillettes.
Yassine : Ah oui, ça y est ! Pas mal… Allez, va lui dire bonjour. Attends, c'est qui le mec avec elle ?
Mo : C'est Sofiane, le copain de Lisa.
Yassine : Tu es sûr ?

3. Mo (tout rouge) : Allez, on va leur dire bonjour… Salut Lou, ça va ? Tu veux un morceau de gâteau ?
Lou : Il est au chocolat ? Ah non, je déteste le chocolat ! Et puis Sofiane et moi, on va en ville, elle est mortelle, la fête des voisins ! Salut !
Yassine : Fais pas la tête Mo ! Une fille qui n'aime pas le chocolat, tu peux l'oublier ! Allez, on va faire la fête avec Lisa et Coumba, elles sont sympas, elles !
Mo : Tu as raison. Et tu vas me remonter le moral : j'ai inscrit ton nom sur la liste pour le karaoké. La première chanson, elle est pour toi… C'est *Avenir*, de Louane !

| Entrée | Atelier **A** | **Atelier B** | Coin lecture | Bilan | **6** |

Compréhension de l'écrit

lire **6** Lisez le texte sur la fête des voisins, puis décidez quelle est la réponse correcte (A, B, C ou D) pour chaque question (1–6). Ecrivez vos réponses dans les cases prévues. La première réponse (0) est donnée en exemple.

La fête des voisins (II)

0 Mo est un copain de Lisa et Coumba parce qu'elles :
A vont au collège avec lui.
B sont souvent à l'Espace Jeunes.
C habitent là aussi.
D jouent aussi de la guitare.

1 Lisa cherche Sofiane parce qu'elle veut :
A le présenter à Yassine.
B lui poser une question.
C faire un karaoké avec lui.
D sortir avec lui.

2 Lisa veut voir Sofiane :
A à la fête des voisins.
B au karaoké des jeunes.
C au cinéma des Batignolles.
D à la table où sont les plats.

3 Yassine ne veut pas chanter parce qu'il :
A chante mal.
B a très faim.
C préfère jouer du piano.
D préfère jouer au hand.

4 Mo ne va pas bien parce qu'il :
A a trop mangé.
B a trop bu.
C ne voit pas Lou.
D n'aime pas les plats.

5 Lou ne veut pas manger le gâteau, parce qu'elle :
A veut partir avec Sofiane.
B a déjà mangé un gâteau.
C ne mange rien ce soir.
D n'aime pas le chocolat.

6 Mo va être de bonne humeur :
A quand il va manger le gâteaux au chocolat.
B quand Yassine va chanter.
C quand Lisa va lui apporter un thé.
D quand Coumba va danser avec lui.

Ecrivez vos réponses ici :

0	1	2	3	4	5	6
C						

36, 39 § **7** A la fête des voisins, Mo est triste parce que Lou n'a pas voulu son gâteau. Complétez avec les **pronoms objets** (directs ou indirects).

Chiara et Alessia, les filles des Verzelloni arrivent et veulent ____ dire bonjour,

mais Mo ne ____ voit pas.

Chiara et Alessia : Alors Mo, tu ne ____ vois pas ? Tu ne veux pas ____ dire bonjour ?

Qu'est-ce qui ne va pas ?

Mo ____ montre son gâteau et ____ raconte son histoire avec Lou.

Chiara : Nous, nous ne ____ aimons pas, Lou, elle n'est pas sympa.

Alessia : Tu dois ____ oublier ! Ecoute, nous ____ aidons si tu veux.

Nous cherchons ton cousin… et nous faisons la fête avec vous. D'accord ?

Mo est d'accord : les filles Verzelloni, il ____ trouve très cool !

parler **8** Choisissez un personnage et dites ce qu'il pense
écrire dans cette situation. Faites au moins quatre phrases.

a) Lisa voit Sofiane partir avec Lou.

b) Mo voit Lou partir avec Sofiane.

6 · Atelier B

Jeu de sons : [ə], [ɛ] ou [e] ?

9 a) Ecoutez les phrases et répétez-les. Faites attention à la prononciation des différents « e ».

1. A la fête, Benoît fait la tête parce qu'il doit chanter au karaoké.
2. Allez au buffet et prenez un thé. Il est délicieux !
3. Je suis désolé, ton t-shirt à paillettes ne me plaît pas.
4. Qui va me remonter le moral demain ?

b) Cherchez dans le texte encore quatre mots pour chaque son. Trouvez des règles pour la graphie. *Findet Regeln für die Schreibung.*

A voir…

10 Complétez avec les formes du verbe **voir**. Elles riment avec les phrases à droite.
Puis reliez les formes aux phrases : vous avez ainsi un poème. Lisez-le à voix haute. *Lasst reimen!*

Je _____, tu _____, Mo _____
On _____
Nous _____
Vous _____
Mo et Yassine, qu'est-ce qu'ils _____ ?
Et hier, Coumba a _____

Mo et Yassine boire un thé.
Lou et Sofiane dans la rue.
Lou qui n'aime pas le chocolat.
Lisa et Coumba.
une bonne tarte aux oignons.
Roxane avec ses dix chats.

Tu lui dis bonjour ?

11 Qu'est-ce que les pronoms **le / la / l' / les / lui / leur** remplacent dans les phrases suivantes ?

1. Mo **les** présente à Yassine (l. 3).
2. Je **le** cherche. (l. 12)
3. Je veux **lui** demander un truc. (l. 13)
4. Je **la** vois. (l. 32)
5. Va **lui** dire bonjour. (l. 35–36)
6. On va **leur** dire bonjour. (l. 39)
7. Tu peux l'oublier. (l. 45)

12 Pendant la fête, Lisa pose beaucoup de questions. Coumba répond par oui ✓ ou par non ✗.
Remplacez les mots en gras (fett) par un pronom. Travaillez à deux, changez de rôle à chaque phrase.

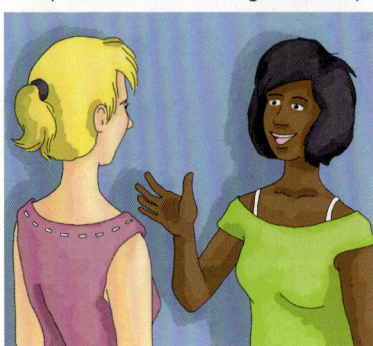

a) Lisa : Tu trouves **Yassine** sympa ?
  Coumba : Oui, je **le** trouve sympa.

a) Tu trouves **Yassine** sympa ? ✓
b) On aide **madame Habouzit** pour les boissons ? ✓
c) On présente **Lou** à Yassine ? ✗
d) On va parler **à madame et monsieur Charib** ? ✓
e) On va inscrire **nos noms** sur la liste pour le karaoké ? ✗
f) On demande **à la mère de Mo** la recette de son thé ? ✓
g) On cherche **ton père** maintenant ? ✗

A boire et à manger

13 a) Regardez les formes des verbes **boire** et **manger** à la page 176 et apprenez-les par cœur en deux minutes. *Lernt die Verbformen boire und manger auswendig.*

b) Jouez avec votre voisin : il vous dit une forme conjuguée, vous l'écrivez. Puis changez de rôle.

c) Parlez avec votre voisin : qu'est-ce que vous mangez au petit-déjeuner ?
Votre filet à mots et le dico personnel page 177 peuvent vous aider.

A : Le petit-déjeuner chez toi, c'est comment ?   B : Moi, je bois…

Entrée   Atelier A   **Atelier B**   Coin lecture   Bilan

6

En français

STRATEGIE

Wörter umschreiben

In manchen Situationen fehlen euch noch die passenden französischen Wörter.
Anhand der folgenden Möglichkeiten könnt ihr sie aber umschreiben.

1. Mit einem **Oberbegriff**:   Forelle   →   C'est un poisson.
2. Mit einem **Synonym /**   drôle   →   C'est un synonyme de marrant.
   Antonym: satt sein →   C'est le contraire d'avoir faim.
3. Mit einem **Vergleich**:   Grapefruit → C'est un peu comme une orange.
4. Mit einer **Erklärung**:   Kellner   →   C'est la personne qui prend les commandes au restaurant.

14 Choisissez un mot et expliquez-le en français à la classe.

Arzt   Messer   Nachspeise

Koch   Bäckerei   neugierig

ungenießbar   Hocker   (Essen) bestellen

médiation 15 *Während des Schüleraustausches lief im Fernsehen ein Werbespot für das perfekte Kinder-Dinner. Euer/e Austauschpartner/in möchte mehr darüber erfahren. Im Internet habt ihr folgenden Artikel gefunden, den euer/e Austauschpartner/in aber nicht ganz versteht.*

a) Erklärt mit der Strategie oben die folgenden Wörter.

den Kochlöffel schwenken (l. 12)   raffinierte Kreationen (l. 19)

sich bewerten (l. 23)   der Gewinner (l. 25)

b) Dein/e Austauschpartner/in möchte wissen,

1. was das für eine Sendung ist.
2. wer daran teilnimmt.
3. was gekocht wird.
4. wie der Wettbewerb abläuft.

---

24 KOCHEN   © OK-Magazin, 13.11.2012

Das perfekte Kinder-Dinner

Dass auch die Kleinen schon kochen wie die Großen, können acht Nachwuchsköche bald auf Vox bei „Das perfekte Kinder-Dinner" beweisen.
5 Am 27. und 28. Dezember werden die acht Kids zwischen 10 und 14 Jahren zeigen, wie gut sie schon mit Pfanne, Mixer und Co. umgehen können. Das Vox-Erfolgsformat „Das perfekte Din-
10 ner" hat nämlich zwei Spezialausgaben produziert, in denen auch mal der Nachwuchs den Kochlöffel schwenken darf – natürlich mit ein wenig Hilfe von Mama und Papa.

15 Und wer sich jetzt denkt, dass bei den kleinen Köchen sowieso nur Spaghetti und Pizza auf den Tisch kommen, liegt falsch: Auf der Speisekarte stehen nämlich raffinierte Kreationen wie Rinder-
20 filet mit Risotto und Gemüsebeilage. Jeweils in Viererguppe treten die Mini-Gourmets gegeneinander an und bewerten sich anschließend – wie die Großen – mit Punkten von null bis
25 zehn. Der Gewinner bekommt am Ende 600 Euro. Wirkliche Verlierer gibt es nicht. Also an die Töpfe, fertig, los!

6   Entrée   Atelier A   **Atelier B**   Coin lecture   Bilan

Compréhension de l'oral

écouter 16 Vous allez entendre une scène de la fête des voisins. D'abord vous aurez 45 secondes pour lire l'exercice ci-dessous, puis vous entendrez l'enregistrement deux fois. Pendant l'écoute répondez aux questions (1–6) en quatre mots au maximum. Ecrivez vos réponses dans les cases prévues. La première réponse (0) est donnée en exemple.

Vous aurez 45 secondes pour contrôler vos réponses après la deuxième écoute.

Il chante comme une casserole

0	Que fait Yassine pendant la fête des voisins ?	*Il chante une chanson.*
1	Quand est-ce que Lisa aime Louane ?	
2	Que doit faire Mo ?	
3	Pourquoi Lisa sait-elle que Mo chante mal ?	
4	Quand Mo chante-t-il? (Donnez <u>une</u> réponse)	
5	Qu'est-ce qui est une tradition dans les familles de Mo et Yassine ?	
6	Qui dans la famille de Yassine chante bien ?	

Avenir

Parti loin derrière[1], sans trop de raison
Tu m'as laissée[2] hier, la fin de la saison
Je ne veux plus savoir, on s'est éloignés[3]
Tu ne vas plus m'avoir,
et tout est terminé

oh oh oh oh
oh oh oh oh
hey hey hey hey

Refrain
J'espère que tu vas souffrir[4]
Et que tu vas mal dormir
Pendant ce temps j'vais écrire,
pour demain l'avenir

Pour demain l'avenir,
pour demain l'avenir
…

© Universal Music Publishing / Droits réservés / Canal Music Publishing BV

17 a) Ecoutez la chanson que Yassine chante pendant le karaoké. Vous la trouvez comment ?
parler, lire b) Qu'est-ce qui se passe dans la chanson ? Expliquez en quelques phrases.

TÂCHE FINALE

18 La grande fête

Organisez une fête pendant l'échange. *In der* tâche finale *im cahier d'activités bereitet ihr mit euren französischen Austauschpartnern eine Party.*

---

1 **parti loin derrière** (du hast dich) völlig zurückgezogen • 2 **laisser qn** jdn. lassen, jdn. verlassen •
3 **on s'est éloignés** wir haben uns (voneinander) entfernt • 4 **souffrir** leiden

| Entrée | Atelier A | Atelier B | **Coin lecture** | Bilan | **6** |

Avant la lecture

1 Qu'est-ce que c'est en allemand ? Des mots d'une autre langue ou des mots de la même famille peuvent vous aider.

- la cause
- un vol
- absente
- refuser
- un gala
- vérifier
- l'électricité
- un technicien
- responsable
- une allergie
- un/e commissaire

STRATEGIE

Worterschließung (II)

Neue Wörter könnt ihr erschließen:

- mithilfe des Deutschen oder anderer Sprachen
  (→ siehe Worterschließung (I) auf S.12)
- mit Wörtern aus der gleichen **Familie**:
  un boulanger < une boulangerie
- aus dem **Kontext** / aus dem **Weltwissen**:
  Pour éplucher les oignons, il faut un couteau.
  → Um Zwiebeln zu schälen, braucht man ein Messer.
  → *un couteau* : ein Messer

2 Lisez le titre du texte de l'exercice 3 et faites des hypothèses. A votre avis, de quoi est-ce que le texte va parler ?

Pendant la lecture

lire **3** Lisez l'article de journal. Qu'est-ce qui s'est passé ?

Vol de collier dans une villa

Montpellier – Aiguelongue
On a volé un collier d'une valeur de 50.000 euros dans la chambre de Mathilde C., la célèbre actrice de théâtre. Pour madame C., absente de la villa au moment des faits, le vol a eu lieu vendredi après-midi, entre 14 et 16 heures.

Le seul témoin du vol refuse de parler à la police : il s'agit là du chat de la maison, Sherlock, 17 ans, qui ne quitte plus la chambre de madame C. depuis des années et a donc vu le voleur. Claire Thibert, la commissaire de police responsable de l'enquête, a dit à notre journal avoir trois suspects.

Compréhension de l'écrit

4 Lisez les interrogatoires de la commissaire Claire Thilbert. Il manque certaines phrases. Choisissez les phrases correctes (A–J) pour chaque blanc (1–7). Il y a deux phrases dont vous n'aurez pas besoin. Ecrivez vos réponses dans les cases prévues. La première réponse (0) est donnée en exemple.

Interrogatoire d'Apolline C., 20 ans, étudiante

Claire Thibert : Bonjour mademoiselle C. Commissaire Thibert, voilà mon adjoint[1] Jules Mas. Mademoiselle C, d'après votre mère, vous avez passé
5 l'après-midi d'hier à la maison. C'est ça ?
Apolline C. : Non, c'est faux ! J'ai fait du shopping dans le centre de Montpellier.
Claire : Ah bon ? (0) _____ .
Apolline : Euh… Rien !
10 Claire : Rien ? C'est bizarre quand on passe sa journée dans les magasins.
Apolline : C'est comme ça ! Si ça vous intéresse, je suis allée dans un café place de la Comédie.
Jules Mas : (1) _____ .
15 Apolline : Euh, euh… Je l'ai oublié …
Claire : Faites un petit effort[2], mademoiselle C.

Apolline : Au Café… euh… du théâtre ! C'est ça, au Café du théâtre !
20 Jules : Quelqu'un vous a vue ? Un serveur par exemple ?
Apolline : Euh… non. J'ai attendu le serveur un moment. (2) _____
25 Claire : Donc on ne vous a pas vue à Montpellier hier après-midi ?
Apolline : Qu'est-ce que vous voulez dire par là ? Vous ne me croyez pas[3] ?
Claire : Je n'ai pas dit ça… Mais vous n'avez pas de
30 témoin, mademoiselle. Merci. Et au revoir.

---
1 **un/e adjoint/e** ein/e Assistent/in • 2 **faire un effort** sich Mühe geben • 3 **Vous ne me croyez pas ?** Glauben Sie mir etwa nicht ?

cent trois **103**

6 Coin lecture

Interrogatoire d'Yvan P., 40 ans, bijoutier[4].

Yvan P. : Bonjour madame la Commissaire.
Claire Thibert : Bonjour. Vous êtes Yvan P., bijoutier rue de l'Argenterie à Montpellier ?
Yvan : Oui.
Claire : Alors monsieur P., on vous a vu hier après-midi, vers 14h30 chez madame C.
Yvan : Aaaaatchoum ! Pardon. Oui, je lui ai apporté des boucles d'oreille[5] hier après-midi.
Jules Mas : Des boucles d'oreille ???
Yvan : Oui, des… atchoum, boucles. Pour un gala dimanche. Je prête[6] souvent des bijoux[7] à madame C. Atchoum !
Claire : A vos souhaits ! Vous avez un bon rhume, monsieur P.
Yvan : Non non, pas de rhume. (3) ____.
Claire : Comment êtes-vous entré dans la villa ?
Yvan : J'ai rencontré mademoiselle C. dans le jardin et… atchoum… elle m'a ouvert[8] la porte.
Jules : Mademoiselle C. ? Vous êtes sûr ?
Yvan : Mais oui ! (4) ____.
Claire : Vous êtes allé dans la chambre de madame C. ?
Yvan : Moi ? Non. Atchoum ! Je ne suis pas resté longtemps, j'ai juste posé les boucles dans le salon. Mademoiselle C. m'a vu partir . (5) ____. Atchoum !
Claire : Très bien, monsieur Y. C'est tout pour le moment. Merci.
Yvan : Au revoir madame la commissaire. Aaaatchoum !

Interrogatoire de Maxence C., 24 ans, sans emploi

Maxence C. : Je n'ai pas volé le collier de ma mère !
Claire : Bonjour monsieur C. C'est juste un interrogatoire, on ne vous accuse pas. (6) ____.
Maxence : Oui. Mais ce n'est pas moi ! Je ne suis pas sorti de ma chambre hier !
Jules : Est-ce que vous avez vu ou entendu monsieur P., le bijoutier ?
Maxence : Moi, je ne suis pas descendu, mais j'ai entendu ma sœur ouvrir la porte. C'est tout.
Claire : Très bien. (7) ____.
Maxence : J'ai regardé la télé.
Claire : Et quoi à la télé ? Attention, monsieur C., ne mentez pas, nous allons vérifier.
Maxence : Ma série préférée XX. Sur TF1 replay, il y a plusieurs épisodes l'après-midi.
Claire : C'est tout pour le moment monsieur C. Au revoir.
Jules : Tout cela ne nous dit pas qui est le voleur…
Claire : Vous êtes sûr, Jules ? Incroyable, ils ont tous menti… Mais je sais qui est le voleur. Je vais vous expliquer…

A	C'est à cause des chats : j'ai une allergie.
B	Et qu'est-ce que vous avez fait hier dans votre chambre ?
C	Et… qu'est-ce que vous avez acheté ?
D	Il faut traverser le jardin pour sortir.
E	Il ne m'a pas répondu.

F	Elle vous a vu ?
G	Mais il n'est pas venu, alors je suis partie.
H	Vous avez passé l'après-midi d'hier à la maison ?
I	Le nom du café, s'il vous plait ?
J	Elle m'a ouvert et puis elle est repartie dans le jardin.

Ecrivez vos reponses ici:

0	1	2	3	4	5	6	7
C							

Pendant la lecture

lire 5 Que disent ils ? La commissaire dit que tout le monde a menti. Quels sont les mensonges des trois personnes ? Expliquez. Pour vous, qui est le voleur ? Pourquoi ? Discutez en classe.

Après la lecture

écouter 6 La vérité: la commissaire Claire Thibert trouve la solution. Ecoutez le texte et vérifiez votre hypothèse.

---

4 **un bijoutier** ein Juwelier • 5 **une boucle d'oreille** ein Ohrring • 6 **prêter qc à qn** jdm etw. ausleihen • 7 **des bijoux** der Schmuck • 8 **elle a ouvert** sie hat aufgemacht

La grammaire

Du sagst, was getan werden muss. | **Das brauchst du dafür:**

Tu **dois** m'aider.
Yassine et Mo **doivent** faire les courses.

das Verb **devoir**		35 §
je **dois**	nous **devons**	
tu **dois**	vous **devez**	
il / elle / on **doit**	ils / elles **doivent**	
p.c. : j'ai **dû**		

Du drückst Mengen aus. | **Das brauchst du dafür:**

Tu achètes **du** chocolat, **de la** farine et **de l'**huile.

den **Teilungsartikel**	33 §
du / de la / de l'	

Du vermeidest Wiederholungen. | **Das brauchst du dafür:**

- Tu vas demander à Lisa ?
- Oui, je vais **lui** demander.

- Lou regarde les garçons ?
- Non, elle ne **les** regarde pas.

die **direkten und indirekten Objektpronomen**					36, 39 §
Person	direktes Objekt			indirektes Objekt	
	m.	m./f.	f.	m./f.	m./f.
Sg. 1.				me	
Sg. 2.				te	
Sg. 3.	le	l'	la		lui
Pl. 1.				nous	
Pl. 2.				vous	
Pl. 3.		les			leur

Du beschreibst weitere Tätigkeiten. | **Das brauchst du dafür:**

Lisa **voit** Sofiane avec Lou.
A la fête des voisins, Mo **a bu** un thé et Yassine **a mangé** des pâtes.
Mo **achète** des fraises.

die Verben *voir*, *acheter*, *boire* und *manger*	32, 38, 40, 41 §

Du kannst eine Sache oder eine Person näher bestimmen. | **Das brauchst du dafür:**

Yassine est un garçon **qui** vient de Paris.
La fille **que** Mo aime bien s'appelle Lou.
Le gâteau **qu'**Antoine fait est un gâteau au chocolat.

die **Relativpronomen**	37 §
qui	
que / qu'	
où	

6   Entrée   Atelier A   Atelier B   Coin lecture   **Bilan**

Autocontrôle

1 Complétez les phrases. Utilisez les bonnes formes des verbes **manger, boire, acheter** (_____) et **l'article partitif** (____).

Mo : Alors les filles, qu'est-ce que vous _____ ?
Yassine : Nous, nous _____ ____ thé.
Coumba : Moi je _____ ____ coca.
Mo : Et toi Lisa, tu _____ quoi ?
Lisa : Je vais _____ ____ eau.

Mme Charib : Alors, qu'est-ce qu'on _____ pour demain ?
M. Charib : Nous _____ juste ____ viande pour demain midi.
Mme Charib : Et demain soir, on ne _____ pas ?
M. Charib : Mais si, mais nous _____ chez ta sœur. Tu as oublié ?

2 Evitez les répétitions et remplacez dans les phrases suivantes les parties en gras par un **pronom objet**. *Vermeidet Wiederholungen.*

a) Madame Charib a vu une salade. Elle veut prendre **une salade**. _la_
b) Madame Charib appelle le vendeur. Elle donne la salade **au vendeur**. _____
c) Au stand du boucher, elle voit un poulet. Elle achète **un poulet** pour midi. _____
d) Puis Madame Charib regarde les fromages. Mais elle ne trouve pas **les fromages** super. _____
e) Mo est avec sa mère. Il montre un melon **à sa mère**. _____
f) Madame Charib trouve le melon trop cher. Elle ne prend pas **le melon**. _____

3 Reliez les phrases par **les pronoms relatifs qui, que** et **où** et écrivez-les.

a) Mo habite dans un quartier sympa. Le quartier est à Montpellier. _qui_
b) La famille Charib habite dans un immeuble. Dans l'immeuble, les voisins sont sympas. _____
c) Il y a par exemple Rosaria Verzelloni. Elle fait très bien la cuisine. _____
d) Les voisins du troisième étage ont une fille. Leur fille s'appelle Lou. _____
e) Lou est une jolie fille. Mo aime bien Lou. _____

Das kann ich jetzt!

4 Qu'est-ce que vous dites en français ?
a) Frage deine Mutter, was ihr alles kaufen wollt.
b) Du fragst die Verkäuferin, was das kostet.
c) Du findest die Erdbeeren zu teuer.
d) Sage, dass du Aprikosen lecker findest und Fisch dir nicht schmeckt.
e) Du sagst, was dein Lieblingsessen ist.
f) Du musst heute eine Nachspeise vorbereiten.
g) Bitte jemanden um Hilfe.
h) Du fragst deinen Freund, ob er sicher ist.
i) Frage, was du zu einer Party mitbringen sollst.
j) Du brauchst noch Schokolade, Mehl und Eier für deinen Kuchen.
k) Du hast einen Bärenhunger.

La langue dans son contexte

5 Lisez le texte sur Montpellier. Il y a des mots qui manquent.
Complétez le texte en écrivant un mot pour chaque blanc (1–13) dans les cases prévues. La première réponse (0) est donnée en exemple.

Montpellier, une ville qui me plaît !

Montpellier est une ville que vous devez visiter. On a interrogé plusieurs habitants et aujourd'hui, c'est Alix, 16 ans, et Farid, 21 ans, (0) ____ nous expliquent pourquoi. On les écoute :

Alix : Pour (1) ____ , Montpellier est une ville jeune, moderne et dynamique qui a tout pour elle. L'agenda des sorties (2) ____ Montpellier, c'est comme un délicieux buffet : il y a des activités pour (3) ____ le monde et pour tous les âges ! Des festivals ont (4) ____ toute l'année, qui donnent rendez-vous aux fans de cinéma ou encore à toutes les personnes qui aiment le sport comme moi. C'est ma passion et Montpellier (5) ____ donne plein d'occasions pour faire du sport. En mai, par exemple, le Festival International des Sports Extrêmes est un important événement sportif au centre de la ville, (6) ____ se retrouvent les professionnels mais aussi les amateurs qui (7) ____ être les futurs champions de skateboard, roller, montainbike ou encore de wakeboard. Le festival est aussi célèbre pour l'ambiance fantastique (8) ____ les DJ créent avec leurs cocktails musicaux pendant les cinq jours du festival. Il (9) ____ vraiment le voir et pourquoi pas, participer !

Farid : Montpellier, c'est un carrefour extraordinaire de cultures. On (10) ____ voit très bien sur les marchés. Je travaille (11) ____ un petit restaurant qui propose des spécialités locales et je dois faire les (12) ____ pour la cuisine. J'adore les faire sur les marchés parce que j'aime discuter (13) ____ les gens à qui j'achète les produits. Sur les marchés, vous avez une idée de l'esprit de la ville que vous visitez et vous allez l'aimer !

Ecrivez vos réponses ici :

0 *qui*
1 ____
2 ____
3 ____
4 ____
5 ____
6 ____
7 ____
8 ____
9 ____
10 ____
11 ____
12 ____
13 ____

1 Récré

Une année en France

JANVIER | **FÉVRIER** | **MARS** | **AVRIL** | **MAI** | **JUIN**

La fête des rois[1]
Le 6 janvier, on mange la galette des rois[2] : quand on trouve la fève[3], on est le roi ou la reine !

La Chandeleur[4]
Le 2 février, on fait des crêpes !

Poisson d'avril !
Le 1er avril, on fait des blagues. Souvent, on colle[8] un poisson en papier dans le dos[9] des gens.

Joyeuses Pâques[5] !
En France, les cloches[6] apportent des œufs et des poules[7] en chocolat. Miam !

La fête du travail
On la fête le 1er mai.

L'armistice[10] **du 8 mai**

La fête de la musique
Le 21 juin, on fait de la musique ou on écoute des concerts dans la rue.

On fait une galette des rois.

Ingrédients
2 pâtes feuilletées[11] (25 × 42 cm)
100 grammes de sucre
75 grammes de beurre
150 grammes de poudre d'amandes[12]
2 œufs + 1 jaune d'œuf[13]
1 fève

1. Mettre[14] une pâte feuilletée dans un moule à tarte[15] **2.** Mélanger[16] la poudre d'amandes, le sucre, les 2 œufs et le beurre. **3.** Verser[17] le mélange dans le moule. **4.** Cacher[18] la fève dans le mélange. **5.** Couvrir[19] avec la 2e pâte feuilletée et bien coller les bords[20]. **6.** Dorer[21] avec le jaune d'œuf. **7.** Faites cuire[22] 20 à 30 min à 200 °C (thermostat 6 – 7).

---

1 **un roi, une reine** ein König, eine Königin • 2 **la galette des rois** der Dreikönigskuchen • 3 **une fève** eine Saubohne, die im Kuchen versteckt wurde; heute ist es eine Porzellanfigur • 4 **la Chandeleur** [laʃɑ̃dlœʀ] Lichtmess • 5 **Pâques** [pak] Ostern • 6 **une cloche** eine Glocke • 7 **une poule en chocolat** ein Huhn aus Schokolade • 8 **coller** kleben • 9 **le dos** der Rücken • 10 **un armistice** ein Waffenstillstand • 11 **une pâte feuilletée** [ynpatfœjte] ein Blätterteig • 12 **la poudre d'amandes** gemahlene Mandeln • 13 **un jaune d'œuf** ein Eigelb • 14 **mettre qc** (ici) etw. legen • 15 **un moule à tarte** eine Tarte-Form • 16 **mélanger qc** etw. mischen

Récré

JUILLET

tour de France
est une fête pour les
ns de vélo au mois
e juillet.

fête nationale[23]
14 juillet, partout
n France, il y a des
ux d'artifice[24] et des
als dans la rue.

AOÛT

Le 15 août (Assomption)
C'est le jour des réunions[25] de famille… et des bouchons[26] !

SEPTEMBRE

La rentrée
Le 1er septembre, fini[27] les vacances – bonjour les profs !

OCTOBRE

Halloween

NOVEMBRE

L'armistice du 11 novembre

DÉCEMBRE

Joyeux Noël[28] !
Le soir du 24, c'est le réveillon. Le matin du 25, on ouvre les cadeaux[29] qui sont sous le sapin[30].

Bonne année !
Le 31 décembre, on fête la fin de l'année, souvent avec des amis, mais sans feu d'artifice.

Les fêtes en France

lire / parler **1** Regardez le calendrier avec les fêtes et évènements importants en France.
a) Quelles fêtes est-ce qu'il y a aussi chez vous ?
b) Quelles ressemblances et différences est-ce que vous remarquez ?
Welche Gemeinsamkeiten und Unterschiede stellt ihr fest?
c) Quelles fêtes d'autres pays est-ce que vous connaissez encore ? Racontez.

écouter **2** Ecoutez les scènes et dites de quelle fête il s'agit.

La scène 1, c'est…

3 *Findet zu den übrigen Feiertagen, die hier nicht beschrieben werden, weitere Informationen:*
la fête du travail, les armistices, Halloween.

---

17 **verser qc** etw. schütten, geben • 18 **cacher qc** etw. verstecken • 19 **couvrir qc** etw. bedecken • 20 **un bord** ein Rand •
21 **dorer qc** *(ici)* etw. bestreichen • 22 **faire cuire qc** etw. backen • 23 **la fête nationale** der Nationalfeiertag •
24 **un feu d'artifice** ein Feuerwerk • 25 **une réunion de famille** ein Familientreffen • 26 **un bouchon** *(ici)* ein Stau •
27 **fini** *(ici)* vorbei • 28 **Noël** Weihnachten • 29 **un cadeau, des cadeaux** ein Geschenk • 30 **un sapin** ein Tannenbaum

7 Planète jeunes

Alice : « Mes parents me donnent 60 € par mois. J'utilise l'argent pour mon forfait de portable. En plus, je dois payer mes affaires pour l'école. »

Que font les jeunes Français avec leur argent de poche ?

- Nourriture — **40%**
- Vêtements — 28%
- Produits de beauté — 23%
- Portable — 18%
- Jeux vidéo — 14%
- Sorties — 11%
- Matériel informatique — 8%
- Magazines — 6%
- Téléchargements (musique, films, applis) — 5%
- Cadeaux — 1%
- Matériel scolaire — 1%

Production orale

1 Exercice individuel sous forme de **monologue** (2 minutes)

Vous avez lu la statistique ci-dessus dans un magazine pour les jeunes :
- décrivez la statistique
- dites ce que vous achetez avec votre argent de poche
- expliquez ce qu'on peut faire pour gagner de l'argent de poche

Célia : « Moi, j'adore le cinéma. Avec mon argent de poche, je vais au cinéma et je télécharge aussi des films. »

Alice : « Moi, avec mon argent de poche, j'achète des produits de beauté. »

Maxime : « Moi, quand mes parents me donnent de l'argent de poche, je fais des économies. En juin par exemple, je veux aller voir mon chanteur préféré Stromae en concert ! »

Tâche finale
In der *tâche finale* auf Seite 122 präsentiert ihr euren Lieblingsstar. Dazu lernt ihr u. a.:
- jemanden zu beschreiben.
- über Musik zu sprechen.

Compréhension de l'oral

écouter 2 Vous allez entendre une discussion entre Alice et son père. D'abord vous aurez 45 secondes pour lire l'exercice ci dessous, puis vous entendrez l'enregistrement deux fois. Pendant l'écoute, trouvez les éléments corrects dans la liste (A–I) pour compléter les phrases (1–6). Il y a deux éléments dont vous n'aurez pas besoin. Ecrivez vos réponses dans les cases prévues. La première réponse (0) est donnée en exemple.

Stratégie

Une bonne et une mauvaise nouvelle

0	Alice a vu ____.	D
1	Le problème d'Alice c'est ____.	
2	Alice demande à son père de lui donner son argent de poche ____.	
3	Alice a peur que d'autres filles achètent ____.	
4	Alice et son père parlent pendant qu'ils mettent ____.	
5	Le vêtement qu'Alice veut coûte ____.	
6	Le père d'Alice veut attendre encore pour prendre ____.	

A	59 €
B	avant le premier du mois
C	les achats dans la cuisine
D	un vêtement qui lui plaît
E	le vêtement avant elle
F	l'argent
G	les affaires
H	60 €
I	sa décision

7 Entrée **Atelier A** Atelier B Bilan

Plein de vêtements cool

1 Vendredi soir, Lucie a pris le t-shirt préféré de Maxime pour aller à une soirée :
son t-shirt de Stromae. Mais quand elle a lavé le t-shirt, surprise…
Lucie va sur Internet et cherche un autre t-shirt de Stromae pour son frère.
Mais pendant qu'elle regarde pour Maxime, elle voit un site vraiment super… pour elle…

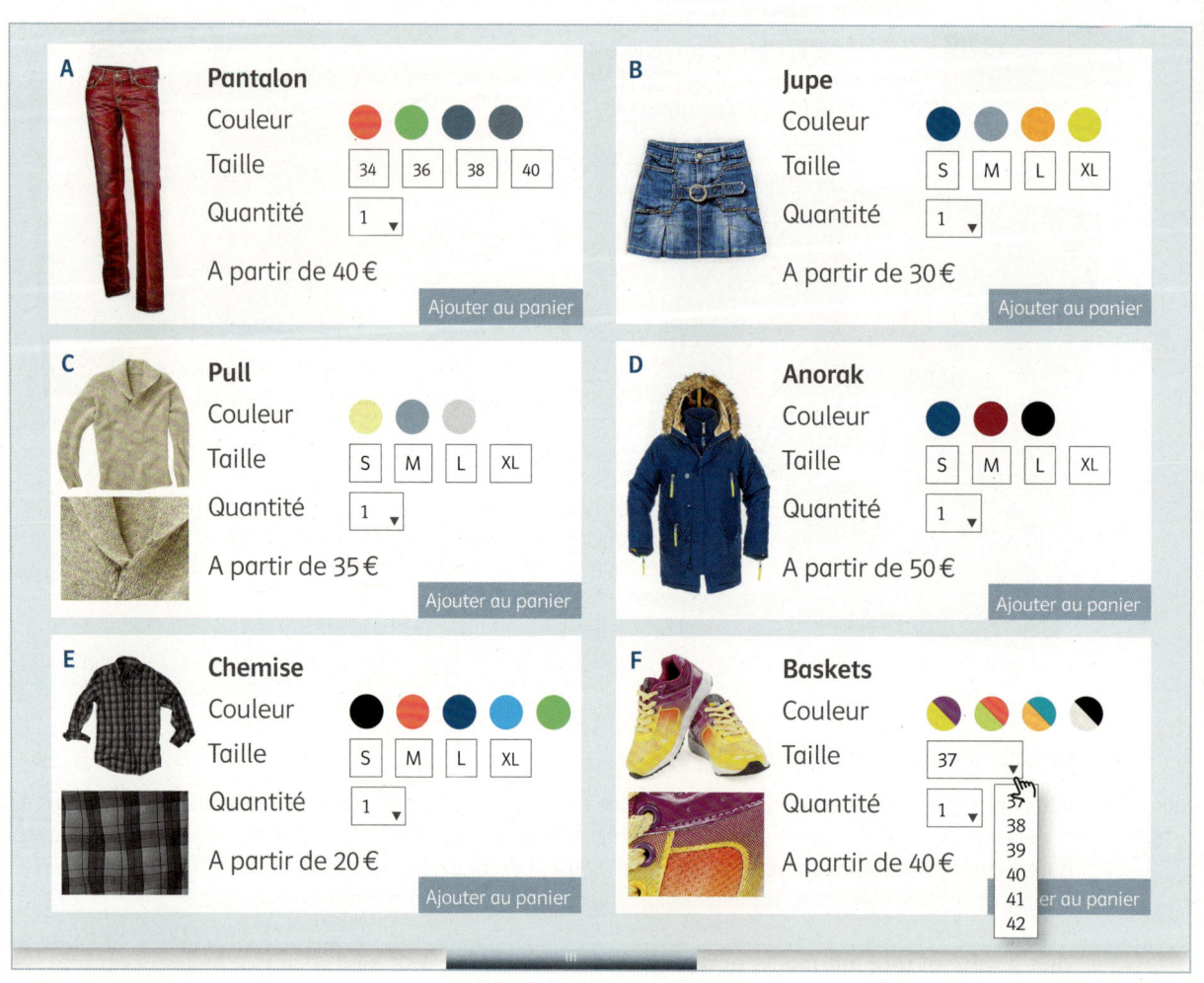

A Pantalon
Couleur
Taille 34 36 38 40
Quantité 1
A partir de 40 €
Ajouter au panier

B Jupe
Couleur
Taille S M L XL
Quantité 1
A partir de 30 €
Ajouter au panier

C Pull
Couleur
Taille S M L XL
Quantité 1
A partir de 35 €
Ajouter au panier

D Anorak
Couleur
Taille S M L XL
Quantité 1
A partir de 50 €
Ajouter au panier

E Chemise
Couleur
Taille S M L XL
Quantité 1
A partir de 20 €
Ajouter au panier

F Baskets
Couleur
Taille 37 (37, 38, 39, 40, 41, 42)
Quantité 1
A partir de 40 €
Ajouter au panier

écouter 2 Ecoutez la discussion au téléphone entre Lucie et sa copine Zoé, puis répondez aux questions.

a) De quels vêtements est-ce que les filles parlent ?

A	B	C	D	E	F
✓					

b) Qu'est-ce que Lucie veut acheter ?

parler 3 Qu'est-ce que vous achetez ? Faites des dialogues.
A : J'achète le pantalon rouge en taille 38. Et toi ?
B : Je préfère la jupe.
A : Tu prends quelle couleur ?
B : Je prends la jupe en jean bleu, en taille M.

lire / parler 4 a) Faites un filet à mots autour des **vêtements**.

b) Puis jouez en classe : un élève décrit les vêtements d'un autre élève,
la classe devine de qui il s'agit.
Um wen mag es sich handeln?

VOCABULAIRE
Les adjectifs de couleur
rouge — rouge
jaune — jaune
vert — verte
bleu — bleue
gris — grise
noir — noire
blanc — blanche

Entrée Atelier **A** Atelier **B** Bilan

7

◉ 5 **Exactement le même !**

1. Lucie est encore devant son ordinateur quand elle entend Maxime rentrer.

Lucie : Salut Maxime ! Euh… Ecoute, il y a un souci avec ton t-shirt…
Maxime : Non mais je rêve !
Lucie : Je vais t'acheter un autre t-shirt de Stromae, promis ! J'ai même déjà regardé sur Internet, mais il n'y a plus ta taille…
Maxime : Mais il me faut mon t-shirt ce soir !!! Ce sont les Victoires de la Musique, et j'ai voté pour Stromae.
Lucie : Et tu as besoin de ton-shirt pour regarder la télé ?
Maxime : Ben oui !!! Alors, quel est ton plan ?
Lucie : Ben, on part faire du shopping.

Maxime : Je veux EXACTEMENT le même !

2. Lucie et Maxime mettent une demi-heure pour arriver au magasin rue Etienne Marcel.

Maxime : … Exactement le même, tu entends ?
Lucie : Mais oui, pas de panique, on va trouver… Oh super, c'est les soldes !!! Tiens, essaie ce jean…
Maxime : Je n'essaie rien !
Lucie : Oh écoute, tu peux changer un peu ton style ! Tu mets toujours les mêmes fringues ! Regarde cet anorak… par exemple avec cette casquette et… ces chaussures… Les couleurs te vont super bien !
Maxime : Je ne mets jamais de casquette !
Lucie : Pourtant, avec tes cheveux…
Maxime : Lucie, tu saoules ! On est ici pour trouver mon t-shirt.

3. Lucie va demander à un vendeur.

Le vendeur : Quelle taille est-ce qu'il te faut ?
Lucie : C'est pour mon frère. Il lui faut le t-shirt en M.
Le vendeur : Désolé, je l'ai seulement en XL. Mais vous avez vu ces t-shirts, là ?
Lucie : Quels t-shirts ?
Maxime : Lucie !!! Mets tes lunettes !!! EXACTEMENT le même !!!
Le vendeur : Alors essayez dans le magasin à Bastille…

4. Pendant le trajet en métro, Maxime boude. Mais quand ils arrivent au deuxième magasin, qu'est-ce qu'ils voient à l'entrée ? LE t-shirt ! Les deux jeunes paient à la caisse et Max met tout de suite son t-shirt ! Nickel ! Il est super content et décide de payer une glace à sa sœur. Mais quand le vendeur lui donne la glace, la boule de chocolat tombe sur son t-shirt !!! C'est pas son jour…

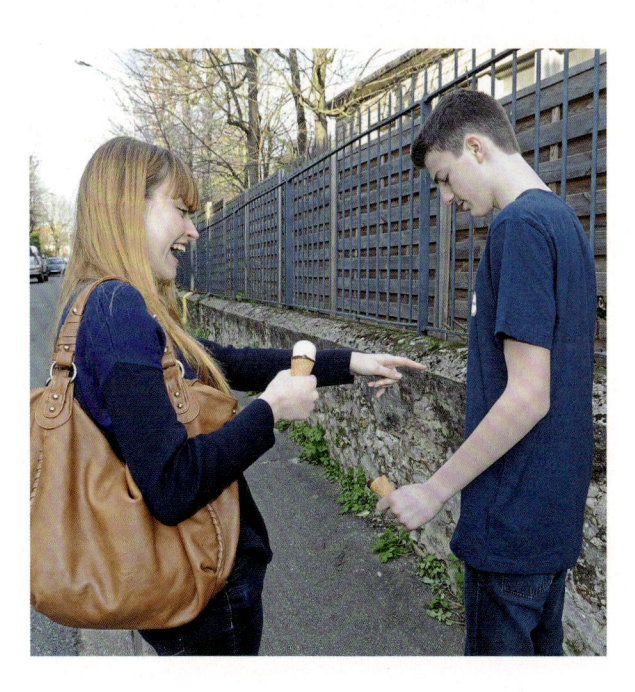

cent treize **113**

7 Entrée   **Atelier A**   Atelier B   Bilan

Pour comprendre le texte

lire **6** a) Remettez les dessins dans l'ordre.
Attention, une image ne correspond pas à l'histoire : laquelle ? Dites pourquoi.

1	2	3	4	5	6
E	A	D	F	C	B

écrire b) Résumez l'histoire : écrivez deux phrases pour chaque dessin.

lire **7** a) Qu'est-ce qu'on dit en français ?

1. Wie sagt Lucie, dass sie ein Problem mit Maximes T-Shirt hat?
2. Wie drückt Maxime sein Entsetzen darüber aus?
3. Wie fragt Maxime, was Lucie vorhat?
4. Wie sagt er, dass er genau das gleiche T-Shirt möchte?
5. Wie sagt Lucie, dass Maxime sich nicht aufregen soll?
6. Wie sagt man, dass das nicht Maximes Tag ist?

parler b) Travaillez à deux. Choisissez une situation et faites un dialogue.
Utilisez les expressions de a).

> 1. Avec une copine/un copain, vous allez en bus à une fête d'anniversaire. Vous descendez du bus et là, zut : vous avez oublié le cadeau dans le bus…

> 2. Au collège, c'est le jour des exposés *(Referate)*. Vous avez préparé avec une copine/un copain un exposé sur la mode française. Mais catastrophe : vous avez oublié vos affaires à la maison…

49 Stratégie c) Puis jouez la scène choisie.

Qu'est-ce que tu mets ?

8 Jouez en classe. Vous partez en vacances: qu'est-ce que vous mettez dans votre sac ?
Dites le vêtement et la couleur. Votre voisin répète et continue.
Votre filet à mots et le dico personnel page 180 peuvent vous aider. *Ab in die Ferien!*

A : Dans mon sac, je mets un pull rouge.
B : Dans mon sac, je mets un pull rouge et des chaussures vertes…

parler **9** Qu'est-ce que vous mettez dans les situations suivantes ? Racontez à votre voisin.

> a) pour aller à l'école   b) pour sortir le soir   c) pour l'anniversaire de votre grand-mère

114 cent quatorze

Entrée **Atelier A** Atelier **B** Bilan

7

10 **À vous !** Maxime, Yassine et les filles veulent regarder ensemble les Victoires de la Musique. Les garçons ont décidé de mettre le t-shirt de leur chanteur préféré. Mais Maxime a un problème. Faites le dialogue. Prenez le rôle de Maxime (A) ou de Yassine (B). Le rôle B est à la page 147. Complétez avec les bonnes formes de **mettre**, puis vérifiez les verbes de votre partenaire

Rôle A

Maxime : Ecoute Yassine, ce soir, je ne peux pas ____ mon t-shirt.

Yassine : Mais pourquoi ? Moi aussi, je mets mon t-shirt de Maître Gims !

Maxime : Mais Lucie ____ (p.c.) mon t-shirt dans la machine à laver. Cet après-midi, elle m'a acheté un autre t-shirt, mais ma glace est tombée dessus.

Yassine : Quoi ? Mais qu'est-ce que tu mets ce soir alors ?

Maxime : Je ne sais pas. Mais nous ne ____ pas nos t-shirts…

Yassine : Regarder les Victoires de la Musique sans nos t-shirts ? Ça ne va pas. Ecoute, tu mets un t-shirt blanc et tu écris Stromae dessus.

Maxime : Et les filles, qu'est-ce qu'elles ____ ?

Yassine : Les filles, elles mettent toujours des fringues super !

43, 44 §

Quel t-shirt ? Ce t-shirt !

parler **11** Faites des dialogues. Changez de rôle après chaque dialogue.

A : Comment est-ce que tu trouves ce pull ?
B : **Quel** pull ?
A : **Ce** pull vert, là.
B : Il est super. / Bof…

écrire **12** Avant l'échange, vous chattez avec votre correspondant/e. Travaillez à deux : écrivez une question, votre voisin/e répond. Puis changez de rôle.

A : Tu es de quelle ville ?   B : Je suis de…

ville ?   couleurs ?
rue ?   chanteur préféré ?
âge ?   sport ?
livres ?   activités ?

45 §

Qui paie ?

13 a) Travaillez en groupe. Lisez ce texte sous forme de rap.

Toi, tu essaies ces baskets.
Et moi, je paie, je paie cette casquette.
Elle essaie, elle essaie un pull vert.
Et moi, je paie, je paie son pullover vert.

Vous essayez ces jolies fringues.
Nous, nous payons ? C'est dingue !
Ils essaient des jeans noirs.
Mais qui paie ? J'aimerais savoir !

écrire b) A votre tour, écrivez un rap. Utilisez toutes les formes de **payer** et **essayer**, puis présentez votre rap en classe.

cent quinze **115**

7 — Atelier A

14

a) Regardez les vignettes de la bande dessinée : où se passe la scène ?
A votre avis, de quoi parle l'histoire ? Faites des hypothèses à l'aide des vignettes.

b) Travaillez à trois. Chacun cherche trois des mots/expressions suivant(e)s dans le dictionnaire, puis présente ses résultats aux deux autres.

être fier/fière de   meilleur   connaître (< connaissent)   vérifier
taper   servir (< ça ne sert à rien)   un compte   justement

c) Votre copine qui ne parle pas français a vu cette BD sur Internet. Lisez la BD et dites-lui de quoi elle parle. Expliquez aussi le titre.

d) Choisissez une vignette et décrivez-la.

Carte beuhhh

— LES FILLES, JE SUIS FIÈRE DE VOUS PRÉSENTER MA NOUVELLE MEILLEURE COP...
— ... LADY CARTE BLEUE !! [1] PTCHOU ! WOUAH !

— TES PARENTS T'ONT LAISSÉ EN AVOIR UNE ?
— ELLE EST BEEEELLE !
— QU'EST-CE QUE C'EST LA CLASSE, QUAND MÊME !
— Y A TON NOM DESSUS !
— BAH OUI... MES PARENTS ME CONNAISSENT ! ILS SAVENT QUE JE SUIS AUTONOME !
— T'AS TROP DE LA CHANCE, NOÉMIE !

— TU VEUX PAS L'ESSAYER ? POUR VÉRIFIER QU'ELLE MARCHE BIEN !
— J'PEUX TAPER L'CODE ? J'PEUX TAPER L'CODE ?
— NAN, MAIS ÇA SERT À RIEN, J'AI PAS UN RADIS... [2]

— TES PARENTS T'ONT PAS MIS D'ARGENT SUR TON COMPTE ?
— BAH NON...
— ... ILS ME CONNAISSENT, JUSTEMENT...

---

1 **une carte bleue** eine Scheckkarte • 2 **ne pas avoir un radis** (fam.) keine Kohle haben

Entrée — **Atelier A** — Atelier B — Bilan

7

STRATEGIE

Mit dem zweisprachigen Wörterbuch arbeiten

Schaut euch folgenden Satz und den entsprechenden Auszug aus dem Wörterbuch an:

Lucie : Pardon madame, je voudrais un mascara. Le **rayon** des produits de beauté est où ?

a) Was bedeutet das *m* hinter *rayon*?
b) Wozu dienen die arabischen Ziffern?
c) Welche Information enthalten die Wörter in den Klammern?
d) com verweist auf ein Sachgebiet. Um welches Sachgebiet handelt es sich?
e) Am Ende des Eintrags stehen feste Wendungen: Welches Zeichen zeigt den Beginn dieses Blocks an?
f) Welche Bedeutung von *rayon* ist die richtige im Beispielsatz?

rayon [ʀɛjɔ̃] *m* ❶ (*faisceau*) Strahl *m*; ~ **laser** Laserstrahl; ~ **de lumière** Lichtstrahl ❷ *pl* (*radiations*) Strahlen *Pl*, Strahlung *f*; ~**s X** Röntgenstrahlen; ~**s ultraviolets/infrarouges** UV-Strahlen/Infrarotstrahlen ❸ *d'une armoire* Fach *nt*; **ranger ses livres dans les ~s d'une bibliothèque** seine Bücher ins Regal einer Bibliothek zurückstellen ❹ COM Abteilung *f*; ~ **d'alimentation** Lebensmittelabteilung; **c'est tout ce qu'il me reste en ~** das ist alles, was ich noch [anzubieten] habe ❺ (*distance*) **dans un ~ de plus de 20 kilomètres** in einem Umkreis von über 20 Kilometer ❻ (*d'une roue*) Speiche *f* ▶ **de soleil** Sonnenschein *m* (*fig*), Lichtblick *m*; **en connaître un ~** sich da auskennen; **c'est mon ~** ich kenne mich da aus

Compréhension de l'oral

écouter 15 Vous allez entendre trois scènes dans un centre commercial. D'abord vous aurez 45 secondes pour lire l'exercice ci-dessous, puis vous entendrez l'enregistrement deux fois. Pendant l'écoute complétez la grille (1–7) en quatre mots au maximum. Ecrivez vos réponses dans les cases prévues. La première réponse (0) est donnée en exemple.

Les soldes

		scène 1		scène 2		scène 3
Qu'est-ce qu'elles/ils achètent ?	0	*des baskets*	3		6	
Quel est le prix ?	1		4		7	
Combien est-ce que Célia paie ?	2					
Quelle est la taille de M. Mercier ?			5			

MINI-TÂCHE

Mon style / Mon look préféré

ON DIT

Über seinen Look reden

Mon look/mon style
J'ai un look classique/moderne.
J'ai mon style à moi.
Je suis à la mode. / La mode n'est pas très importante pour moi.
J'aime les vêtements cool/pratiques/sportifs.

Ma coiffure
J'ai les cheveux blonds/bruns/roux/noirs.
J'ai les cheveux courts/longs.

Mes vêtements, mes accessoires
Je porte (souvent) des vêtements de marque.
Cette couleur me va bien / ne me va pas.
J'ai/Je porte des lunettes.

Production orale

parler 16 Exercice sous forme de **monologue** (2 minutes)

Vos corres français/es veulent savoir quel look vous préférez :
- expliquez ce que vous aimez
- expliquez ce que vous ne portez jamais
- montrez des photos d'un look qui vous plaît / ne vous plaît pas

cent dix-sept **117**

7   Entrée   Atelier A   **Atelier B**   Bilan

Les Victoires de la Musique

1 Chaque année, des professionnels de la musique remettent en France des prix aux chanteuses/chanteurs et groupes français : les Victoires de la Musique. Mais pour la catégorie « chanson de l'année », le public aussi peut voter.

parler

a) Ecoutez les chansons dont on parle dans le texte et classez-les dans l'ordre de vos préférences. Dites pourquoi. *Erstellt eine Rangliste.*

b) Quelle est la chanson de l'année dans votre classe ?

A — Le nouveau Stromae est arrivé !

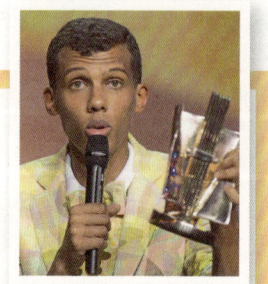

Après une tournée fantastique aux Etats-Unis, Stromae et son groupe reviennent en France. Le chanteur qui vient de Belgique, est devenu une star avec son premier album et le titre *Alors on danse*.
Aujourd'hui, il offre un nouvel album à ses fans. Découvrez *Tous les mêmes* ou *Carmen* où le chanteur reprend un vieil air d'opéra.

Vous aimez l'électro pop et les chansons à texte ? Alors rendez-vous ce soir aux Victoires de la musique : Stromae ouvre la soirée !

Pour Stromae et sa chanson *Tous les mêmes*, tapez 1.

B — Quelle belle aventure pour cette jeune fille !

Elle a toujours adoré chanter, dans la rue, dans sa chambre ou sous la douche…
Les Français découvrent Louane en 2013 dans l'émission « The Voice ». Un an après, on la retrouve dans le film *La famille Bélier*. A 18 ans, Louane qui vient d'Hénin-Beaumont, sort un bel album. On découvre dans *Chambre 12* plein de nouvelles chansons comme *Jour 1* et *Avenir* où elle chante la vie et les émotions des jeunes.

Pour voter pour la chanson de Louane *Jour 1*, tapez 2 !

C — Maître Gims maintenant en solo

Après plusieurs années avec le groupe Sexion d'Assaut, Maître Gims revient en solo avec des chansons pour les amoureux de rap et de belles mélodies. Vous pouvez ainsi découvrir son tube *Bella* qui a déjà eu un beau succès. En concert, Gims reprend des vieux tubes, mais joue aussi des nouveaux titres comme *Laissez passer*.

Si vous êtes fans de la chanson *Laissez passer*, alors tapez 3.

D — ZAZ de A à Z

Son vrai prénom, c'est Isabelle, mais tout le monde l'appelle ZAZ. On a découvert ZAZ en 2010 avec son tube *Je veux* qui a fait le tour du monde. Sa voix plaît beaucoup au public. En 2014, elle chante avec un vieux monsieur de la chanson française, Charles Aznavour. Ensemble, ils reprennent une vieille chanson romantique, *J'aime Paris au mois de mai*.
ZAZ part bientôt en tournée, alors venez à ses concerts !

Pour voter pour ZAZ et sa chanson *J'aime Paris au mois de mai*, tapez 4.

| Entrée | Atelier **A** | **Atelier B** | Bilan |

ON DIT

Über seinen Musikgeschmack reden

Mon style de musique
J'aime   la techno.   le rock.   le jazz.
           le rap.   la (musique) pop.   la musique classique.
           le hip-hop.   l'électro.
J'adore ce chanteur / cette chanteuse / ce groupe / cet(te) artiste.

Ma chanson préférée
Ma chanson préférée, c'est…   parce que j'aime la mélodie / le rythme /
                                 les instruments / la voix du chanteur / les paroles.

Compréhension de l'écrit

2 Lisez les textes sur les quatre chanteuses et chanteurs français. Choisissez les textes corrects (A–D) pour chaque affirmation (1–7). Vous pouvez utiliser certains textes plusieurs fois. Ecrivez vos réponses dans les cases prévues. La première réponse (0) est donnée en exemple.

Quelle phrase va avec quelle star ?

0	Cette personne a commencé dans un casting de télé.
1	Cette star a donné des concerts aux U.S.A.
2	On voit aussi cette star au cinéma.
3	Cette personne est célèbre pour sa voix.
4	Cette star a d'abord chanté dans un groupe.
5	Ses textes parlent aux jeunes.
6	On retrouve parfois de la musique classique dans ses titres.
7	Cette personne a fait un album très jeune.

Ecrivez vos réponses ici :

0	1	2	3	4	5	6	7
B							

3 a) A l'aide des informations données dans les textes, faites une **fiche** pour chaque artiste.

lire   b) Relevez dans le premier paragraphe du texte les informations sur les **Victoires de la Musique**. Complétez-les par une **recherche sur Internet** : existe depuis quand, catégories, nombre d'artistes par catégorie, nombre de spectateurs.

Nom :
Chansons / Albums :
Style de musique :
Carrière :

Production écrite

4 **Un blog de musique**

écrire   Vous venez de lire cette entrée postée sur le blog : http//music.info/victoires-de-la-musiques/

> Beaucoup de nouveaux talents aux Victoires de la musique ! Mais tous n'ont pas la récompense attendue.
> Le prix de la chanson originale est remis à un chanteur qui … a repris une vieille chanson !
> Le jury des Victoires est un peu à côté de ses pompes cette année…

Vous décidez de réagir et écrivez un commentaire. Dans votre **commentaire** vous :

- donnez votre avis sur les Victoires de la musique
- présentez une compétition musicale autrichienne
- décrivez un chanteur / une chanteuse et ses chansons

Ecrivez environ **120 mots**.

7   Entrée   Atelier **A**   **Atelier B**   Bilan

Son nouvel album est sorti.

5 a) Relevez dans le texte les formes des adjectifs **beau**, **nouveau** et **vieux** et faites un tableau.

b) Complétez les formes qui manquent.

6 Faites des phrases, mettez la bonne forme des adjectifs *beau*, *nouveau* et *vieux*.

a) The Voice – chercher – nouveau – chanteurs – et – nouveau – chanteuses.
   The Voice cherche des nouveaux chanteurs et des nouvelles chanteuses.
b) Louane – sortir (p.c.) – beau – album en 2015.
c) En novembre 2015 – le public – pouvoir découvrir – nouveau – titre *Maman*.
d) Les fans – aimer beaucoup – beau – mélodie de ce titre.
e) Dans *La famille Bélier* – Louane – chanter – vieux – chansons de Michel Sardou.
f) Le public – attendre – nouveau – album – et – nouveau – film – de Louane.

Venez à leurs concerts !

7 Choisissez une chanteuse / un chanteur ou un groupe de musique. Votre voisin/e vous pose des questions avec le verbe **venir** et vous répondez.
Puis changez de rôle.

A : Je suis / Nous sommes…
B : Tu viens / Vous venez d'où ?
A : Je viens / Nous venons de…
B : Dans quelles villes est-ce que tu viens / vous venez ?
A : Je viens / Nous venons en concert à…
B : Quand est-ce que tu viens / vous venez à… ?
A : Je viens / Nous venons en concert à… le…

Daft Punk
Ville d'origine du groupe : Paris
En concert à Paris le 3.02 et Lyon le 5.02.

Christine and the Queens
Ville d'origine de la chanteuse : Nantes
En concert à Nantes le 21.03. et Brest le 22.03.

Feu ! Chatterton
Ville d'origine du groupe : Paris
En concert à Paris le 6.06. et Strasbourg le 07.06.

David Guetta
Ville d'origine du DJ : Paris
En concert à Paris le 13.07. et Nice le 15.07.

Jeu de sons : [ɛ] / [ø] / [e] / [ã] / [s]

8 Ecoutez les mots et trouvez l'intrus : quel mot n'a pas le son indiqué ?
Welches Wort enthält nicht den angegebenen Laut ?

[ɛ]	reprennent	concert	premier	Belgique
[ø]	couleur	amoureux	vieux	bleu
[e]	tournée	voter	mélodie	succès
[ã]	aventure	romantique	vient	reprend
[s]	musique	solo	émission	danse

120   cent vingt

Entrée   Atelier **A**   **Atelier B**   Bilan

7

Compréhension de l'oral

9 Vous allez entendre quatre jeunes qui vont regarder une émission de télévision. D'abord vous aurez 45 secondes pour lire l'exercice ci-dessous, puis vous entendrez l'enregistrement deux fois. Pendant l'écoute décidez quelle est la réponse correcte (A, B, C ou D) pour chaque question (1–4). Ecrivez vos réponses dans les cases prévues. La première réponse (0) est donnée en exemple.

La soirée des Victoires de la musique

0 Pendant la soirée, les jeunes :
   A mangent des sandwichs.
   B boivent de l'eau.
   C boivent du Fanta.
   D mangent du pop-corn.

1 Dans son SMS, Yassine écrit que/qu' :
   A il ne vient pas.
   B il apporte du coca.
   C sa maman est malade.
   D ses amis doivent préparer le repas.

2 Alice dit qu'elle a voté pour Zaz, parce que/qu' :
   A elle est très célèbre.
   B sa carrière est intéressante.
   C elle aime sa façon de chanter.
   D elle l'a déjà rencontrée dans la rue.

3 Yassine dit qu'il a voté pour Maître Gims, parce qu'il :
   A est un nouveau fan de lui.
   B est son fan depuis toujours.
   C chante aussi avec un groupe.
   D porte les mêmes vêtements que lui.

4 Célia n'a pas voté, parce que/qu'elle :
   A adore plusieurs stars.
   B aime être surprise par le résultat.
   C n'aime pas ces stars.
   D n'a pas eu le temps.

Ecrivez vos réponses ici :

0	1	2	3	4
D				

Qu'est-ce qu'on lui offre ?

10 Voilà la conjugaison du verbe **ouvrir**.
Conjuguez maintenant les verbes **offrir** et **découvrir** et donnez leur participe passé.

> **GRAMMAIRE**
>
> j'**ouvre**   nous **ouvrons**
> tu **ouvres**   vous **ouvrez**
> il / elle / on **ouvre**   ils / elles **ouvrent**
>
> p.c. : j'ai **ouvert**

11 Complétez avec la bonne forme des verbes *découvrir*, *offrir* et *ouvrir*.

C'est bientôt l'anniversaire de madame Mercier et Maxime et Lucie pensent aux cadeaux qu'ils vont lui offrir.

Maxime : Lucie, tu _____ quoi à maman pour son anniversaire ?

Lucie : Maman _____ (p.c.) Christine and the Queens à la radio la semaine dernière et elle adore.

Alors moi, je lui _____ son dernier CD. Et Enzo et toi, qu'est-ce que vous lui _____ ?

Maxime : Ah non, Enzo et moi, nous lui _____ déjà un CD : le live de Stromae !

Lucie : Papa lui _____ (p.c.) une sortie au théâtre l'an dernier. Et elle a bien aimé.

C'est une bonne idée Maxime : je vais lui _____ une sortie mère-fille ! Mais où ???

Maxime : Il y a un nouveau restaurant qui _____ dans deux jours rue des Dames.

Lucie : Super Maxime, merci !

7   Entrée   Atelier **A**   **Atelier B**   Bilan

TÂCHE FINALE

Mon artiste préféré(e)

STRATEGIE

Eine Präsentation vorbereiten

Wählt zunächst geeignete **Quellen** (Internetseiten, Bücher, Zeitschriften, Interviews …) aus und verschafft euch einen **Überblick** über euer Thema.

Da ihr nicht alle Informationen weitergeben könnt, müsst ihr auswählen.
Versucht herauszufinden, was für euer Thema wichtig ist und setzt **Schwerpunkte**.

Notiert euch, was ihr sagen wollt. Benutzt hierfür nicht ganze Sätze, sondern nur **Stichworte**. So könnt ihr frei vor der Gruppe sprechen. Ihr könnt auch einen „**Spickzettel**" basteln, auf dem links ganze Sätze und rechts nur Stichworte stehen. Diesen Spickzettel könnt ihr beim Vortrag aufklappen, falls ihr nicht weiterwisst.

Elegant sind sogenannte „**Cue Cards**". Auf der einen Seite stehen eure Stichworte, auf der dem Publikum zugewandten Seite steht enweder ganz groß der Titel eures Vortrags oder ein Bild (diese Karten benutzen auch die Ansager der *Zeit im Bild*)

Sprecht langsam und deutlich. Haltet **Blickkontakt** mit eurem Publikum! **Übt** euren Vortrag vorher zu Hause mit lauter Stimme.

Ihr könnt euren Vortrag auch mit Fotos, Plakaten oder zum Thema passenden Gegenständen **anschaulich gestalten**.

Verwendet technische Hilfsmittel: Heutzutage gehören zu jeder Präsentation entweder **Powerpoint- oder Prezi-Folien**. Diese Folien dienen auch gleichzeitig als Spickzettel.

ON DIT

Eine Präsentation halten

Sagt, worüber ihr sprechen wollt.
Je vais vous parler de…
Le sujet de mon exposé est…

Sagt, wie eure Präsentation gegliedert ist.
D'abord, je vais vous présenter…
Ensuite, je vais parler de / Enfin,…

Macht kurze Pausen und fragt, ob ihr verstanden wurdet.
Est-ce que vous avez des questions ?
Est-ce qu'il y a des mots que vous ne comprenez pas ?

Bedankt euch für die Aufmerksamkeit.
Merci pour votre attention.

parler 12   Pendant la fête de l'échange, vos corres ont découvert vos chanteuses/chanteurs et groupes préférés. Mais ils aimeraient en savoir plus.

Travaillez en groupe et préparez pour eux un exposé sur votre star préférée.
Vous pouvez aussi choisir une star du sport ou du cinéma.

Regardez pour cela encore une fois *On dit* à la page 117 et à la page 119 et la stratégie ci-dessus, puis préparez votre exposé.

- sa vie
- son style
- son succès
- Vous avez découvert cette star où et quand ?
- Pourquoi est-ce que vous êtes fan ?

| Entrée | Atelier A | Atelier B | **Bilan** | **7** |

La grammaire

Du sagst, was du anziehen möchtest.	Das brauchst du dafür:	
Qu'est-ce que tu **mets** ce soir ?	**das Verb *mettre***	42 §
	je **mets** — nous **mettons** tu **mets** — vous **mettez** il/elle/on **met** — ils/elles **mettent** p.c. : j'ai **mis**	

Du fragst nach bestimmten Personen/Dingen.	Das brauchst du dafür:	
Quel est ton chanteur préféré ? **Quelle** taille est-ce qu'il te faut ?	**das Fragewort *quel***	43 §
	quel pull / **quel** anorak ? **quels** magasins ? **quelle** chemise ? **quelles** fringues ?	

Du verweist auf bestimmte Personen/Dinge.	Das brauchst du dafür:	
Tu achètes **cet** anorak ? J'adore **ce** chanteur !	**die Demonstrativbegleiter**	44 §
	ce chanteur / **cet** anorak **ces** chanteurs **cette** chanson **ces** chansons	

Du sagst, dass etwas schön, neu oder alt ist.	Das brauchst du dafür:	
Il a eu un **beau** succès avec son **nouvel** album.	**die Adjektive *beau*, *nouveau*, *vieux***	46 §

Du sagst, wo jemand herkommt.	Das brauchst du dafür:	
Tu **viens** d'où ? Louane **vient** d'Hénin-Baumont.	**das Verb *venir***	47 §
	je **viens** — nous **venons** tu **viens** — vous **venez** il/elle/on **vient** — ils/elles **viennent** p.c. : je **suis venu(e)**	

Autocontrôle

2, 44, 45 § **1** Célia et Alice vont à une fête d'anniversaire. Complétez les phrases avec les bonnes formes de **l'article démonstratif** (_____) et des verbes **mettre** (m), **essayer** (e) et **payer** (p).

Alice : Célia, qu'est-ce que tu _____ (m) ce soir ?

Célia : Je ne sais pas encore. Ah si, je _____ (m) ma jupe bleue.

Alice : Quelle jupe ?

Célia : Attends, je la cherche. Voilà, _____ jupe !

Alice : Elle est nouvelle ?

Célia : Oui, la semaine dernière, ma mère m'_____ (p, p.c.) _____ jupe et aussi _____ baskets et _____ anorak.

Alice : Ta mère est sympa ! Moi, mes parents ne me _____ (p) pas toujours mes vêtements.

Célia : Et toi alors, tu _____ (m) quoi ? Tiens, _____ (e) _____ pull par exemple !

Alice : Ah non, je n'aime pas _____ couleur. Je / J'_____ (e) _____ jean.

Célia : Et j'ai une idée : nous _____ (m) le même t-shirt ! Cool, non ?

7 Bilan

Die Lösungen zu den Bilan-Aufgaben findet ihr ab Seite 184.

2 Maxime parle avec sa sœur. Mettez la bonne forme de **beau** (b), **nouveau** (n) et **vieux** (v).

a) Maxime : Ces photos de maman sont _____ (b). Elles sont _____ (n) ?
   Lucie : Mais non, elles sont _____ (v).

b) Maxime : Tu as déjà vu le _____ (n) film avec Brad Pitt ?
   J'adore cet acteur, il joue super bien et puis, il est _____ (b) !
   Lucie : Oui, mais je le trouve un peu _____ (v).

c) Maxime : J'ai fait les soldes, regarde mes _____ (n) vêtements.
   Lucie : Super ! J'aime beaucoup tes _____ (n) chaussures !

La langue dans son contexte

3 Lisez le texte sur trois jeunes qui parlent de leur musique préférée. Dans la plupart des lignes il y a un mot qui ne devrait pas y être. Ecrivez ces mots dans les cases prévues. Cependant, deux à quatre lignes sont correctes. Marquez ces lignes avec le symbole ✓. Deux réponses (0, 00) sont données en exemple.

Dis-moi quelle musique tu écoutes et je peux peut-être te dire qui tu es…

Une enquête à la sortie du lycée Honoré de Balzac

Sharifa : A mon avis, la musique dit quelque chose sur toi. Moi,	✓	0
j'écoute beaucoup de ces rock indépendant, j'aime les groupes	ces	00
qui ne sont pas trop de célèbres, qui ont leur style bien à eux.		1
J'adore les chanteurs qui font leur musique aussi comme dans		2
leur salon et essaient des choses nouvelles, pas commerciales.		3
Yaël : Je viens d'une famille de vos musiciens classiques.		4
Mais moi, la musique que je préfère, c'est le jazz. J'adore		5
improviser quand je joue piano mais aussi dans la vie de tous		6
les jours. Alors oui, la musique bien que j'écoute, c'est moi !		7
Stéphane : Moi, tu me vois aller et tu te dis : lui, il aime le rap,		8
parce que je porte ces baskets, cette casquette, mais ce t-shirt,		9
disons-le : j'ai un quel street look. Mais je mets ces vêtements		10
parce que je fais du skate. Et mon style de musique c'est		11
l'électro, mais j'adore aussi le classique. Alors, avec qui		12
suis-je ?		

Das kann ich jetzt!

4 Qu'est-ce que vous dites en francais ?

a) Du erzählst, dass du mit deinem Taschengeld deine Handykarte und Downloads bezahlst.
b) Du sagst, dass es ein Problem gibt.
c) Du fragst deinen Nachbarn, was seine Lieblingsmusikgruppe ist.
d) Du sagst, dass du nie online kaufst.
e) Es ist Schlussverkauf, aber du willst nichts kaufen.
f) Du fragst deinen Nachbarn, welche Größe er hat.
g) Du sagst, dass du diesen grünen Anorak in Größe M suchst.
h) Du sagst, dass du gestern im Internet eine Sängerin mit einer schönen Stimme entdeckt hast.
i) Du sagst, dass dein Lieblingssänger aus Hamburg kommt und dass du vor allem seine alten Hits magst.

MANCHE

la Manche

l'océan Atlantique

ILLE-ET-VILAINE
- Fougères
- Rennes
- l'Ille
- la Vilaine
- forêt de Brocéliande
- Redon
- N137

LOIRE-ATLANTIQUE
- Nantes

CÔTES D'ARMOR
- Saint-Malo
- Dinard
- Dinan
- N12
- St-Brieuc
- Guingamp
- Ploumanac'h

FINISTÈRE
- Morlaix
- Carhaix
- Festival des Vieilles Charrues
- Quimper
- Rosporden
- Concarneau
- Brest
- Musée Océanopolis
- pointe du Van
- pointe du Raz
- île de Sein
- île d'Ouessant
- Crème caramel au beurre salé
- îles de Glénan

MORBIHAN
- Vannes
- N164
- N24
- N165
- Lorient
- Carnac
- Quiberon
- Belle-Île
- île de Groix

125 cent vingt-cinq

8
Vacances en Bretagne

A — Pêche aux crabes sur la plage de Ploumanac'h ! Attention aux rochers !

B — Des menhirs à Carnac

C — A un concert au festival des Vieilles Charrues à Carhaix

D — Faire de la voile à côté de Concarneau

1 a) Regardez les photos et cherchez les lieux sur la carte page 125.

Compréhension de l'oral

écouter

33 Stratégie

b) Vous allez écouter des scènes qui se jouent en Bretagne. Décidez quelle scène (1–7) va avec quelle photo (A–I). Attention, il y a deux photos de trop. La première réponse (scène 1) est donnée en exemple.

Scène	1	2	3	4	5	6	7
Photo	H						

SUR PLACE

La Bretagne

Die Bretagne ist eine Region im Westen Frankreichs. Umgeben vom Atlantischen Ozean und dem Ärmelkanal ist sie die größte Halbinsel Frankreichs mit der Stadt Rennes als Regionalhauptstadt.
In der Bretagne gibt es neben Französisch eine Regionalsprache: Das Bretonische. Es handelt um eine keltische Sprache, die mit Französisch nichts gemeinsam hat. Das Bretonische wird hauptsächlich in den zweisprachigen Straßenschildern sichtbar.

Visite d'Océanopolis à Brest

In der **tâche finale** im *cahier d'activités* organisiert ihr einen Urlaub.
Dazu lernt ihr u. a.:
- über Wetter, Verkehrsmittel und Ausflüge zu sprechen.
- wiederzugeben, was jemand gesagt hat.

E

Des spécialités bretonnes à Quimper

F

L'île de Sein et son phare

Un panneau en français et en breton

La ville et le port de Saint-Malo

G

H

I

STRATEGIE

Ein Bild beschreiben

Trefft zuerst ganz **allgemeine Aussagen** über die Szene.
> Sur la photo, il y a… / La photo montre…

Beschreibt dann die Personen / Gegenstände im **Vordergrund** bzw. in der Mitte des Bildes.
> Au premier plan / Au milieu (de la photo), il y a…

Erzählt danach, was sich um die zentralen Personen / Gegenstände herum befindet.
> A côté de…, / A gauche de…, on voit… / A droite de…,

Konzentriert euch am Ende auf den **Hintergrund**.
> A l'arrière-plan, il y a…

parler 2 Choisissez une photo des pages 126 et 127 et décrivez-la à votre voisin/e.
Votre voisin/e devine de quelle photo il s'agit. Puis changez de rôle.

8   Entrée   **Atelier A**   Atelier B   Coin lecture   Bilan

Le carnet de bord d'Alice : de Paris à Concarneau

❶ 15 juillet, 8h45. Aujourd'hui, je pars en Bretagne pour un stage photo de 6 jours ☺☺☺. J'ai deux correspondances pour arriver à Concarneau. Les parents s'inquiètent pour moi. Mais ça va, je vais me débrouiller. Et puis, nous nous retrouvons à la fin de mon stage à Concarneau pour passer des vacances en famille.

❷ Je monte dans le TGV Paris-Rennes, le voyage commence !!! Mon voisin s'appelle Tim, et il est allemand. On discute et… Surprise ! On a choisi le même stage. Cool !
A Rennes, on prend un TER pour Rosporden avec d'autres participants. Ils arrivent de partout en Europe et parlent tous français. Bon, parfois, on ne se comprend pas, alors on dit quand même un mot en anglais ou en allemand. On se débrouille, quoi !

Après le train, dans l'autocar pour Concarneau, on s'amuse bien avec Gwen et Arno, les animateurs, et l'ambiance est super sympa. Alors on est presque un peu tristes quand Arno se lève et dit : « Allez, tout le monde descend ! On est arrivés. »

Ambiance super dans l'autocar

❸ 16 juillet. Le stage se passe à « Ti Filo », une jolie maison avec vue sur la mer… et avec une crêperie à côté !!! Gwen et Arno se partagent les participants. Avec Tim, on réussit à être dans le même groupe. ☺ Le matin, c'est cours de photo. Moi, j'apprends plein de trucs. Tim, lui, est déjà super bon ! L'après-midi, on s'entraîne. Nous finissons à 19 heures, l'heure des crêpes !
Et nous nous couchons à 23 heures !

Le rocher de la catastrophe !

❹ 18 juillet. Plage du Cabellou. D'abord, on se baigne – brrr, elle n'est pas chaude, l'eau ! Puis Arno dit : « Bon, cet après-midi, photos de la mer ! Pensez au cours de ce matin et prenez votre temps. Mais soyez de retour dans deux heures ! » Moi, je reste avec Tim : lui et moi, on s'entend trop bien. A un moment, je grimpe sur un rocher pour faire une photo. Et là, zut, je glisse ! Moi, ça va, je n'ai rien, mais mon appareil photo a pris un coup… ☹ J'essaie de faire une photo et… ouf, ça marche !

❺ 20 juillet. Le stage finit déjà. ☹ Arno et Gwen ont organisé une exposition de nos photos dans la crêperie. Avec Tim, on regarde les photos quand tout à coup, j'entends mes parents et surtout Hugo, mon frère. Tim et moi, on se regarde : oh non, pourquoi est-ce que ma famille n'est jamais en retard… ? ☹
A ce moment, Gwen nous demande de l'aider, et Arno va s'occuper de mes parents et d'Hugo. Trop cool, les animateurs ! ☺☺☺

128   cent vingt-huit

Entrée   **Atelier A**   Atelier B   Coin lecture   Bilan

8

1 Compréhension de l'écrit

Lisez le texte sur les vacances d'Alice. D'abord décidez si les affirmations (1–8) sont vraies (V) ou fausses (F) et mettez une croix (✗) dans la bonne case. Ensuite identifiez la phrase du texte qui motive votre décision. Ecrivez **les quatre premiers mots** de cette phrase dans la case prévue. Il y a peut-être plusieurs réponses correctes mais vous ne devez en donner **qu'une seule**. La première réponse (0) est donnée en exemple.

Ecrivez vos réponses ici :

Le carnet de bord d'Alice

			V	F	Les quatre premiers mots
0	Alice a un peu peur à cause des correspondances.	0		x	*Les parents s'inquiètent*
1	Alice va être sans sa famille pendant toutes les vacances.	1			
2	Alice rencontre Tim pendant le trajet en TGV.	2			
3	Les participants parlent beaucoup en anglais.	3			
4	Le premier jour du stage, les animateurs font deux groupes.	4			
5	Après le déjeuner du premier jour, les participants du stage font des photos.	5			
6	Quand Alice tombe, son pied fait mal.	6			
7	L'appareil photo d'Alice fonctionne mal après l'accident.	7			
8	Alice est contente quand ses parents et son frère arrivent.	8			

parler 2 Relevez dans le texte les moyens de transport qu'Alice prend. *Nennt die Verkehrsmittel im Text.*

1. Avec quel moyen de transport est-ce que vous êtes parti la dernière fois en vacances ?
2. Comment est-ce que vous allez tous les jours en cours ?
3. Quel moyen de transport est-ce que vous préférez prendre / vous n'aimez pas ?

ON DIT

Verkehrsmittel benutzen
– Quel moyen de transport est-ce que tu prends pour aller à… ?
– Je prends   l'avion.
              le bateau / le ferry.
              le train / le TGV / le TER.
              l'autocar / le bus.

– Je pars en voiture / en métro / en vélo / à pied.
  C'est direct. / Le trajet est direct.
  J'ai une correspondance à… / Je dois changer à…

Production écrite

écrire 3 Le journal le *Télégramme de Brest* veut écrire un petit article sur le stage photo à Concarneau. Vos animateurs, Gwen et Arno, vous ont demandé d'écrire cet article.

Dans votre **article**, vous :

- décrivez comment on arrive à Concarneau
- informez les lecteurs comment se déroule le stage photo
- racontez l'événement qui vous a le plus plu

Donnez **un titre** à votre article. Ecrivez environ **150 mots**.

Brest
Le Télégramme
CONCARNEAU

Hier, les participants du stage photo sont arrivés à Concarneau. Cette année, ce sont 20 jeunes qui…

cent vingt-neuf **129**

8   Entrée   **Atelier A**   Atelier B   Coin lecture   Bilan

49 §

On se débrouille !

4   a) *Welche Satzteile gehören zusammen?*

Je	se partagent les participants.
Tu	vous entendez bien ?
On	me débrouille bien.
Mes parents et moi, nous	nous retrouvons à la fin de mon stage.
Tim et Alice, vous	s'amuse pendant le stage.
Gwen et Arno	t'occupes du repas ?

b) *Um welche Verben handelt es sich hier? Wie werden sie gebildet?*

c) *Schaut euch auf Seite 128 die Sätze in den Zeilen 5 und 15 an: Wie bildet man hier das futur composé und die Verneinung?*

parler

5   Posez des questions à votre voisin/e. Elle/Il vous répond, puis changez de rôle.

a) Avec qui / s'entendre bien / ne pas s'entendre ?
b) Quand / se coucher / vendredi soir ?
c) Quand / se lever / dimanche matin ?
d) Où / ses copains et elle/lui / se retrouver après l'école ?
e) Comment / se débrouiller / quand… ?

50 §

Soyez à la gare à 10 heures !

6   Avant son départ, Alice a eu un papier avec quelques conseils pour un stage réussi.
Formulez ces conseils, utilisez l'**impératif**.

> **GRAMMAIRE**
>
> Aie.   Sois.
> Ayons.   Soyons.
> Ayez.   Soyez.

Conseils pour ton voyage
- ✓ ne pas être en retard à la gare
- ✓ avoir sa carte d'identité
- ✓ prendre un repas pour le trajet
- ✓ ne pas oublier son portable
- ✓ attendre les animateurs à Rosporden

Conseils pour le groupe
- ✓ écouter les animateurs
- ✓ être le matin à 8 heures au petit-déjeuner
- ✓ avoir toujours son appareil photo dans son sac
- ✓ être sympa avec les autres participants
- ✓ ne pas avoir peur de poser des questions

51 §

Tout est bien qui finit bien !

7   a) *Lest die folgenden Sätze. Was fällt euch im Plural auf?*

1. Le stage finit. (l. 47)
2. Nous finissons à 19 heures. (l. 32)

b) Trouvez dans le tableau les formes des verbes **finir** et **choisir**.
Puis ajoutez le (ou les) pronom(s).

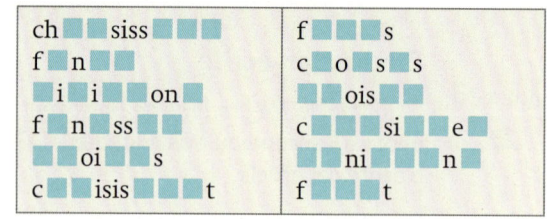

ch■siss■■■	f■■■s
f■n■■	c■o■s■s
■i■i■■on	■■ois■■
f■n■ss■■	c■■■si■■e
■■oi■s	■■ni■■■n
c■isis■■■t	f■■■t

c) Les participantes/participants du stage vont ce matin à Océanopolis. Complétez le carnet de bord d'Alice sur cette sortie avec les bonnes formes des verbes entre parenthèses.

7h30 : Ce matin, nous ___*partons*___ (partir) à Brest !

Mais là, tout le monde _____ (dormir) encore à Ti Filo. On a un peu trop fait la fête hier… ☺

7h35 : Arno vient dans les chambres : « Allez, _____ (sortir) du lit ! Océanopolis _____ (ouvrir) à 9h30 et on veut être les premiers ! »

Entrée   **Atelier A**   Atelier B   Coin lecture   Bilan   **8**

8 h 25 : On est tous encore au petit-déjeuner, mais Gwen ne veut plus attendre : « _____ (finir) votre petit-déjeuner, on _____ (partir) dans cinq minutes. »

9 h 30 : On _____ (réussir, p.c.), on est les premiers… ☺

9 h 45 : A Océanopolis, il y a trois grands pavillons : Amy, ma copine anglaise, et Gabriel, un garçon suisse, _____ (choisir) le pavillon polaire, moi je _____ (choisir) le pavillon tropical… avec Tim… Pendant une heure et demie, nous _____ (découvrir) le monde des mers chaudes, c'est magnifique !

12 h 30 : Nous _____ (finir) la visite avec un repas au restaurant. Quelle belle sortie !

Compréhension de l'oral

STRATEGIE II

Hörverstehen üben im Unterricht
Zu Übungszwecken könnt Ihr folgende Strategie verfolgen:

Vor dem Hören:
- mit der Lehrperson: Brainstorming: welche Assoziation ruft das Thema bei uns hervor?
- in Partnerarbeit: Versucht, zu spekulieren, worum es im Hörtext geht.
- Vorwissen zu Wortschatz und Inhalt aktivieren

Während des Hörens:
1. Hören: **Globalverstehen**
- Hört euch den Text einmal an und filtert nur heraus: Wer macht was, wo, wann und warum?
- Macht euch Notizen.

2. Hören: **Detailverstehen**
Hier müsst ihr ganz gezielte Informationen heraushören. Die Fragen helfen euch dabei. Sie lenken eure Aufmerksamkeit.

Nach dem Hören:
- das Gehörte mündlich zusammenfassen (mit Partner/in Lücken ergänzen)
- persönliche Reaktionen auf das Gehörte beschreiben und diskutieren
- über den Verstehensprozess reflektieren; Verständnisschwierigkeiten analysieren und nach Problemlösungen suchen
- Begründungen zu Antworten geben

Globalverstehen

écouter **8** Pendant le stage, Arno et Gwen ont fait des équipes. Tim se retrouve avec Amy, et Alice avec Gabriel.

a) Avant l'écoute : imaginez de quoi les jeunes vont parler.

b) Première écoute : répondez aux questions : qui parle, quel est le problème, de quels lieux est-ce qu'on parle ?

1. le château de Keriolet
2. la plage des Sables Blancs 
3. le port de Bénodet 
4. le musée de la pêche 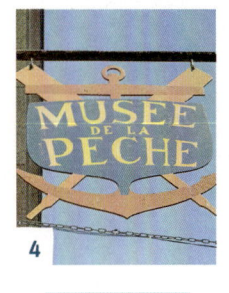
5. la ville de Bénodet 

cent trente et un **131**

8   Entrée   **Atelier A**   Atelier **B**   Coin lecture   Bilan

STRATEGIE III

Hörverstehen üben in Vorbereitung auf die mündliche Reifeprüfung

Vor dem Hören:
Beim Hörverstehen ist es wichtig, schon **vor dem Hören** eine Erwartungshaltung aufzubauen
Du hast immer 45 Sekunden Zeit, dir die Aufgabenstellung vor dem Hören durchzulesen: nimm einen Highlighter und unterstreiche die Schlüsselwörter.

3 Dinge helfen dir:
1) die Einleitung: Der erste Satz „*Vous allez entendre …*" enthält den ersten Hinweis auf den Inhalt
2) das Bild
3) der Titel

Während des Hörens:
Während des **ersten Hörens** empfiehlt es sich, so viele Fragen wie möglich zu beantworten, aber auf keinen Fall nervös zu werden, wenn man die eine oder andere Frage noch nicht beantwortet hat.
Beim **zweiten Hören** solltet ihr es schaffen, die restlichen Fragen zu beantworten.
Tipp: Es gibt immer ein Beispiel:
- Wenn in diesem Beispiel kein Verbum ist, könnt ihr erwarten, dass vor allem Zahlen, Farben, einzelne Hauptwörter oder Adjektive als Antwort erwartet werden.
- Ist in diesem Beispiel ein Verbum, solltet Ihr Euch bemühen auch ein Verbum in eure Antwort einzubeziehen.

Detailverstehen

c) Deuxième écoute: Vous allez entendre Alice et Gabriel qui travaillent ensemble pendant leur stage. D'abord vous aurez 45 secondes pour lire l'exercice ci-dessous, puis vous entendrez l'enregistrement deux fois. Pendant l'écoute décidez quelle est la réponse correcte (A, B, C ou D) pour chaque question (1–4). Ecrivez vos réponses dans les cases prévues. La première réponse (0) est donnée en exemple.

Une sortie photo

0   Gabriel et Alice ne vont pas au musée de la pêche, parce que/qu' :
    A   Alice a oublié de réserver.
    B   Gabriel ne trouve pas l'adresse.
    C   le musée n'est pas ouvert.
    D   sur Internet on dit que c'est peu amusant.

1   Gabriel ne veut pas prendre un bateau, parce qu'/que :
    A   c'est un problème pour lui.
    B   c'est trop cher.
    C   ils ont trop peu de temps.
    D   ils ont déjà fait des photos de bateaux.

2   Le château de Keriolet :
    A   est très loin de Concarneau.
    B   présente une belle page Internet.
    C   est la maison d'un riche Russe.
    D   offre deux beaux motifs de photos.

3   Pour aller à Benodet, Gabriel veut :
    A   metttre les vélos dans un train.
    B   mettre les vélos sur une voiture.
    C   prendre les vélos.
    D   prendre le train et le vélo.

4   Finalement, Gabriel et Alice vont :
    A   se promener dans une jolie ville.
    B   prendre des photos de la plage.
    C   nager à la piscine.
    D   aller au port.

Ecrivez vos réponses ici :

0	1	2	3	4
C				

| Entrée | **Atelier A** | Atelier B | Coin lecture | Bilan | **8** |

En français et en allemand

médiation 9 Pendant un stage photo à Saint-Malo, vous avez rencontré des jeunes qui viennent de partout en Europe. Vous parlez en français, mais Max, un jeune de Hambourg, ne parle pas encore très bien le français. Faites le dialogue à quatre. Jouez-le plusieurs fois et changez de rôle à chaque fois.

stratégie

Amélie : Qui a envie de se baigner cet après-midi ? Je connais une plage pas très loin.
  L'eau est magnifique ! Et il y a même un bus pour y aller.
Max : Ich hab es nicht richtig verstanden. Kannst du bitte übersetzen? Du: …
Max : Oh ja, ich wäre gern dabei! Kann man da auch segeln? Du: …
Amélie : Je ne sais pas. Mais Yann, tu as déjà regardé sur Internet où on peut faire de la voile.
Yann : Oui, il y a même une école de voile à Saint-Malo. J'aimerais bien faire un cours de voile.
  Tu veux m'accompagner, Max ?
Max : Euh… Kannst du bitte übersetzen ? Du: …
Max : Sehr gerne ! Weiß Yann, wie viel eine Segelstunde kostet? Du: …
Yann : Ce n'est pas très cher. Surtout pour les jeunes. Du: …
Max : Perfekt ! Wir werden eine Menge Spaß haben. Du: …
Amélie : Est-ce que j'ai bien compris? Je me baigne toute seule et les garçons préfèrent l'aventure ?
Yann : Mais on peut se retrouver après au café du port ? Qu'est-ce que vous en pensez ?
Max : Euh… pardon ? ? ? Du: …
Max : Bonne idée !

MINI-TÂCHE

Une sortie en Bretagne

Exercice sous forme de **dialogue** (4 minutes)
Vous passez des vacances avec deux copains à Concarneau.
Demain, vous voulez faire une sortie.

Chacun choisit une des sorties proposées ci-dessous et « défend » son idée. *Verteidigt eure Idee.*
Vous trouvez plus d'informations sur les sorties aux pages 151–152.

> Trajet: Facile? Difficile? Cher ? Pas cher ?
> Qu'est-ce qu'on fait : se baigner, s'amuser, se partager une crêpe, etc.

parler 10 Discutez les critères suivants :

- trajet
- coûts
- activités
- horaires

Finalement, mettez-vous d'accord sur une sortie.

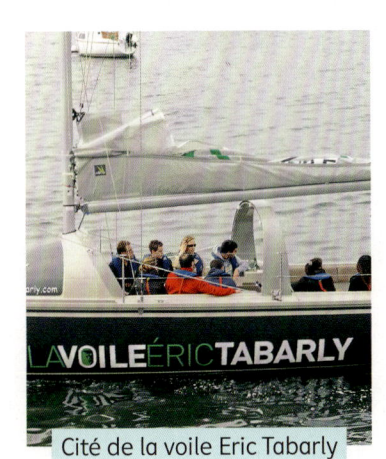

Cité de la voile Eric Tabarly

Traversée Concarneau-Beg Meil

Forêt Adrénaline Aventure dans les arbres

8 Atelier B

1 Une randonnée franco-allemande

1. Après le stage, Tim a aussi retrouvé ses parents qui passent leurs vacances à côté de Quimper. Tim et Alice se demandent comment ils peuvent faire pour se revoir et se téléphonent.

Alice : On pourrait faire une sortie ensemble ? Je sais, nos familles ne se connaissent pas, mais…
Tim : Je pense que ça peut être sympa. Tu as une idée de sortie ?
Alice : Océanopolis à Brest est super ! Tu connais ?
Tim : Non, je ne connais pas… Mais je me demande si nous ne pouvons pas faire une randonnée.
Alice : Une randonnée ? Bof…
Tim : Tu ne sais pas comment sont mes parents… Les randos, ils adorent… !
Alice : C'est vrai, mes parents aussi aiment bien marcher. Ils ne vont pas pouvoir dire non…

2. Monsieur et madame Renard sont d'accord. La propriétaire de la location où Alice est avec sa famille connaît plein de chemins de randonnée et leur propose une randonnée à la pointe du Raz. Quand Tim parle de cette sortie à ses parents, ils lui disent que c'est une bonne idée, mais qu'Alice et lui vont devoir jouer les interprètes.

3. Le jour de la randonnée, il y a des nuages, mais pour le moment, il ne pleut pas. La météo qui change sans arrêt, c'est ça la Bretagne ! Les Renard et les Hagemann ont rendez-vous sur un parking à la pointe du Van. Mais les Hagemann ne sont pas là. Le portable d'Alice sonne : c'est Tim. Il explique qu'ils vont arriver un peu en retard parce que ses parents veulent encore acheter une carte de randonnée. Incroyable, pense Alice, tout le monde sait lire des panneaux !

4. Un peu plus tard, les Hagemann arrivent enfin et après les présentations, la randonnée commence. C'est magnifique : on marche sur un petit chemin entre les rochers avec une vue fantastique sur la mer. Alice et Tim marchent loin devant leurs familles pour pouvoir discuter. Mais sans arrêt, quelqu'un demande s'ils peuvent traduire et Hugo n'arrête pas de les embêter. Tim et Alice en ont un peu marre ! Quand ils arrivent à la pointe du Raz, c'est l'heure du pique-nique : il y a beaucoup de vent, mais les familles trouvent un endroit sympa avec vue sur le phare de La Vieille. Les Hagemann ont apporté un far breton pour le dessert, c'est trop bon !

5. Pour le retour, Tim et Alice veulent prendre une autre route. Mais à un croisement, ils sont un peu perdus et madame Renard leur demande s'ils
50 veulent la carte. Tim et Alice se regardent et sortent leurs portables : leurs parents ne connaissent pas le GPS ? Sauf que… Tim et Alice n'ont pas de réseau : ça aussi, c'est la Bretagne… Par chance, les parents de Tim et les parents d'Alice savent lire une carte.
55 Et pour ça, pas besoin d'interprète !

Pour comprendre le texte

lire **2** Remettez les phrases dans l'ordre pour obtenir un **résumé du texte**. Attention, deux phrases ne correspondent pas à l'histoire.

a) Au retour, Tim et Alice choisissent le même chemin.

b) Tim et Alice décident de faire une randonnée à la pointe du Raz avec leurs familles.

c) Mais tout le monde les embête : ils doivent jouer les interprètes.

d) A la fin du stage, Tim et Alice retrouvent leurs familles à Quimper.

e) Le jour de la randonnée, Tim et ses parents sont en retard.

f) Ils sont perdus et ils n'ont pas de GPS, mais heureusement, les Hagemann ont une carte.

g) Alice et Tim ne restent pas avec leurs familles parce qu'ils veulent discuter.

h) A la pointe du Raz, ils font un pique-nique.

Exercice sous forme de dialogue (4 minutes)

parler **3** Alice rigole parce que sa mère veut lui donner une carte de randonnée (l. 48 à 52). Imaginez son dialogue avec sa mère, puis jouez la scène.

Stratégie **4** Trouvez le mot qui correspond à la définition.

a) Une personne qui a une maison, c'est…
b) Un petit repas qu'on prend quand on est en route, c'est…
c) On a besoin de ça quand on veut utiliser le GPS sur son portable. C'est…
d) Une maison ou un appartement qu'on prend pendant les vacances, c'est…
e) Un endroit sur une route où on peut choisir d'aller à gauche, à droite ou tout droit. C'est…
f) Une sortie où on marche pendant plusieurs kilomètres, c'est…
g) Quand des personnes ne parlent pas la même langue et qu'on les aide à se comprendre, on joue…

8 | Entrée | Atelier A | **Atelier B** | Coin lecture | Bilan

Il fait quel temps ?

ON DIT

Über das Wetter reden

Il fait beau.	Il fait mauvais.	Il fait quelle température ?
Il fait chaud.	Il fait froid.	Il fait vingt degrés.
Il y a du soleil.	Il y a des nuages / de la pluie / du vent / un orage.	Il fait zéro / moins cinq.
	Il pleut. / Il neige.	

parler 5 a) Il fait quel temps aujourd'hui ? Racontez.

b) Regardez la carte et faites des dialogues avec votre voisin. Puis changez de rôle.

A : Il fait quel temps à Rennes ?
B : Il fait mauvais : il pleut.
A : Et il fait quelle température ?
B : Il fait 17 degrés.

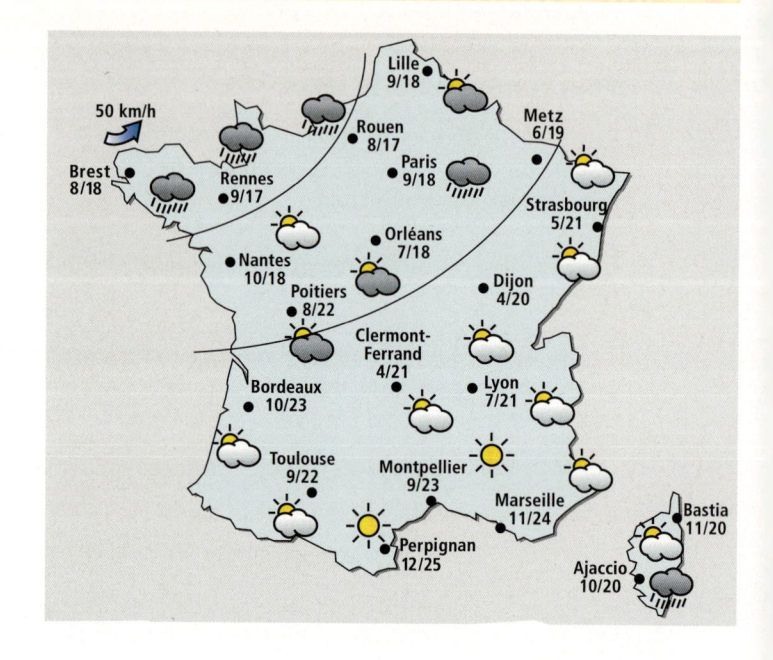

Compréhension de l'oral

écouter 6 Vous allez entendre à la radio la météo de demain pour le Finistère. D'abord vous aurez 45 secondes pour lire l'exercice ci-dessous, puis vous entendrez l'enregistrement deux fois. Pendant l'écoute complétez la grille (1–7) en quatre mots au maximum. Ecrivez vos réponses dans les cases prévues. La première réponse (0, 00) est donnée en exemple.

STRATEGIE

Stratégie Hörverstehen (III)

Selektives Hören: Wenn ihr nur eine ganz bestimmte Information heraushören wollt, dann konzentriert euch auf das **Signalwort**. Alles andere könnt ihr außer Acht lassen.

Lieu		Quel temps ? (Donnez une réponse)		Température maximum
Brest	0	*pluie*	00	*15*
Douarnenez	1			
Concarneau	2		3	
îles Glénan	4		5	
Trégunc	6		7	

parler 7 Qu'est-ce que vous aimez faire quand il fait beau ? Et qu'est-ce que vous faites quand il fait mauvais ? Notez vos idées, puis parlez avec les autres élèves. *Geht in der Klasse umher und befragt euch gegenseitig, was ihr macht, wenn das Wetter gut/schlecht ist. Sucht euch insgesamt drei Gesprächspartner/innen.*

beau	mauvais
parc	cinéma
piscine	lire
…	…

136　cent trente-six

| Entrée | Atelier **A** | **Atelier B** | Coin lecture | Bilan |

8

Tu le connais ?

52 §

8 **A vous !** Pendant la randonnée, Alice et Tim parlent de musique.
Faites le dialogue. Prenez le rôle d'Alice (A) ou de Tim (B). Le rôle B est à la page 147.
Mettez les bonnes formes de **connaître**, puis vérifiez les verbes de votre partenaire.

Rôle A

Alice : Moi, j'ai une chanteuse préférée. Mais en Allemagne, vous ne la ▢ pas.
C'est ZAZ…

Tim : C'est une blague ? Tout le monde connaît ZAZ en Allemagne. On l'entend souvent à la radio !
Attends, même mes parents connaissent sa chanson *Je veux*.

Alice : Ah bon ? Incroyable, on ▢ une chanteuse française en Allemagne.
Parce que nous, en France, nous ne ▢ pas de chanteurs allemands.

Tim : Mais il y a plein de chanteurs super chez nous. Tu ne connais pas Prinz Pi ?

Alice : Non, je ne ▢ pas. Je peux écouter ?

Il demande s'il peut venir avec nous.

53 §

9 a) Relisez les phrases suivantes du texte et **le discours direct** qui correspond.

1. Les parents de Tim disent que c'est une bonne idée.

2. Madame Renard demande s'ils veulent la carte.

> C'est une bonne idée !

> Vous voulez la carte ?

b) *Wie wird die indirekte Rede / Entscheidungsfrage eingeleitet? Was ändert sich bei der Umformung von direkter in indirekte Rede / Entscheidungsfrage?*

10 Il y a beaucoup trop de vent à la pointe du Raz : on n'entend rien et Alice doit toujours tout répéter.
Mettez les phrases au **discours indirect**.
Utilisez dire / demander / vouloir savoir / expliquer.

1 C'est super beau ici !
Tim dit que c'est super beau ici.

2 Nous allons chercher des boissons, vous voulez quelque chose ?
Mes parents disent… et demandent…

3 J'en ai marre ! Quand est-ce qu'on rentre ?
Hugo…

4 On finit d'abord le pique-nique et après on repart… à pied !
Maman…

5 Pourquoi est-ce que monsieur Hagemann ne veut plus de far breton ?
Papa…

6 Mon père a trop mangé !
Tim…

8 — Atelier B

Moi, je sais !

11 Qu'est-ce qu'ils disent ? Complétez avec **savoir** ou **pouvoir**.

1
Alice : Tim, tu _____ où nous sommes ?
Tim : Non, je ne _____ pas.

2
Hugo : Trop nul, vous ne _____ pas lire une carte ! Papa, tu _____ les aider ?

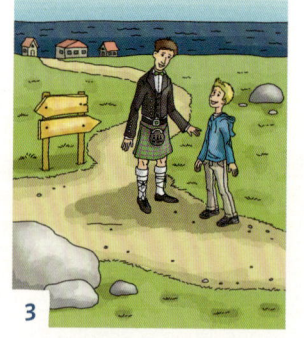

3
Hugo : Pardon monsieur, vous _____ nous montrer le chemin ?
Le monsieur : I'm sorry ???

4
Hugo : Il dit quoi ?
Alice : Trop nul, tu ne _____ pas parler anglais !

Jeu de sons

12 Préparez trois cartes : une avec le verbe **avoir**, une avec le verbe **savoir**, une avec le verbe **être**. Puis écoutez les phrases et pour chaque phrase, montrez la carte du verbe correspondant.

Compréhension de l'oral

13 Vous allez entendre une conversation téléphonique entre Tim et l'office de tourisme de Carnac. D'abord vous aurez 45 secondes pour lire l'exercice ci-dessous, puis vous entendrez l'enregistrement deux fois. Pendant l'écoute répondez aux questions (1–6) en quatre mots au maximum. Ecrivez vos réponses dans les cases prévues. La première réponse (0) est donnée en exemple.

0	Quels jours le site est-il ouvert en été ?	*tous les jours*
1	À quelle heure est-ce que le site ouvre ?	
2	Combien coûte le billet pour un adulte ?	
3	Combien coûte le billet pour les moins 18 ans ?	
4	Où est-ce qu'on peut mettre les voitures ?	
5	Combien coûte le parking ?	
6	Que dit la dame sur les animaux ?	

TÂCHE FINALE

Préparer les vacances

14 Organisez vos vacances ! *In der* tâche finale *im* cahier d'activités *organisiert ihr mit euren Eltern einen Urlaub in Frankreich.*

1 La légende d'Aniçet le bossu[1]

---

1 **un bossu** ein Buckeliger • 2 **il y a...** vor *(zeitlich)* • 3 **une noce** eine Hochzeit • 4 **un biniou** ein bretonischer Dudelsack • 5 **monter la garde** Wache stehen • 6 **les regrets** *(m., pl.) (ici)* die Sehnsucht • 7 **une loi** ein Gesetz

8 un crapaud eine Kröte • 9 une bosse eine Beule • 10 le front die Stirn • 11 un juge ein Richter • 12 Toute vérité n'est pas bonne à dire. (ungefähr) Die Wahrheit bleibt manchmal lieber unausgesprochen. • 13 tourner sa langue sept fois dans sa bouche avant de parler nachdenken, bevor man spricht • 14 aucun,e kein • 15 Quel maître, mon maître ! Was ist mein Herrchen für ein Meister! • 16 l'homme le plus riche du monde der reichste Mann auf der Welt

Entrée   Atelier **A**   Atelier **B**   **Coin lecture**   Bilan   **8**

SUR PLACE

Légendes en Bretagne

Die Bretagne wird auch das „Land der Legenden" genannt. Zauberhafte Wesen bewohnen die Inseln, das Meer, die Wälder und die Ebene. Besonders berühmt sind die kleinen Zwerge, die auf Bretonisch *korrigans* genannt werden.
Sie teilen sehr ungern ihren Reichtum, helfen jedoch beizeiten armen Menschen.

Im Wald von Paimpont, auch *la forêt de Brocéliande* genannt, erzählt man sich alte Geschichten vom König Arthur und seinen Rittern der Tafelrunde.

Pour comprendre la BD

lire 2 Qui c'est ? Reliez le personnage à la phrase correspondante.

Anicet   Gwendal   Rozen

le chef des korrigans

est le chien d'Anicet   est un personnage de légende

travaille dans le café breton   est le héros de l'histoire

lire 3 Résumez l'histoire, terminez pour cela les phrases suivantes.

a) Un soir, Anicet et son chien…
b) Ils rencontrent alors…
c) Les korrigans racontent…
d) … et Anicet doit choisir l'histoire…
e) Mais Anicet n'a pas…
f) Et ainsi, il gagne beaucoup…

On parle de la BD.

4 a) Quelles onomatopées est-ce que vous trouvez dans la BD ?
Dites où elles sont dans la BD.

> sur la première planche
> à la troisième bande
> dans la première vignette

b) Quelle onomatopée correspond en allemand ?

ON DIT

Über einen Comic reden

une onomatopée
un album
une planche
une bande
une vignette
une bulle

parler 5 Choisissez une vignette et décrivez-la à votre voisin/e. Votre voisin/e devine de quelle vignette il s'agit. Puis changez de rôle.
Stratégie

parler 6 Comment est-ce que vous trouvez cette BD ? Racontez.

Après la lecture

7 Que pensez-vous du proverbe « Toute vérité n'est pas bonne à dire » ?
Donnez des exemples de la vie quotidienne.
Diskutiert über das Sprichwort und nennt Beispiele aus dem Alltag.

cent quarante et un **141**

8 — Bilan

La grammaire

Du kannst deinen Alltag beschreiben.	Das brauchst du dafür:	
Le samedi, je **me lève** tard. Avec mes copains, nous **nous retrouvons** en ville.	**die Reflexivverben**, z. B. je me lève — nous nous levons tu te lèves — vous vous levez il / elle / on se lève — ils / elles se lèvent	49 §

Du kannst Anweisungen geben.	Das brauchst du dafür:	
Ne **sois** pas en retard !	**den Imperativ von *avoir* und *être*** Aie / Ayez… Sois / Soyez…	50 §

Du kannst wiedergeben, was andere sagen/fragen.	Das brauchst du dafür:	
Il **dit qu'il** est content. Elle **demande si** vous pouvez vous retrouver à la plage.	**die indirekte Rede** Redeeinleitung im Präsens: dire / expliquer que / qu' bei Fragen: demander / vouloir savoir si / quand / où etc.	53 §

Du kannst sagen, was man kennt und wozu man in der Lage ist.	Das brauchst du dafür:	
Tu **connais** ce garçon ? Je **sais** parler le français.	**die Verben *connaître* und *savoir*** je connais — nous connaissons tu connais — vous connaissez il/elle/on connaît — ils/elles connaissent p.c. j'ai connu je sais — nous savons tu sais — vous savez il/elle/on sait — ils/elles savent p.c. j'ai su	52, 54 §

Du beschreibst weitere Tätigkeiten.	Das brauchst du dafür:	
Qu'est-ce que tu **as choisi** ? Les cours de photo **finissent** à 16 heures.	**die Verben *finir* und *choisir***	51 §

| Entrée | Atelier **A** | Atelier **B** | Coin lecture | **Bilan** |

Die Lösungen zu den Bilan-Aufgaben findet ihr ab Seite 184.

8

Autocontrôle

1 Alice envoie une carte postale à Célia.
Complétez avec les **verbes pronominaux** s'entraîner, se baigner, se retrouver, s'amuser (x2), se coucher, se lever, s'entendre, se passer.

> Salut Célia !
> Le stage photo est trop cool ! Nous avons des cours et nous _____ aussi à faire des photos. Après, souvent, on va à la plage et on _____ . Le soir, on _____ à la crêperie et on _____ bien ! Mais je _____ super tard, alors le matin, je n'arrive pas à _____ . J'ai rencontré un garçon trop cool, Tim : je _____ trop bien avec lui… ☺
> Et toi alors ? Comment est-ce que tes vacances _____ ?
> Tu _____ bien ?
> Bisous, Alice

Célia Konaté
81 rue Truffaut
75017 PARIS

2 Pendant le stage, Alice appelle ses parents. Mais c'est Hugo qui répond. Répétez ce que dit Alice, utilisez le **discours indirect**.
Wiederholt, was Alice sagt.

Alors Alice raconte…

Alice : Salut, ici tout se passe bien, le stage photo est très sympa. Quand est-ce que vous arrivez samedi ? Est-ce que papa et maman pensent à mes livres? Ils sont sur mon bureau.

3 Alice et sa famille sont dans une crêperie. Complétez les phrases avec les verbes **choisir** (ch), **connaître** (c), **finir** (f), **réussir** (r) et **savoir** (s).

a) Alice : Bravo Hugo, tu _____ (r, p.c.), on est encore dans une crêperie.

b) Hugo : Mais j'adore les crêpes, tu _____ (s)…

c) Mme Renard : Oui, ça, nous le _____ (s), Hugo… On _____ (f) toujours dans une crêperie.

d) M. Renard : Tiens, vous _____ (c) cette formule crêpes ? Trois crêpes pour 12 euros !

e) Mme Renard : Ah non, je ne _____ (c) pas. C'est bien, je trouve.

f) M. Renard : Bon alors, on prend ça ! Les enfants, vous _____ (ch) vos crêpes ?

Das kann ich jetzt!

4 Qu'est-ce que vous dites en francais ?

a) Du forderst jemanden auf, nicht zu spät zu kommen.
b) Du sagst jemandem, dass er keine Angst haben soll.
c) Du musst zweimal umsteigen.
d) Du sagst, dass du erst den Zug und dann den Bus nehmen musst.
e) Du sagst, dass du dich zurechtfinden wirst.
f) Du möchtest jetzt schlafen gehen.
g) Du sagst jemandem, dass er dir nicht auf die Nerven gehen soll.
h) Du sagst, dass du es satt hast.
i) Du fragst, wie das Wetter heute Nachmittag wird.
j) Du sagst, dass die Sonne scheint, aber dass es morgen regnen wird.
k) Du sagst, dass du kein Netz hast.

2 Récré

Die Lösungen findet ihr Seite 186.

La langue dans son contexte

Lisez le texte sur l'histoire française. Il y a des mots qui manquent. Complétez le texte en écrivant un mot pour chaque blanc (1–13) dans les cases prévues. La première réponse (0) est donnée en exemple.

Les Gaulois et les Romains

Dans l'Antiquité[1], la France s'appelle la Gaule. C'est un grand pays avec (0) ____ de peuples différents. Et chaque peuple a son petit chef, un peu comme Abraracourcix[2] dans Astérix…
Les voisins romains ont déjà des provinces en Ibérie, l'Espagne actuelle, et ne s'intéressent (1) ____ vraiment à la Gaule. Mais pour aller en Ibérie, ils doivent (2) ____ le bateau.
Ce n'est pas très pratique !

Alors il leur (3) ____ une route ! En 120 avant Jésus-Christ, les Romains commencent la Via Domitia, la première route romaine (4) ____ Gaule. Aller en Ibérie n'est alors plus un problème.
Mais ce n'est pas tout : au premier siècle avant J.-C., les premiers Romains quittent (5) ____ patrie et s'installent dans le sud de la Gaule. Ils construisent[3] des villas, des routes, des ponts, des théâtres, des arènes…
Bientôt, ils occupent presque un tiers[4] de la Gaule et ils se sentent comme (6) ____ eux !

Un jour, Jules César, général de l'armée romaine, entre en scène. Il va devenir[5] empereur et il va (7) ____ aussi le grand amour de Cléopâtre ! Pour lui, la Gaule doit aussi devenir une province romaine. Les Gaulois, bien (8) ____, ne sont pas d'accord. Un des chefs, Vercingétorix, (9) ____ : « Il faut prendre une décision. » Mais la guerre[6] (10) ____ les Romains est une catastrophe : en 52 avant J.-C., à Alésia, Vercingétorix (11) ____ déposer les armes[7] devant César.
Les (12) ____ occupent maintenant toute la Gaule, et bientôt, le latin devient la (13) ____ du pays. Par Toutatis[8], quelle histoire !

Ecrivez vos réponses ici :

0   *beaucoup*
1   _____
2   _____
3   _____
4   _____
5   _____
6   _____
7   _____
8   _____
9   _____
10 _____
11 _____
12 _____
13 _____

---

1 **l'Antiquité** (f.) die Antike • 2 **Abraracourcix** Majestix • 3 **ils construisent** sie bauen • 4 **un tiers** ein Drittel • 5 **devenir** werden • 6 **une guerre** ein Krieg • 7 **déposer les armes** (f.) die Waffen niederlegen • 8 **Par Toutatis !** Beim Teutates! *(Schutzgottheit der Gallier)*

Récré

Rock n' Gaule

Pour comprendre la BD

lire 1 Lisez la BD de Wed et expliquez les allusions *(Anspielungen)* à l'histoire des Gaulois et des Romains.

---
1 **il avait** er hatte • 2 **plus lourd** härter • 3 **il était adulé** er wurde vergöttert • 4 **un jaloux** ein Neider •
5 **il voulait** er wollte • 6 **piquer qc à qn** *(fam.)* voler qc à qn • 7 **il trouva le truc** *(fam.)* er fand den richtigen Dreh •
8 **vaincre** siegen • 9 **une minette** *(fam.)* une fille • 10 **Y'a personne ?** *(fam.)* Il n'y a personne ? • 11 **une chute** ein
Fall, ein Sturz • 12 **remonter un groupe** eine Band wieder aufbauen

A vous !

Leçon 1, Atelier A, Exercice 7, page 15

Rôle B
Alice : Salut, Célia. Tu es où ?
Célia : Je ▉ dans le bus. Tu ▉ un problème ?
Alice : Mais non, j'ai une idée ! Il y a un film avec Kev Adams. Et j'ai des places !
Célia : C'est cool ! Kev Adams, il ▉ super !

Leçon 3, Atelier B, Exercice 6, page 50

Rôle B
Lucie : Tu vas où, Maxime ?
Maxime : Je ▉ chez Yassine.
Lucie : Ah oui, vous allez ensuite au parc avec Célia et Alice, c'est ça ?
Maxime : Non, Yassine et moi, nous ▉ à l'Espace Jeunes.
Lucie : Et les filles, elles vont où ?
Maxime : Les filles ▉ au centre commercial. Mais après, on ▉ ensemble au ciné. Et toi ?
Lucie : Moi, je vais chez Zoé : on regarde un film chez elle.

Leçon 4, Atelier A, Exercice 1, page 58

Rôle B
Mme Khelif : Ah, Yassine, vous partez à quelle heure dimanche ?
Yassine : Nous ▉ vers 13h30. Enfin, je ▉ avec l'équipe, mais je ne joue pas…
Mme Khelif : Comment ça, tu pars, mais tu ne joues pas ? Mais pourquoi ?
Yassine : Ce n'est pas super à l'entraînement… Je ▉ un peu…
Mme Khelif : Jérémy dit ça ? Moi, je suis d'accord avec lui ! Yassine, tu sors trop en ce moment.
Yassine : Oh, ça va, maman… Les autres aussi ▉.
Mme Khelif : Et ils dorment aussi à l'entraînement ??? Regarde Maxime, il ne sort pas, lui !
Yassine : Bon, bon alors maintenant, je ne ▉ plus pendant la semaine, d'accord ?

Leçon 5, Atelier A, Exercice 5, page 76

Rôle B
Célia : Allô Vanessa ? C'est Célia. Dis, Alice et moi, nous voulons aller au musée Art Ludique. Tu veux peut-être aller là-bas avec nous ?
Vanessa : Qu'est-ce qu'on ▉ (p) faire au musée Art Ludique ?
Célia : En ce moment, les fans de mangas peuvent aller à une expo super : « mangas et cinéma ».
Vanessa : Ça a l'air cool ! Si je ▉ (p), je ▉ (v) bien aller au musée avec vous. Quand est-ce que vous ▉ (v) visiter l'exposition ?
Célia : Tu peux samedi ?
Vanessa : Samedi, j'ai rendez-vous avec Léo. Mais nous ▉ (p) aller au musée dimanche.
Célia : Dimanche, Alice ne peut pas. Et sans toi, nous ne pouvons pas aller à l'expo, ma mère ne veut pas.
Vanessa : Ah zut ! Ecoute, je vais parler à Léo, on ▉ (p) peut-être trouver une solution, ok ?

146 cent quarante-six

A vous !

Leçon 6, Atelier A, Exercice 10, page 94

Rôle B

Mme Verzelloni : Allô Samira ? C'est Rosaria. Dis, je dois encore aller au supermarché, il te faut quelque chose ?
Mme Charib : Qu'est-ce que tu ▭ acheter ? Les garçons ▭ aller pour moi au supermarché, si tu veux, ils peuvent aussi faire des courses pour toi.
Mme Verzelloni : Non, non, ça ne va pas : je dois encore prendre les boissons, ça va être trop pour les garçons. Vous devez préparer l'entrée, c'est ça ?
Mme Charib : Oui, les garçons et moi, nous ▭ faire des pissaladières. Et Mo ▭ faire un gâteau au chocolat.
Mme Verzelloni : Comment ça, il doit faire un gâteau ? Mais Antoine et Claire doivent faire les desserts, non ? Bizarre…

Leçon 7, Atelier A, Exercice 10, page 115

Rôle B

Maxime : Ecoute, Yassine, ce soir, je ne peux pas mettre mon t-shirt.
Yassine : Mais pourquoi ? Moi aussi, je ▭ mon t-shirt de Maître Gims !
Maxime : Mais Lucie a mis mon t-shirt dans la machine à laver. Cet après-midi, elle m'a acheté un autre t-shirt, mais ma glace est tombée dessus.
Yassine : Quoi ? Mais qu'est-ce que tu ▭ ce soir alors ?
Maxime : Je ne sais pas. Mais nous ne mettons pas nos t-shirts…
Yassine : Regarder les Victoires de la Musique sans nos t-shirts ? Ça ne va pas. Ecoute, tu ▭ un t-shirt blanc et tu écris Stromae dessus.
Maxime : Et les filles, qu'est-ce qu'elles mettent ?
Yassine : Les filles, elles ▭ toujours des fringues super !

Leçon 8, Atelier B, Exercice 8, page 137

Rôle B

Alice : Moi, j'ai une chanteuse préférée. Mais en Allemagne, vous la ne connaissez pas. C'est ZAZ…
Tim : C'est une blague ? Tout le monde ▭ ZAZ en Allemagne. On l'entend souvent à la radio ! Attends, même mes parents ▭ sa chanson « Je veux ».
Alice : Ah bon ? Incroyable, on connaît une chanteuse française en Allemagne. Parce que nous, en France, nous ne connaissons pas de chanteurs allemands.
Tim : Mais il y a plein de chanteurs super chez nous. Tu ne ▭ pas Prinz Pi ?
Alice : Non, je ne connais pas. Je peux écouter ?

A vous !

Leçon 4, Atelier A, Exercice 9, Mon corres, page 60

Nom : Bastide
Prénom : Louis
Age : 14 ans
Ville : Biarritz
Frère(s) et sœur(s) : 2 frères, 1 sœur
Langues : allemand, anglais
Sport(s) : –
Instrument(s) : batterie, guitare
Loisirs : console, vidéos sur Internet, chatter, traîner avec des copains

Nom : Petrossi
Prénom : Camille
Age : 14 ans
Ville : Grenoble
Frère(s) et sœur(s) : 2 sœurs
Langues : anglais, allemand, italien
Sport(s) : ski, randonnée, escalade, VTT
Instrument(s) : –
Loisirs : mes copines, mon chien, lire, vidéos sur Internet, chatter

Leçon 5, Atelier B, Exercice 8, Pardon, je cherche…, page 82

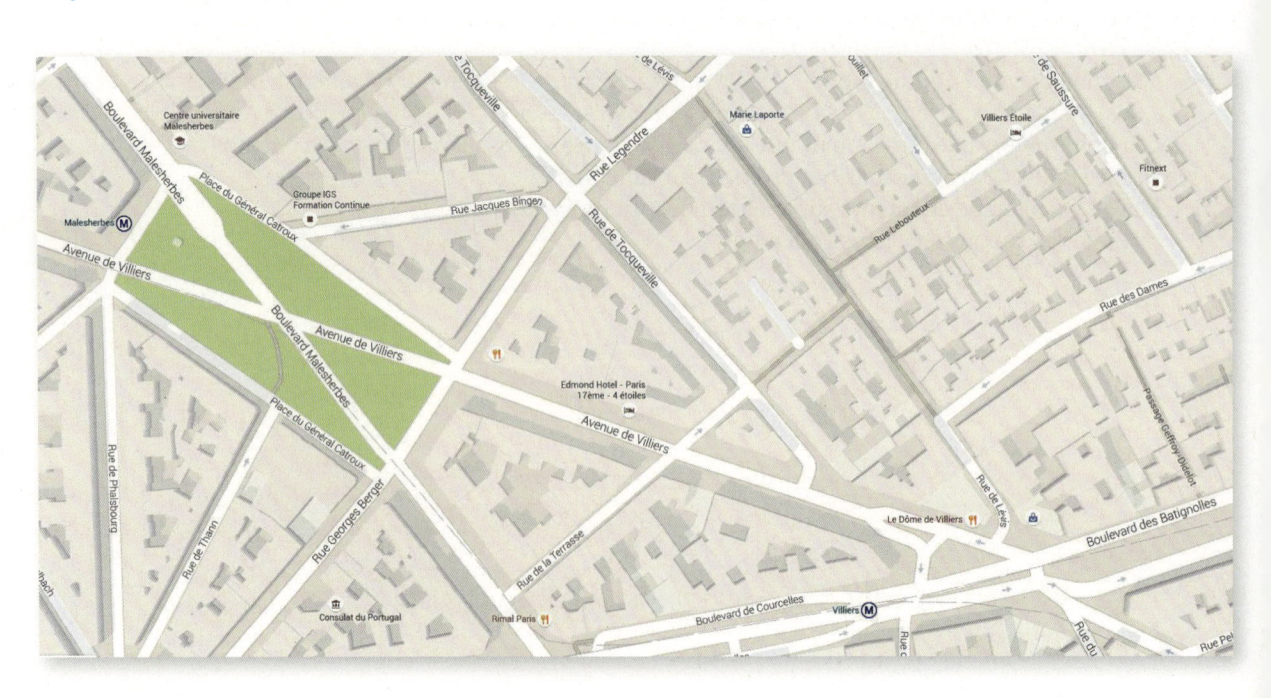

A vous !

Leçon 5, Atelier B, Exercice 13, Mon endroit préféré à Paris, page 83

Le Stade de France

C'est un très grand stade en France.
Existe depuis : 1998 (pour la Coupe du monde de football)
Adresse : Saint-Denis
Métro : Saint-Denis Porte de Paris
Nombre de spectateurs : 80 000
Sport : Accueille les matchs des équipes de France de football et de rugby
Concerts : Black Eyed Peas, Lady Gaga, Rihanna, Justin Timberlake, Beyoncé, Muse, etc.

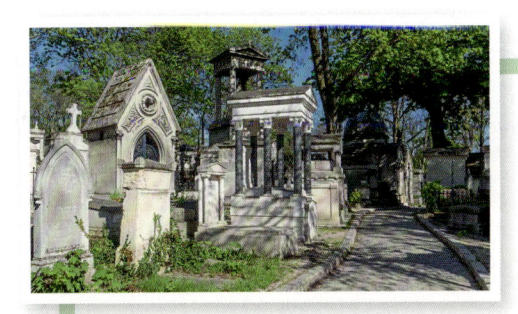

Le cimetière du Père-Lachaise

On entend parler du cimetière du Père-Lachaise dans le monde entier.
Là, on trouve les tombes des célébrités.
Adresse : 20e arrondissement
Métro : Père-Lachaise
Célébrités : Jean de La Fontaine, Molière, Frédéric Chopin, Honoré de Balzac, Marcel Proust, Oscar Wilde, Edith Piaf, Jim Morrison

La tour Eiffel

C'est une très grande tour à Paris et le symbole de la ville. On trouve des restaurants, des magasins de souvenirs, et on a une vue sur tout Paris.
Adresse : Champ de Mars, 7e arrondissement
Métro : Bir-Hakeim ou Trocadéro
Date de construction : 1889
Hauteur : 324 m
Nombre de touristes par an : 7 millions

Le jardin des Plantes

Le jardin des Plantes est un parc de 24 hectares.
Là, on trouve aussi un grand zoo.
Adresse : 5e arrondissement
Métro : Gare d'Austerlitz
Existe depuis : 1635
Nombre d'animaux : 1100
Nombre de plantes : 15 000
Nombre de visiteurs par an : 8 millions

À vous !

La Cité des sciences et de l'industrie

La Cité des sciences et de l'industrie est un « musée » sur les sciences et la technique. On trouve des expositions, une bibliothèque, un espace pour les enfants, un cinéma, un aquarium.
Adresse : 19e arrondissement
Métro : Porte de la Villette
Existe depuis : 1986
Thèmes des expositions : p.ex. les mathématiques, l'image, l'océan, l'énergie, l'automobile, les volcans, etc.

Les Champs-Elysées

L'avenue des Champs-Elysées est une grande et célèbre rue de Paris. On trouve des boutiques de luxe, des magasins de souvenirs, des restaurants, des théâtres, etc.
Adresse : 8e arrondissement
Métro : Champs-Elysées Clémenceau (p.ex.)
Longueur : 1,9km
Nombre de visiteurs : 100 millions par an (20 millions de touristes)
Evènements : arrivée du tour de France, défilé militaire du 14 juillet, fête pour le 31 décembre

Le musée d'Orsay

Le musée d'Orsay est un musée d'art, il est dans une ancienne gare, la gare d'Orsay. On trouve dans le musée des tableaux impressionnistes, par exemple de Manet, Degas, Monet, Renoir.
Il y a aussi des grandes expositions sur un ou plusieurs artistes.
Adresse : 7e arrondissement
Métro : Solférino
Existe depuis : 1986
Nombre de visiteurs : 3,5 millions par an

Le château de Versailles

Le château de Versailles est un très grand château près de Paris. Il a été le château des rois de France Louis XIV, Louis XV et Louis XVI. Il y a aussi un très grand parc de 815 hectares.
Adresse : Versailles
RER : Versailles Château Rive Gauche
Existe depuis : 1623
Nombre de pièces : 2300
Nombre de visiteurs : 4 millions par an

A vous !

Leçon 6, Atelier A, Exercice 15, Au marché, page 95

Liste de courses 1
- 6
- 500 g

Liste de courses 2
- 1 kg
- 250 g

Leçon 6, Atelier B, Exercice 4, page 97

un cousin   un marché   un boucher   un frigo   un guide
un acteur   un voleur   une cantine   un collège

Leçon 8, Atelier A, Exercice 10, Une sortie en Bretagne, page 133

Cité de la voile Eric Tabarly

Partez pour une aventure de 3 heures dans le monde de la voile !

- Apprenez comment fonctionne un bateau.
- Préparez votre aventure en mer.
- Grâce à des documentaires, apprenez à connaître les grands noms du monde de la voile.
- A l'extérieur de la Cité, montez sur les bateaux d'Eric Tabarly.

Vous trouvez dans la Cité :
- un espace consacré à Eric Tabarly
- un espace enfants
- une boutique-librairie
- un restaurant

Horaires
Vacances d'été : de 10h à 19h

Tarifs
- de 3 ans : gratuit
de 3 à 6 ans : 3€
de 7 à 17 ans : 9€
adultes : 12€
familles (2 adultes + 2 enfants ou +) : 36€

Comment y aller ?
Depuis Concarneau : 1h en voiture ou bien autocar jusqu'à Rosporden, puis TER jusqu'à la gare de Lorient, puis bus 21 jusqu'à la Cité de la voile.

A vous !

Traversée Concarneau-Beg Meil

Découvrez Concarneau et son port depuis la mer et profitez d'un moment de calme sur notre bateau Popeye 4 ! Ou bien descendez à Beg Meil et allez vous baigner !

Horaires
Départ de Concarneau (port)
Le mardi et le mercredi : 11 h et 17 h
Le vendredi : 10 h et 17 h
Le dimanche : 11 h 30

Départ de Beg Meil
Le mardi et le mercredi : 11 h 35 et 17 h 35
Le vendredi : 10 h 35 et 17 h 35
Le dimanche : 12 h 05 et 17 h 35

Tarifs
Aller-retour
- de 5 ans : 3 €
de 5 à 15 ans : 6 €
adultes : 11 €

Aller simple
adultes : 8 €
vélos : 3 €
animaux : gratuit

Infos pratiques
Vous pouvez acheter les billets dans les offices du tourisme de Concarneau et de Beg Meil ou directement sur le bateau.

Forêt Adrénaline Aventure dans les arbres

Dans un grand parc à Rennes, vous trouvez :
– 12 parcours dans les arbres
– un minigolf
– des terrains de tennis, football et rugby
– des barbecues
– des espaces de pique-nique

Les parcours
Un parcours dure de 30 à 50 minutes selon le niveau.
Deux parcours pour les + de 14 ans :
– le parcours « guépard » pour les pros
– le parcours « serpent » pour les débutants

Horaires
Ouvert tous les jours du 11 juillet au 26 août
Départs des parcours toutes les demi-heures de 10 h à 16 h 30

Tarifs pour 2 h 30 d'aventure
Pitchoun (2 à 3 ans) : 5 €
Kid (4 à 9 ans) : 11 €
Junior (10 à 13 ans) : 15 €
Adulte (14 ans et +) : 20 €

Comment y aller ?
Depuis Concarneau : 2h en voiture

Stratégies

Lire

Worterschließung (I): Wörter aus anderen Sprachen ableiten

Viele französische Wörter könnt ihr leicht erschließen, weil sie eurer Muttersprache oder einer anderen Sprache, die ihr bereits sprecht, ähnlich sind. Achtet aber auf Abweichungen, wie z. B. bei der Aussprache (un b**us**, une famille), der Schreibung (un gr**ou**pe) oder bei dem Artikel (**une** salade).

Worterschließung (II): Neue Wörter könnt ihr erschließen:

mithilfe des Deutschen oder anderer Sprachen
mit Wörtern aus der gleichen **Familie**:
un boulanger < une boulangerie
aus dem **Kontext** / aus dem **Weltwissen**:
Pour éplucher les oignons, il faut un couteau.
→ Um Zwiebeln zu schälen, braucht man ein Messer.

→ *un couteau* : ein Messer

Lesen (I): Globalverstehen

Um leichter zu verstehen, worum es in einem Text geht, gibt es einige Tipps:

1. Seht euch vor dem Lesen den **Titel** und die **Abbildungen** an. Sie geben erste Informationen zum Thema oder zum Handlungsverlauf.

2. Nach dem Lesen stellt euch die vier W-Fragen:
   Was …? *(Quoi… ?)*   **Wann …?** *(Quand… ?)*
   Wo …? *(Où… ?)*   **Wer …?** *(Qui… ?)*

Lesen (II): Scanning

Beim suchenden Lesen (scanning) seid ihr nur an bestimmten Informationen des Textes interessiert und braucht deswegen nicht jedes Detail zu verstehen.
Sucht den Text gezielt nach **Schlüsselwörtern** oder **Zahlen** ab, um die gewünschte Information zu finden. Auch **Überschriften** und **Bilder** können bei der Informationsentnahme hilfreich sein.

Lesen (III): Für Übungen wie bei der Matura

- Lest immer die einleitenden **Instruktionen**, denn diese geben euch wichtige Hinweise, wie die Aufgabe gelöst werden soll.
- Orientiert euch an den Instruktionen, am **Bild** und am **Titel**, damit ihr euch auf den Inhalt einstellen könnt.
- Ruft euch in Gedanken das zum Inhalt passende **Vokabular** ab und ratet, was der Inhalt des Textes sein könnte.
- Danach unterstreicht ihr die **Schlüsselwörter** in den Fragen und versucht, die dazugehörige Passage im Text zu finden.
- Die **Reihenfolge der Fragen** folgt immer einer gewissen Chronologie: d. h. die erste Frage ist wahrscheinlich im 1. Absatz, die letzte Frage im letzten Absatz.

Stratégies

Ecouter

Hörverstehen (I): Globalverstehen und selektives Hörverstehen

Wenn ihr einen französischen Text hört, versteht ihr nicht sofort alle Einzelheiten. Versucht beim **ersten Hören in der Klasse** herauszufinden, wer spricht und wo / in welcher Situation sich die Personen befinden. (**Globalverstehen**) Besprecht das Resultat in der Klasse.
Beim **zweiten Hören** achtet ihr auf die Einzelheiten. (**selektives Hörverstehen**)

Hörverstehen (II): Hörverstehen üben im Unterricht

Zu Übungszwecken könnt Ihr folgende Strategie verfolgen:

Vor dem Hören:

- mit der Lehrperson: Brainstorming: welche Assoziation ruft das Thema bei uns hervor?
- in Partnerarbeit: Versucht, zu spekulieren, worum es im Hörtext geht.
- Vorwissen zu Wortschatz und Inhalt aktivieren

Nach dem Hören:

- das Gehörte mündlich zusammenfassen (mit Partner/in Lücken ergänzen)
- persönliche Reaktionen auf das Gehörte beschreiben und diskutieren
- über den Verstehensprozess reflektieren; Verständnisschwierigkeiten analysieren und nach Problemlösungen suchen
- Begründungen zu Antworten geben

Während des Hörens:

1. Hören: **Globalverstehen**

- Hört euch den Text einmal an und filtert nur heraus: Wer macht was, wo, wann und warum?
- Macht euch Notizen.

2. Hören: **Detailverstehen**
Hier müsst ihr ganz gezielte Informationen heraushören. Die Fragen helfen euch dabei. Sie lenken eure Aufmerksamkeit.

Hörverstehen (III): Hörverstehen üben in Vorbereitung auf die mündliche Reifeprüfung

Vor dem Hören:

Beim Hörverstehen ist es wichtig, schon **vor dem Hören** eine Erwartungshaltung aufzubauen
Du hast immer 45 Sekunden Zeit, dir die Aufgabenstellung vor dem Hören durchzulesen: nimm einen Highlighter und unterstreiche die Schlüsselwörter.

3 Dinge helfen dir:

1) die Einleitung: der erste Satz «Vous allez entendre … » enthält den ersten Hinweis auf den Inhalt
2) das Bild
3) der Titel

Während des Hörens:

Während des **ersten Hörens** empfiehlt es sich, so viele Fragen wie möglich zu beantworten, aber auf keinen Fall nervös zu werden, wenn man die eine oder andere Frage noch nicht beantwortet hat.

Beim **zweiten Hören** solltet ihr es schaffen, die restlichen Fragen zu beantworten.

Tipp: es gibt immer ein Beispiel:

- wenn in diesem Beispiel kein Verbum ist, könnt ihr erwarten, dass vor allem Zahlen, Farben, einzelne Hauptwörter oder Adjektive als Antwort erwartet werden.
- ist in diesem Beispiel ein Verbum, solltet Ihr Euch bemühen auch ein Verbum in eure Antwort einzubeziehen.

Stratégies

Ecrire

Texte überprüfen

Macht nach dem Schreiben eine kurze Pause und lest euren Text dann genau durch.

- Ist alles enthalten, was für diese Textsorte wichtig ist?
- Erfährt man im ersten Satz, worum es geht?
- Sind die Sätze gut zu verstehen?
- Gibt es Stellen, die nicht zum Thema gehören und besser weggelassen werden?
- Gibt es unnötige Wiederholungen?
- Gibt es Fehler? Achtet auf die Fehlerquellen!

Stimmen Subjekte und Verben überein?	falsch richtig	**Les élèves écoute** la prof. **Les élèves écoutent** la prof.
	falsch richtig	Elle **nous** regard**ons**. Elle **nous** regard**e**.
Stimmen Begleiter und Nomen überein?	falsch richtig	Il a **des** problème_. Il a **des** problème**s**.
	falsch richtig	Ils présentent **leur** copains. Ils présentent **leurs** copains.
	falsch richtig	J'aime bien **cette** groupe. J'aime bien **ce** groupe.
Stimmen Nomen und Adjektive überein?	falsch richtig	**La ville** est grand_. **La ville** est grand**e**.
Stimmt das Hilfsverb beim *passé composé*?	falsch richtig	Il **est** marché longtemps. Il **a** marché longtemps.
Stimmt die Angleichung des Partizips beim *passé composé* mit *être*?	falsch richtig	Les filles sont allé_ au cinéma. Les filles sont all**ées** au cinéma.
Stimmen die Pronomen?	falsch richtig	Je veux rentrer avec **il**. Je veux rentrer avec **lui**.
Stehen die Objektpronomen an der richtigen Stelle?	falsch richtig	Elle **te** veut parler. Elle veut **te** parler.
Stimmen die Mengenangaben?	falsch richtig	Vous avez beaucoup _ copains. Vous avez beaucoup **de** copains.
Stimmt der Teilungsartikel?	falsch richtig	Je mange _ chocolat. Je mange **du** chocolat.
Stimmen Apostrophen und Akzente?	falsch richtig	L**e** endroit o**u** je pref**é**re aller… **L'**endroit **où** je pr**éfè**re aller…

Stratégies

Parler

Sprechen (I): Eine Szene lesen/vorspielen

Ihr solltet so oft wie möglich Französisch sprechen, damit ihr euch an die Aussprache gewöhnt. Eine gute Möglichkeit besteht darin, die Lehrbuchtexte mit verteilten Rollen zu **lesen**:

- Achtet auf die richtige Aussprache und sprecht laut und deutlich.
- Denkt daran, zwischen den einzelnen Sätzen Pausen zu machen.

  Noch besser ist es, wenn ihr den Text **nachspielt**.
- Überlegt euch, welcher Gesichtsausdruck und welche Gesten zu eurer Rolle passen.
- Lernt eure Rolle am besten auswendig.

Sprechen (II): Eine Präsentation vorbereiten

- Wählt zunächst geeignete **Quellen** (Internetseiten, Bücher, Zeitschriften, Interviews…) aus und verschafft euch einen **Überblick** über euer Thema.
- Da ihr nicht alle Informationen weitergeben könnt, müsst ihr auswählen. Versucht herauszufinden, was für euer Thema wichtig ist und setzt **Schwerpunkte**.
- Notiert euch, was ihr sagen wollt. Benutzt hierfür nicht ganze Sätze, sondern nur **Stichworte**. So könnt ihr frei vor der Gruppe sprechen. Ihr könnt auch einen „Spickzettel" basteln, auf dem links ganze Sätze und rechts nur Stichworte stehen. Diesen Spickzettel könnt ihr beim Vortrag aufklappen, falls ihr nicht weiterwisst.
- Elegant sind sogenannte „**Cue Cards**". Auf der einen Seite stehen eure Stichworte, auf der dem Publikum zugewandten Seite steht enweder ganz groß der Titel eures Vortrags oder ein Bild (diese Karten benutzen auch die Ansager der *Zeit im Bild*)
- Sprecht langsam und deutlich. Haltet **Blickkontakt** mit eurem Publikum! Übt euren Vortrag vorher zu Hause mit lauter Stimme.
- Ihr könnt euren Vortrag auch mit Fotos, Plakaten oder zum Thema passenden Gegenständen anschaulich gestalten.
- Verwendet technische Hilfsmittel: Heutzutage gehören zu jeder Präsentation entweder **Powerpoint- oder Prezi-Folien**. Diese Folien dienen auch gleichzeitig als Spickzettel.

Sprechen (III): Ein Bild beschreiben

- Trefft zuerst ganz **allgemeine Aussagen** über die Szene.
  > Sur la photo, il y a… / La photo montre…
- Beschreibt dann die Personen / Gegenstände im **Vordergrund** bzw. in der Mitte des Bildes.
  > Au premier plan / Au milieu (de la photo), il y a…
- Erzählt danach, was sich um die zentralen Personen / Gegenstände herum befindet.
  > A côté de…, / A gauche de…, on voit… / A droite de…,
- Konzentriert euch am Ende auf den **Hintergrund**.
  > A l'arrière-plan, il y a…

Vocabulaire

Lautzeichen

Vokale

- [a] m**a**d**a**me; wie das deutsche *a*.
- [e] caf**é**, mang**er**, regard**ez**; geschlossenes *e*, etwa wie in *geben*.
- [ɛ] il f**ai**t, il m**e**t, il **e**st, m**e**rci; offenes *ä*, etwa wie in *Ärger*.
- [i] **i**l, qu**i**che; geschlossener als das deutsche *i*, Lippen stark spreizen.
- [ɔ] l'éc**o**le, al**o**rs; offenes *o*, offener als in *Loch*.
- [ø] d**eu**x, m**o**ns**ieu**r; geschlossenes *ö*, etwa wie in *böse*.
- [o] ph**o**to, all**ô**; geschlossenes *o*, wie in *Rose*.
- [œ] s**œu**r, n**eu**f, h**eu**re; offenes *ö*, bei kurzem Vokal etwa wie in *Röcke*.
- [ə] l**e**, d**e**main; der Laut liegt zwischen [œ] und [ø], näher bei [œ].
- [u] **où**; geschlossenes *u*, etwa wie in *Ufer*.
- [y] t**u**, r**ue**; ähnlich dem deutschen *ü* in *Tüte*.

Konsonanten

- [f] **f**rère; wie das deutsche *f* in *falsch*.
- [v] de**v**ant; wie das deutsche *w* in *werden*.
- [s] **s**œur, **c**'est, **ç**a, re**s**ter, invita**ti**on; stimmloses *s*, wie in *Los*; als Anlaut vor Vokal ist *s* immer stimmlos.
- [z] phra**s**e, mai**s**on, il**s** arrivent, **z**éro; stimmhaftes *s*, wie in *Esel*; zwischen zwei Vokalen ist *s* stimmhaft.
- [ʒ] **j**e, bon**j**our, **b**ei**g**e; wie *j* in *Journalist*.
- [ʃ] je **ch**erche; stimmloses *sch*, wie in *schön*.
- [ɲ] monta**gn**e; etwa wie in *Kognak*.
- [ŋ] in Wörtern aus dem Englischen, z. B. pi**ng**-pong
- [ʀ] **r**ega**r**de**r**; Zäpfchen-Reibelaut; wird auch am Wortende und vor Konsonanten deutlich ausgesprochen.

Die nicht erwähnten Konsonanten sind den deutschen sehr ähnlich. Bei [p], [b], [t], [d], [k], [g] ist jedoch darauf zu achten, dass sie ohne „Hauchlaut" gesprochen werden.

Nasalvokale

- [ɛ̃] **un** ch**ien**, cop**ain**; nasales [ɛ]
- [õ] **on**, s**on**t, n**om**; nasales [o]
- [ã] d**ans**, je pr**ends**; nasales [a]

Die Nasalvokale haben im Deutschen keine Entsprechungen.
Beachte: un, lundi: Neben [ɛ̃] hört man in Frankreich auch [œ̃] = nasales [œ].

Halbkonsonanten

- [j] quart**i**er; weicher als das deutsche *j* in *ja*.
- [w] o**u**i, t**o**i; flüchtiger [u]-Laut, gehört zum folgenden Vokal.
- [ɥ] c**u**isine, je s**u**is, h**u**it; flüchtiger [y]-Laut, gehört zum folgenden Vokal.

Das Alphabet, das Buchstabieren und die Zeichensetzung

A	[a]	D	[de]	G	[ʒe]	J	[ʒi]	M	[ɛm]	P	[pe]	S	[ɛs]	V	[ve]	Y	[igʀɛk]
B	[be]	E	[ə]	H	[aʃ]	K	[ka]	N	[ɛn]	Q	[ky]	T	[te]	W	[dubləve]	Z	[zɛd]
C	[se]	F	[ɛf]	I	[i]	L	[ɛl]	O	[o]	R	[ɛʀ]	U	[y]	X	[iks]		

Jetzt kannst du auf Französisch buchstabieren! Versuch es mal mit deinem Namen!

.	le point	der Punkt	,	la virgule	das Komma
?	le point d'interrogation	das Fragezeichen	:	les deux points	der Doppelpunkt
!	le point d'exclamation	das Ausrufezeichen	« »	les guillemets [legijmɛ]	die Anführungszeichen

rue Truffaut	s'écrit	en deux mots.	arriver	s'écrit	avec **deux 'r'**.
rue	s'écrit	avec **une minuscule**.	café	s'écrit	avec **'e' accent aigu**.
Truffaut	s'écrit	avec **une majuscule**.	très	s'écrit	avec **'e' accent grave**.
grand-mère	s'écrit	avec **un trait d'union**.	allô	s'écrit	avec **'o' accent circonflexe**.
l'histoire	s'écrit	avec **l'apostrophe**.	ça	s'écrit	avec **'c' cédille**.

Nun kannst du auf Französisch sagen, wie ein Wort geschrieben wird!

Symbole und Abkürzungen

=	Bedeutet … / Ist gleich …	∞	Wortfamilie
⇔	Ist das Gegenteil von …	m.	maskulin
(E)	Englisch	f.	feminin
(D)	Deutsch	pl.	Plural
(F)	Französisch	sg.	Singular
(L)	Latein	qc	quelque chose *(etwas)*
(I)	Italienisch	qn	quelqu'un *(jemand)*

Vocabulaire

Leçon 1

TIPP un oder une? Lerne die Nomen immer mit ihren Begleitern! Du kannst die maskulinen Nomen blau, die femininen Nomen rot aufschreiben oder markieren.

Entrée

une entrée [ynɑ̃tʀe]	ein Eingang
et [e]	und
Salut! (fam.) [saly]	Hallo!; Servus!

Mit „Salut!" begrüßen und verabschieden sich Freunde untereinander. Dabei ist ein angedeuteter Kuss („une bise" [ynbiz]) auf beide Wangen üblich.

Ça va? [sava]	Wie geht's?

Der kleine Haken unter dem Buchstaben c heißt cédille [sedij] und sagt dir, dass das «ç» als [s] gesprochen wird.

bien (adv.) [bjɛ̃]	gut
merci [mɛʀsi]	danke
Et toi? [etwa]	Und du?
– Et toi, ça va? – Oui, ça va bien, merci.	
super (inv.) [sypɛʀ]	super; toll
Achte auf die Betonung: (F) super (D) super	
A plus! (fam.) [aplys]	Bis später!
Bonjour! [bɔ̃ʒuʀ]	Guten Tag!

Mit „Bonjour (madame/monsieur)!" begrüßt man Erwachsene oder Personen, die man nicht so gut kennt.

je m'appelle [ʒəmapɛl]	ich heiße
– Bonjour! Je m'appelle Alice. (L) appellare	
moi [mwa]	ich (betont)
Moi, c'est... [mwasɛ]	Ich bin ...
Moi, c'est Maxime.	
Au revoir! [ɔʀvwaʀ]	Auf Wiedersehen!
⇔ Bonjour.	

Von Erwachsenen oder Personen, die man nicht so gut kennt, verabschiedet man sich mit „Au revoir (madame/monsieur)!"

oui [wi]	ja

Atelier A

Bienvenue! [bjɛ̃v(ə)ny]	Willkommen!
Bienvenue à Paris!	
en [ɑ̃]	in
Bienvenue en France!	
une adresse [ynadʀɛs]	eine Adresse
une banane [ynbanan]	eine Banane
un bonbon [ɛ̃bɔ̃bɔ̃]	ein Bonbon
un bus [ɛ̃bys]	ein Bus
un café [ɛ̃kafe]	ein Kaffee; ein Café
un croissant [ɛ̃kʀwasɑ̃]	ein Croissant
une famille [ynfamij]	eine Familie
un film [ɛ̃film]	ein Film
un groupe [ɛ̃gʀup]	eine Gruppe; eine Band
(F) un groupe (D) eine Gruppe	
une guitare [yngitaʀ]	eine Gitarre
guitare	
un numéro [ɛ̃nymeʀo]	eine Nummer
une orange [ynɔʀɑ̃ʒ]	eine Orange
un parc [ɛ̃paʀk]	ein Park
(F) parc (D) Park (E) park	
un pull (fam.) [ɛ̃pyl]	ein Pulli (ugs.)
une salade [ynsalad]	ein Salat
(F) une salade (D) ein Salat	
une tomate [yntɔmat]	eine Tomate
Qu'est-ce que c'est? [kɛskəsɛ]	Was ist das?
c'est... [sɛ]	das ist ...
– Qu'est-ce que c'est? – C'est une banane.	
un sac [ɛ̃sak]	eine Tasche
être dans la lune [ɛtʀdɑ̃lalyn]	zerstreut sein
– Je suis parfois dans la lune. – Pourquoi?	
de/d' [də]	von
être [ɛtʀ]	sein
être : je suis, tu es, il/elle/on est	
là [la]	da; hier
Le sac de Maxime est là.	
Pardon. [paʀdɔ̃]	Entschuldigung.
Pardon madame. (E) pardon	
monsieur... [məsjø]	Herr ...
pour [puʀ]	für
un cours [ɛ̃kuʀ]	ein Kurs; eine Unterrichtsstunde
(E) course	
un cours de guitare [ɛ̃kuʀdəgitaʀ]	ein Gitarrenkurs
Le cours de guitare avec Samira est super.	
alors [alɔʀ]	also
le mercredi [ləmɛʀkʀədi]	mittwochs
mercredi (ohne Artikel): am Mittwoch	
le mercredi (mit bestimmtem Artikel): mittwochs	
il y a [ilja]	es gibt
avec [avɛk]	mit
le samedi [samdi]	samstags
Le samedi, il y a un cours avec monsieur Legrand.	
cool (fam.) [kul]	cool (ugs.)
C'est cool.	
aussi [osi]	auch
d'accord! [dakɔʀ]	einverstanden; o.k.
– Je suis d'accord. Toi aussi?	
euh... [ø]	äh ...
encore [ɑ̃kɔʀ]	noch
une place [ynplas]	ein Platz
Il y a encore une place pour le cours de guitare.	
Comment? [kɔmɑ̃]	Wie? (Fragewort)
Tu t'appelles comment? [tytapɛlkɔmɑ̃]	Wie heißt du?
C'est bon. [sɛbɔ̃]	Das ist o.k.
dix [dis]	zehn
une minute [ynminyt]	eine Minute
plus tard [plytaʀ]	später
une maison [ynmɛzɔ̃]	ein Haus
à la maison [alamɛzɔ̃]	zu Hause; nach Hause
Maxime est à la maison.	
avoir [avwaʀ]	haben
avoir : j'ai [ʒe], tu as [tya], il a [ila], elle a [ɛla], on a [ɔ̃na]	
un problème [ɛ̃pʀɔblɛm]	ein Problem
Tu as un problème?	
Tiens! [tjɛ̃]	Schau mal!; Na, sowas!
dans [dɑ̃]	in
un porte-monnaie/des porte-monnaies [ɛ̃pɔʀtmɔnɛ/depɔʀtmɔnɛ]	eine Geldbörse; eine Brieftasche
Dans le sac de Maxime, il y a un porte-monnaie.	

Vocabulaire

un **nom** [œ̃nɔ̃] (L) nomen	ein Name
l'**âge** (m.) [laʒ] (E) age	das Alter
Tu as quel âge? [tyakɛlaʒ]	Wie alt bist du?
un **an** [œ̃nɑ̃] (L) annus	ein Jahr
J'ai 14 ans. [ʒekatɔrzɑ̃] (F) J'ai 14 ans. (D) Ich bin 14 Jahre alt.	Ich bin 14 Jahre alt.
un **anniversaire** [œ̃nanivɛrsɛr] (L) anniversarius	ein Geburtstag
septembre (m.) [sɛptɑ̃br]	September
le 19 septembre [lədiznœfsɛptɑ̃br]	am 19. September
mais [mɛ]	aber
bientôt [bjɛ̃to] C'est bientôt l'anniversaire de Maxime.	bald
où [u]	wo
Tu habites où? [tyabitu] (L) habitare	Wo wohnst du?
J'habite… [ʒabit]	Ich wohne …
une **rue** [ynry] J'habite (dans la) rue Truffaut.	eine Straße
Wenn man eine Adresse auf Französisch schreibt, kommt erst die Hausnummer und dann der Straßenname: 31 rue de Lévis, 75017 Paris.	
une **boulangerie** [ynbulɑ̃ʒri] Dans la rue Truffaut, il y a une boulangerie.	eine Bäckerei
un **portable** [œ̃pɔrtabl]	ein Handy; ein Mobiltelefon
un **numéro de portable** [œ̃nymerodəpɔrtabl] Tu as le numéro de portable de Maxime?	eine Handynummer
In Frankreich fangen Handynummern immer mit „06" oder „07" an. Festnetznummern beginnen je nach Region mit „01", „02" etc.	
une **idée** [ynide] (E) idea	eine Idee
madame… [madam]	Frau …
*Schreibe **madame** und **monsieur** immer klein, außer in den Abkürzungen **Mme** und **M.** und in der schriftlichen Anrede (z.B. in einem Brief).*	
mademoiselle… [madmwazɛl]	Anrede für eine junge Frau
non [nɔ̃]	nein
une **question** [ynkɛstjɔ̃] J'ai une question. (E) question	eine Frage
de… à [də… a]	von … bis
à [a] J'habite à Paris.	in

Atelier B

une **histoire** [ynistwar]	eine Geschichte
Quelle histoire! [kɛlistwar]	Was für eine Geschichte!
mon/ma/mes [mɔ̃/ma/me] Où est ma guitare?	mein/meine
Allô? [alo]	Hallo? (am Telefon)
In Frankreich meldet man sich am Telefon nicht mit seinem Namen, sondern mit „Allô?".	
ton/ta/tes [tɔ̃/ta/te]	dein/deine
les **affaires** (f., pl.) [lezafɛr]	die Sachen
un **rendez-vous** [œ̃rɑ̃devu] Rendez-vous dans la boulangerie Mercier?	eine Verabredung; ein Treffen
un **père** [œ̃pɛr] Mon père est d'accord.	ein Vater
Quoi? [kwa]	Was?
qui [ki]	wer
C'est qui? [sɛki] – C'est qui? – C'est mon père.	Wer ist das?
être [ɛtr]	sein
être : je **suis**, tu **es**, il/elle/on **est**, nous **sommes**, vous **êtes**, ils/elles **sont**	
avoir rendez-vous avec qn [avwarrɑ̃devu] Dimanche, j'ai rendez-vous avec ma copine Lucie.	eine Verabredung mit jdm. haben; sich mit jdm. treffen
ce sont [səsɔ̃] Ce sont les bonbons de Yassine.	das sind
son/sa/ses [sɔ̃/sa/se]	sein/seine
pourquoi [purkwa]	warum
parfois [parfwa]	manchmal
…, non? [nɔ̃]	…, nicht wahr?; … oder?
un **fils** [œ̃fis] (L) filius	ein Sohn
toujours [tuʒur]	immer
un **copain**/une **copine** (fam.) [œ̃kɔpɛ̃/ynkɔpin] C'est Léa, ma copine.	ein Freund/eine Freundin
voilà [vwala] Voilà tes affaires.	da ist; da sind
attends… [atɑ̃]	warte …
un **chien** [œ̃ʃjɛ̃] Dans ma famille, nous avons un chien.	ein Hund
il s'appelle [ilsapɛl]	er heißt
avoir [avwar] Achte auf die Aussprache: ils ont [ilzɔ̃], aber: ils sont [ilsɔ̃]	haben
avoir : j'**ai** [ʒe], tu **as** [tya], il **a** [ila], elle **a** [ɛla], on **a** [ɔ̃na], nous **avons** [nuzavɔ̃], vous **avez** [vuzave], ils **ont** [ilzɔ̃], elles **ont** [ɛlzɔ̃]	
le hip-hop [ləipɔp]	der Hip-Hop
*Das **h** in **hip-hop** ist ein **h aspiré** (behauchtes h), darum wird bei bestimmtem Artikel «le hip-hop» [ləipɔp] geschrieben bzw. gesprochen.*	
une **guitare électrique** [yngitarelɛktrik]	eine E-Gitarre
le rock [lərɔk] Le rock est super!	die Rockmusik
la **musique** [lamyzik] (E) music	die Musik
ensemble [ɑ̃sɑ̃bl]	gemeinsam; zusammen
sympa (fam.) [sɛ̃pa]	nett
une **surprise** [ynsyrpriz] J'ai une surprise pour toi. (E) surprise	eine Überraschung
ça [sa] Ça, c'est ma surprise! Kurzform von «cela»	das
une **tarte** [yntart]	ein Kuchen (nicht „Torte")
le chocolat [ləʃɔkɔla]	die Schokolade
une **tarte au chocolat** [yntartoʃɔkɔla] La tarte au chocolat de mon père est super!	ein Schokoladenkuchen
une **spécialité** [ynspesjalite]	eine Spezialität; eine Besonderheit
un **prof**/une **prof** (fam.) [œ̃prɔf/ynprɔf] un professeur/une professeure	ein Lehrer/eine Lehrerin
une **fille** [ynfij]	ein Mädchen
un **téléphone** [œ̃telefɔn]	ein Telefon
mars (m.) [mars]	März
mai (m.) [mɛ]	Mai

Vocabulaire

Les jours de la semaine Montag, Dienstag, Mittwoch …

lundi mardi mercredi jeudi vendredi samedi dimanche

Aujourd'hui, c'est mercredi. Demain, c'est jeudi.
Heute ist Mittwoch. Morgen ist Donnerstag.

Die Wochentage sind im Französischen alle **männlich**:
le jeudi, le mardi …
Achtung! lundi: Montag, am Montag
le lundi: montags

Les mois de l'année Von Januar bis Dezember

janvier [ʒɑ̃vje]	Januar	**juillet** [ʒɥijɛ]	Juli
février [fevʀije]	Februar	**août** [ut]	August
mars [maʀs]	März	**septembre** [sɛptɑ̃bʀ]	September
avril [avʀil]	April	**octobre** [ɔktɔbʀ]	Oktober
mai [mɛ]	Mai	**novembre** [nɔvɑ̃bʀ]	November
juin [ʒɥɛ̃]	Juni	**décembre** [desɑ̃bʀ]	Dezember

On compte Wir zählen

0	zéro [zeʀo]	8	huit [ɥit]	16	seize [sɛz]	24	vingt-quatre [vɛ̃tkatʀ]
1	un [ɛ̃]	9	neuf [nœf]	17	dix-sept [disɛt]	25	vingt-cinq [vɛ̃tsɛ̃k]
2	deux [dø]	10	dix [dis]	18	dix-huit [dizɥit]	26	vingt-six [vɛ̃tsis]
3	trois [tʀwa]	11	onze [ɔ̃z]	19	dix-neuf [diznœf]	27	vingt-sept [vɛ̃tsɛt]
4	quatre [katʀ]	12	douze [duz]	20	vingt [vɛ̃]	28	vingt-huit [vɛ̃tɥit]
5	cinq [sɛ̃k]	13	treize [tʀɛz]	21	vingt-**et**-un [vɛ̃teɛ̃]	29	vingt-neuf [vɛ̃tnœf]
6	six [sis]	14	quatorze [katɔʀz]	22	vingt-deux [vɛ̃tdø]	30	trente [tʀɑ̃t]
7	sept [sɛt]	15	quinze [kɛ̃z]	23	vingt-trois [vɛ̃ttʀwa]	31	trente-**et**-un [tʀɑ̃teɛ̃]

il y a - être

il y a	être
Dans la rue de Lévis, **il y a** une boulangerie. **Il y a** un chien dans le parc.	La boulangerie Mercier **est** dans la rue de Lévis. Le chien de Maxime **est** dans le parc.
↓	↓
Was oder wer befindet sich an einem Ort?	**Wo** befindet sich etwas oder jemand?

160 cent soixante

Vocabulaire

MON DICO PERSONNEL

A l'école

un **stylo** [ɛ̃stilo] ein Kugelschreiber

un **cahier** [ɛ̃kaje] ein Heft

une **règle** [ynrɛgl] ein Lineal

un **crayon** [ɛ̃krɛjɔ̃] ein Bleistift

une **gomme** [yngɔm] ein Radiergummi

un **effaceur** [ɛ̃nefasœr] ein Tintenkiller

une **trousse** [yntrus] ein Mäppchen

un **livre** [ɛ̃livr] ein Buch

un **lecteur MP3** [ɛ̃lɛktœrɛmpetrwa] ein MP3-Player

le cartable/ le sac à dos

une **clé** [ynkle] ein Schlüssel

une **calculatrice** [ynkalkylatris] ein Taschenrechner

MON DICO PERSONNEL

Mon chien, mon chat...

un chien [ɛ̃ʃjɛ̃]   un hamster [ɛ̃amstɛr]   une perruche [ynpɛryʃ]   un serpent [ɛ̃sɛrpɑ̃]

un chat [ɛ̃ʃa]   un cochon d'Inde [ɛ̃kɔʃɔ̃dɛ̃d]   un lapin [ɛ̃lapɛ̃]   un poisson [ɛ̃pwasɔ̃]

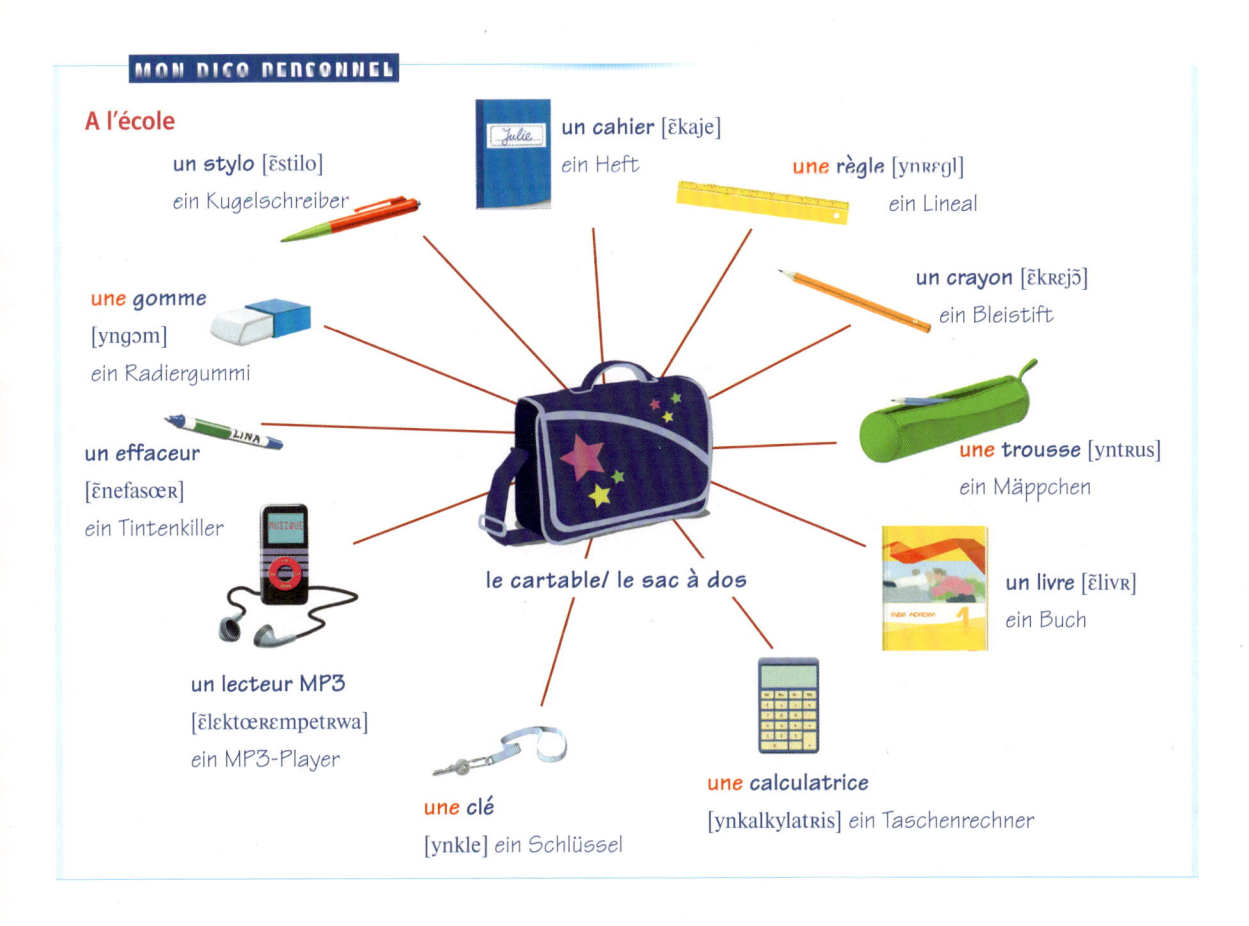

MON DICO PERSONNEL

Ma musique

le hip-hop [ləipɔp]	le rock [lərɔk]	le rap [lərap]
le R&B [ləarɛnbi]	le punk [ləpœnk]	la techno [latɛkno]
le pop [ləpɔp]	le heavy metal [ləvimetal]	le jazz [lədʒaz]

cent soixante et un **161**

Vocabulaire

Leçon 2

> **TIPP** Lernt Vokabeln **mündlich** und **schriftlich**: **Sprecht** alle Vokabeln laut aus und **schreibt** sie auf. Zwei Kanäle sind zwei Lernchancen!

Entrée

chez [ʃe]	bei
un quartier [ɛ̃kaʀtje]	ein (Stadt-)Viertel
Les Batignolles, c'est mon quartier.	
[kaʀtje] Achte auf die Aussprache!	
un endroit préféré [ɛ̃nɑ̃dʀwapʀefeʀe]	ein Lieblingsort
La boulangerie Mercier, c'est mon endroit préféré.	
après [apʀɛ]	nach; danach
le skate [ləskɛt]	das Skateboardfahren; das Skateboard
Le skate, c'est cool!	
ou [u]	oder
Gleiche Aussprache: *ou* = «oder», *où* = «wo»	
ou bien [ubjɛ̃]	oder auch
un centre commercial [ɛ̃sɑ̃tʀ(ə)kɔmɛʀsjal]	ein Einkaufszentrum
Dans notre quartier, il y a un centre commercial.	
un magasin [ɛ̃magazɛ̃]	ein Geschäft
Mon père a un magasin.	
un cinéma *(fam.: un ciné)* [ɛ̃sinema]	ein Kino
(E) cinema	
souvent [suvɑ̃]	oft
un restaurant [ɛ̃ʀɛstɔʀɑ̃]	ein Restaurant
Dans la rue Truffaut, il y a un restaurant.	
C'est chez moi. [sɛʃemwa]	Das ist mein Zuhause.; Da wohne ich.
entrer [ɑ̃tʀe]	eintreten; hereinkommen
un lit [ɛ̃li]	ein Bett
une armoire [ynaʀmwaʀ]	ein Schrank; ein Kasten
un bureau [ɛ̃byʀo]	hier: ein Schreibtisch
Dans la chambre de Maxime et Enzo, il y a deux lits, deux armoires et deux bureaux.	
habiter [abite]	wohnen
J'habite à Paris.	
(L) habitare	
un appartement [ɛ̃napaʀtəmɑ̃]	eine Wohnung
Voilà mon appartement. On entre?	
(F) appartement (E) apartment	
une pièce [ynpjɛs]	ein Zimmer
La famille Mercier habite dans un appartement de quatre pièces.	
une chambre [ynʃɑ̃bʀ]	ein Schlafzimmer

Das allgemeine Wort für „Zimmer" ist **une pièce**. In einer „chambre" steht immer ein Bett.

un enfant [ɛ̃nɑ̃fɑ̃]	ein Kind
J'ai deux enfants. Achte auf die Bindung: deux_enfants [døzɑ̃fɑ̃] (L) infans	
une salle de bains [ynsaldəbɛ̃]	ein Badezimmer

Nomen, die auf «**-eau**» enden bilden den Plural mit «**-x**»: un bureau – des bureau**x**

les toilettes *(f., pl.)* [letwalɛt]	die Toilette
Où sont les toilettes, s'il vous plaît? Achtung: immer Plural	
un salon [ɛ̃salɔ̃]	ein Wohnzimmer
Célia est dans le salon.	
les parents *(m., pl.)* [lepaʀɑ̃]	die Eltern
C'est la chambre de mes parents. (E) parents (L) parentes	
une cuisine [ynkɥizin]	eine Küche

Atelier A

un matin [ɛ̃matɛ̃]	ein Morgen
chercher qn/qc [ʃɛʀʃe]	jdn./etw. suchen
Je cherche mon portable.	
quelque chose [kɛlkəʃoz]	etwas
Abkürzung: qc	
travailler [tʀavaje]	arbeiten
Maxime et moi, on travaille pour l'école. **On** bedeutet «man», in der Umgangssprache auch «wir».	
aujourd'hui [oʒuʀdɥi]	heute
Aujourd'hui, j'ai rendez-vous avec Alice.	
une commande [ynkɔmɑ̃d]	eine Bestellung
J'ai une commande pour monsieur Mercier.	
une sœur [ynsœʀ]	eine Schwester
Lucie est la sœur de Maxime.	
saouler *(fam.)* [sule]	nerven *(ugs.)*
Tu saoules!	
des lunettes *(f., pl.)* [delynɛt]	eine Brille
Mon père cherche toujours ses lunettes. (F) des lunettes (D) eine Brille	
arrêter [aʀɛte]	aufhören
une mère [ynmɛʀ]	eine Mutter
arriver [aʀive]	kommen; ankommen
Lucie arrive. (E) to arrive	
Est-ce que…? [ɛskə]	*Frageformel*
Est-ce que vous avez des enfants?	
On y va! [ɔ̃niva]	Gehen wir!; Auf geht's!
tout [tu]	alles
Vous avez tout?	
un frère [ɛ̃fʀɛʀ]	ein Bruder
✿ une famille, les parents, une mère, un père, un enfant, une sœur	
Je ne sais pas. [ʒən(ə)sepa]	Keine Ahnung.; Ich weiß (es) nicht.
Zut! *(fam.)* [zyt]	Mist! *(ugs.)*
sur [syʀ]	auf; über
– Où est mon portable? – Sur la table.	
un garçon [ɛ̃gaʀsɔ̃]	ein Junge; ein Bub
Maxime est un garçon sympa.	
être en retard [ɛtʀɑ̃ʀətaʀ]	zu spät kommen; spät dran sein
Je suis en retard. Pardon.	
Qu'est-ce que…? [kɛskə]	Was …?
Qu'est-ce que vous cherchez?	
maman *(f.)* [mamɑ̃]	Mama; Mutti
regarder qc [ʀəgaʀde]	etw. betrachten; etw. ansehen; etw. anschauen
Yassine regarde un film avec Célia.	
sous [su]	unter
trouver qc [tʀuve]	etw. finden
Dans un centre commercial, on trouve tout.	
une clé [ynkle]	ein Schlüssel
Où sont mes clés?	
rigoler *(fam.)* [ʀigɔle]	lachen
Les enfants rigolent.	

Vocabulaire

une **photo** [ynfɔto]		ein Foto
Sur la photo, il y a Maxime et son chien.		
une photo (D) ein Foto		
un **mouton** [ɛ̃mutɔ̃]		ein Schaf
compter qc [kɔ̃te]		etw. zählen
Das «p» in compter spricht man nicht.		
compter les moutons [kɔ̃temutɔ̃]		Schäfchen zählen
plus [plys]		plus
Ça fait ... [safɛ]		Das macht ...
21 plus 32, ça fait 53.		
ils s'appellent [ilsapɛl]		sie heißen

Atelier B

une **partie** [ynparti]		eine Partie; ein Spiel
le **ping-pong** [ləpiŋpɔ̃g]		(das) Tischtennis
présenter qn/qc à qn [prezɑ̃te]		jdm. etw./jdn. vorstellen
Célia présente Alice à ses copains.		
une **classe** [ynklas]		eine Klasse; ein Klassenzimmer
Tu es dans la classe de Maxime?		
de/d' [də]		aus
Alice est de Marseille.		
faire qc [fɛʁ]		etw. machen
Tu fais une partie de ping-pong avec nous?		
faire : je **fais**, tu **fais**, il/elle/on **fait**, nous **faisons**, vous **faites**, ils/elles **font**		
votre/vos [vɔtʁ/vo]		euer/eure; Ihr/Ihre
Il est comment, votre prof d'anglais?		
avoir de la chance [avwaʁdəlaʃɑ̃s]		Glück haben
Tu as de la chance : ton prof est super !		
notre/nos [nɔtʁ/no]		unser/unsere
Nos parents travaillent.		
(L) noster		
sauf [sof]		außer
Les copains sont là, sauf Maxime.		
un/une **prof d'anglais** [ɛ̃/ynprɔfdɑ̃glɛ]		ein Englischlehrer/eine Englischlehrerin
grave [gʁav]		schlimm; daneben (ugs.)
C'est grave.		
avec nous [avɛknu]		mit uns
donner qc à qn [dɔne]		jdm. etw. geben
Maxime donne une banane à son frère.		
une **balle** [ynbal]		ein (kleiner) Ball

balle: Tischtennis, Golf, Tennis
ballon: Fußball, Volleyball, Handball

terminer qc [tɛʁmine]		etw. beenden; etw. fertigstellen
On termine notre partie?		
(E) to terminate		
leur/leurs [lœʁ/lœʁ]		ihr/ihre
Voilà monsieur et madame Mercier avec leurs enfants et leur chien.		
une **fille** [ynfij]		eine Tochter
(L) filia		
maintenant [mɛ̃tnɑ̃]		jetzt
On y va maintenant?		
aimer qn/qc [eme]		jdn./etw. lieben; jdn./etw. mögen
J'aime mon quartier.		
adorer qn/qc [adɔʁe]		jdn./etw. sehr gerne mögen; jdn./etw. lieben
Célia adore le hip-hop.		
(E) to adore		
trop (fam.) [tʁo]		voll (ugs.)
C'est trop cool.		

Mit *trop* kann man in der Umgangssprache die Bedeutung eines Adjektivs verstärken: *Elle est trop cool.*

quitter qn/qc [kite]		jdn./etw. verlassen
⇔ arriver		
raconter qc à qn [ʁakɔ̃te]		jdm. etw. erzählen
une **blague** [ynblag]		ein Scherz; ein Witz
Je raconte une blague à mon frère.		
faire la tête (fam.) [fɛʁlatɛt]		schmollen; sauer sein (ugs.)
Tu fais la tête? Pourquoi ?		
triste [tʁist]		traurig
Tu es triste?		
penser à qn/qc [pɑ̃se]		an jdn./etw. denken
Tu penses à tes copains?		
rentrer [ʁɑ̃tʁe]		zurückkommen; nach Hause gehen
On rentre à la maison?		
discuter [diskyte]		diskutieren; sich unterhalten
(E) to discuss		
montrer qc à qn [mɔ̃tʁe]		jdm. etw. zeigen
On montre notre collège à Alice.		
(L) monstrare		
une **chasse au trésor** [ynʃasotʁezɔʁ]		eine Schnitzeljagd
[s] [z]		
détester qc [detɛste]		etw. (überhaupt) nicht mögen; etw. hassen
⇔ adorer		
(E) to detest		
en français [ɑ̃fʁɑ̃sɛ]		auf Französisch

Coin lecture

une **table** [yntabl]		ein Tisch
(E) table		
une **enveloppe** [ynɑ̃vlɔp]		ein Umschlag; ein Briefumschlag
Sur la table, il y a une enveloppe.		
(F) enveloppe (E) envelope		
une **dame** [yndam]		eine Dame; eine Frau
une **bibliothèque** [ynbiblijɔtɛk]		eine Bibliothek; eine Bücherei
(F) bibliothèque (D) Bibliothek		
un **kiosque** [ɛ̃kjɔsk]		ein Kiosk
(F) kiosque (D) Kiosk		
un **message** [ɛ̃mesaʒ]		eine Nachricht
J'ai un message pour Alice.		
(E) message		
une **solution** [ynsɔlysjɔ̃]		eine Lösung
(E) solution		
un **papier** [ɛ̃papje]		Papier
à mon avis [amɔ̃navi]		meiner Meinung nach
A mon avis, c'est une idée super.		
une **gare** [yngaʁ]		ein Bahnhof
Bravo! [bʁavo]		Bravo!
– J'ai la solution. – Bravo!		
un **livre** [ɛ̃livʁ]		ein Buch
Je cherche un livre à la bibliothèque.		
(L) liber		
une/des **BD** (= une bande dessinée) [yn/debede (ynbɑ̃ddesine)]		ein Comic/Comics
J'adore les BD.		
devant [dəvɑ̃]		vor (örtlich)
Yassine et Célia sont devant le magasin.		
un **village** [ɛ̃vilaʒ]		ein Dorf

cent soixante-trois **163**

Vocabulaire

On compte ! Wir zählen

32	trente-deux [tʀɑ̃tdø]	42	quarante-deux	52	cinquante-deux	62	soixante-deux
33	trente-trois [tʀɑ̃ttʀwa]	43	quarante-trois	53	cinquante-trois	63	soixante-trois
34	trente-quatre [tʀɑ̃tkatʀ]	44	quarante-quatre	54	cinquante-quatre	64	soixante-quatre
35	trente-cinq [tʀɑ̃tsɛ̃k]	45	quarante-cinq	55	cinquante-cinq	65	soixante-cinq
36	trente-six [tʀɑ̃tsis]	46	quarante-six	56	cinquante-six	66	soixante-six
37	trente-sept [tʀɑ̃tsɛt]	47	quarante-sept	57	cinquante-sept	67	soixante-sept
38	trente-huit [tʀɑ̃tɥit]	48	quarante-huit	58	cinquante-huit	68	soixante-huit
39	trente-neuf [tʀɑ̃tnœf]	49	quarante-neuf	59	cinquante-neuf	69	soixante-neuf
40	quarante [kaʀɑ̃t]	50	cinquante [sɛkɑ̃te]	60	soixante [swasɑ̃t]		
41	quarante-et-un	51	cinquante-et-un	61	soixante-et-un		

MON DICO PERSONNEL

Ma famille

mes parents	meine Eltern	mes grands-parents [meɡʀɑ̃paʀɑ̃]	meine Großeltern
mon père	mein Vater	mon grand-père [mɔ̃ɡʀɑ̃pɛʀ]	mein Großvater
ma mère	meine Mutter	ma grand-mère [maɡʀɑ̃mɛʀ]	meine Großmutter
mon frère	mein Bruder	mon demi-frère [mɔ̃dəmifʀɛʀ]	mein Halbbruder
ma sœur	meine Schwester	ma demi-sœur [madəmisœʀ]	meine Halbschwester
		Je suis fille/fils unique. [...fij/fisynik]	Ich bin Einzelkind.

MON DICO PERSONNEL

Ma chambre

une armoire	un lit	un bureau
un livre	une/des BD	une guitare
un poster	[ɛ̃pɔstɛʀ]	**ein Poster**
un ordinateur	[ɛ̃nɔʀdinatœʀ]	**ein Computer**
un ordinateur portable	[ɛ̃nɔʀdinatœʀpɔʀtabl]	**ein Laptop**
une tablette	[yntablɛt]	**ein Tablet**
des étagères (m., pl.)	[dezetaʒɛʀ]	**ein Regal**
une lampe	[ynlɑ̃p]	**eine Lampe**
un tapis	[ɛ̃tapi]	**ein Teppich**
une figurine	[ynfiɡyʀin]	**eine (kleine) Figur**

MON DICO PERSONNEL

Mon quartier/Ma ville/Mon village

un cinéma	ein Kino	**un terrain de foot** [ɛ̃tɛʀɛ̃dəfut]	ein Fußballplatz
une boulangerie	eine Bäckerei	**un gymnase** [ɛ̃ʒimnaz]	eine Turnhalle
un parc	ein Park	**un théâtre** [ɛ̃teatʀ]	ein Theater
un restaurant	ein Restaurant	**une maison des jeunes** [ynmɛzɔ̃deʒœn]	ein Jugendhaus
un centre commercial	ein Einkaufszentrum	**un club de foot** [ɛ̃klœbdəfut]	ein Fußballverein
une bibliothèque	eine Bibliothek	**un club sportif** [ɛ̃klœbspɔʀtif]	ein Sportverein
un kiosque	ein Kiosk	**une école de musique** [ynekɔldəmyzik]	eine Musikschule
une piscine [ynpisin]	*ein Schwimmbad*	**un glacier** [ɛ̃ɡlasje]	eine Eisdiele

Vocabulaire

Leçon 3

TIPP Lerne bei **Verben** immer die **Ergänzungen** mit, also: aider **qn** - **jemandem** helfen, lire **qc** - **etwas** lesen. Es gibt Verben, die neben der Ergänzung **qn/qc** auch noch die Präposition **à** bei sich haben. Auch die solltest du immer mitlernen, z.B.: dire qc à qn - jemandem etwas sagen.

Entrée

un **collège** [ɛ̃kɔlɛʒ] Mon collège s'appelle Honoré de Balzac.	weiterführende Schule für alle 11- bis 14-Jährigen

Nach der Volksschule (**école élémentaire**), mit ca. elf Jahren, gehen alle französischen Kinder für vier Jahre aufs **collège**. Die Klassenstufen dort heißen **la 6e** (= 2. Kl. Gym.), **la 5e, la 4e, la 3e** (= 5. Kl. Gym.). Anschließend können sie für drei weitere Jahre aufs **lycée** gehen, um die Matura zu machen. Seconde = 6. Klasse, première = 7. Klasse, terminale = 8. Klasse

plusieurs (inv.) [plyzjœʁ] A l'Espace Jeunes, il y a plusieurs cours.	mehrere
être en classe de 3e [ɛtʁɑ̃klasdəkatʁijɛm] Je suis en classe de 3e.	in der 5. Klasse sein
un **lycée** [ɛ̃lise] Ma sœur va au lycée.	ein Gymnasium
midi (m.) [midi] Il est midi.	Mittag
à midi [amidi] A midi, on va au restaurant.	um 12 Uhr mittags
un **élève**/une **élève** [ɛ̃nelɛv/ynelɛv] Célia est élève à Honoré de Balzac.	ein Schüler/eine Schülerin
avoir faim [avwaʁfɛ̃] Vous avez faim? (L) fames	Hunger haben
une **cantine** [ynkɑ̃tin]	eine Kantine
une **récré** (fam.) (= une récréation) [ynʁekʁe(asjɔ̃)]	eine Pause (in der Schule)
à la récré [alaʁekʁe] A la récré, Maxime regarde une BD.	in der Pause
une **salle de classe** [ynsaldəklas]	ein Klassenzimmer
jouer [ʒwe] Tu joues avec moi?	spielen
une **cour** [ynkuʁ] Rendez-vous dans la cour après l'école? Achtung: être **dans** la cour	ein (Schul-)Hof
quand [kɑ̃] Quand j'ai faim, je vais à la cantine.	wenn; als (zeitlich)
malade [malad] Je ne vais pas bien, je suis malade.	krank
la **permanence** [lapɛʁmanɑ̃s]	eine Freistunde, in der die Schüler/innen beaufsichtigt werden
être en permanence [ɛtʁɑ̃pɛʁmanɑ̃s] Les élèves de 4e sont en permanence.	eine Freistunde haben
un **surveillant**/une **surveillante** [ɛ̃syʁvɛjɑ̃/ynsyʁvɛjɑ̃t]	eine Aufsichtsperson
les **devoirs** (m., pl.) [ledəvwaʁ] Maxime et Célia font leurs devoirs ensemble.	die Hausaufgaben
un **CDI** (un centre de documentation et d'information) [ɛ̃sedei] Les élèves sont au CDI.	Dokumentations- und Informationsstelle einer Schule
un **documentaliste**/ une **documentaliste** [ɛ̃/yndɔkymɑ̃talist]	ein Schulbibliothekar/eine Schulbibliothekarin
un **ordinateur** [ɛ̃nɔʁdinatœʁ] Célia travaille sur son ordinateur.	ein Computer
une **piscine** [ynpisin] (L) piscina	ein Schwimmbad; ein Pool
un **gymnase** [ɛ̃ʒimnaz] gymnase darf nicht mit «Gymnasium» übersetzt werden, «Gymnasium» heißt auf Französisch **le lycée**. (E) gym	eine Turnhalle
le **sport** [ləspɔʁ] (D) Ich mag Sport. (F) J'aime le sport.	der Sport
une **infirmerie** [ynɛ̃fiʁməʁi] Mon copain est à l'infirmerie.	eine Krankenstation
un **infirmier**/une **infirmière** [ɛ̃nɛ̃fiʁmje/ynɛ̃fiʁmjɛʁ] La mère de ma copine est infirmière.	ein Krankenpfleger/eine Krankenpflegerin
aider qn [ede] (E) to aid	jdm. helfen
un **voisin**/une **voisine** [ɛ̃vwazɛ̃/ynvwazin] Maxime aide son voisin pour les devoirs.	ein Nachbar/eine Nachbarin
une **école** [ynekɔl] Das Wort *école* bezeichnet die Schule im Allgemeinen.	eine Schule
un **lieu**/des **lieux** [ɛ̃ljø/deljø] = un endroit	ein Ort/Orte

Atelier A

une **journée** [ynʒuʁne] Célia raconte sa journée à l'école.	ein Tag
lundi (m.) [lɛ̃di] (L) dies lunae	Montag; am Montag
une **heure** [ynœʁ] [døzœʁ] [tʁwazœʁ] Achte auf die Bindung, wenn Zahlen voranstehen, z. B. deux‿heures, trois‿heures. (L) hora (E) hour	eine Stunde
huit heures moins le quart [ɥitœʁmwɛ̃ləkaʁ]	viertel vor acht; dreiviertel acht
être de mauvaise humeur [ɛtʁdəmovɛzymœʁ] Tu es de mauvaise humeur? Pourquoi?	schlechte Laune haben
premier/première [pʁəmje/pʁəmjɛʁ] (L) primus	erste(r, s)
une **matière** [ynmatjɛʁ]	ein (Schul-)Fach
la **matière préférée** [lamatjɛʁpʁefeʁe] Le sport, c'est la matière préférée de Maxime.	das Lieblingsfach
dix heures dix [dizœʁdis]	zehn nach zehn
les **SVT** (f., pl.) (= sciences de la vie et de la terre) [ɛsvete (sjɑ̃sdəlaviedəlatɛʁ)]	Biologie und Geographie
lire qc [liʁ]	etw. lesen
lire : je lis, tu lis, il/elle/on lit, nous lisons, vous lisez, ils/elles lisent	
quarantième [kaʁɑ̃tjɛm]	vierzigster, vierzigste, vierzigstes
un **texte** [ɛ̃tɛkst] Au CDI, les élèves lisent des textes.	ein Text
un **volcan** [ɛ̃vɔlkɑ̃]	ein Vulkan
C'est l'horreur! [sɛlɔʁœʁ]	Es ist schrecklich!
écrire qc à qn [ekʁiʁ]	jdm. etw. schreiben
écrire : j'écris, tu écris, il/elle/on écrit, nous écrivons, vous écrivez, ils/elles écrivent	
un **SMS** [ɛ̃ɛsɛmɛs] Maxime écrit un SMS à Célia.	eine SMS

cent soixante-cinq **165**

Vocabulaire

rêver (de qc) [ʀeve]	(von etw.) träumen	**l'allemand** (m.) [almɑ̃]	Deutsch
Pendant le cours de SVT, Alice rêve.		**l'anglais** (m.) [lɑ̃glɛ]	Englisch
Je rêve! [ʒəʀɛv]	Ich spinne!	### Atelier B	
Il est midi moins vingt. [ilɛmidimwɛ̃vɛ̃]	Es ist zwanzig vor zwölf.	**un arrêt de bus** [ɛ̃naʀɛdəbys]	eine Bushaltestelle
dire qc (à qn) [diʀ]	(jdm.) etw. sagen	Après les cours, les élèves sont à l'arrêt de bus.	
dire : je dis, tu dis, il/elle/on dit, nous **disons**, vous **dites**, ils/elles **disent**		ⓓ arrêter	
un mot [ɛ̃mo]	ein Wort	**parler** [paʀle]	sprechen
une heure de colle [ynœʀdəkɔl]	eine Stunde Nachsitzen	**ne… plus** [nə… ply]	nicht mehr
J'ai une heure de colle.		Enzo ne parle plus à son frère.	
une heure et quart [ynœʀekaʀ]	viertel nach eins; viertel zwei	**ne… pas** [nə… pa]	nicht
une heure et demie [ynœʀedəmi]	halb zwei	Ne fais pas la tête! Ce n'est pas grave.	
le français [ləfʀɑ̃sɛ]	Französisch	**Ça ne va pas trop.** [sanəvapatʀo]	Es geht mir nicht so gut.
proposer qc à qn [pʀopoze]	jdm. etw. vorschlagen	**un mot** [ɛ̃mo]	hier: ein Eintrag
(E) to propose		**un carnet de correspondance** [ɛ̃kaʀnɛdəkɔʀɛspɔ̃dɑ̃s]	ein Mitteilungsheft
une sortie [ynsɔʀti]	hier: ein Ausflug; hier: ein (Theater-)Besuch	J'ai un mot dans mon carnet de correspondance.	
Les parents de Maxime proposent une sortie à leurs enfants.		**très** [tʀɛ]	sehr
un théâtre [ɛ̃teatʀ]	ein Theater	**un soir** [ɛ̃swaʀ]	ein Abend, eines Abends
une scène [ynsɛn]	eine Szene	**Bof!** (fam.) [bɔf]	Na ja.; Ach.
cinq heures vingt-cinq [sɛ̃kœʀvɛ̃tsɛ̃k]	fünf Uhr fünfundzwanzig	**juste** [ʒyst]	nur; bloß
la fin [lafɛ̃]	das Ende; der Schluss	**pendant** [pɑ̃dɑ̃]	während (Präp.)
à la fin = zum Schluss		**C'est nul!** (fam.) [sɛnyl]	Das ist blöd! Das taugt nichts (ugs.)
(L) finis		⇔ C'est super!	
une demi-heure [yndəmijœʀ]	eine halbe Stunde	**aller** [ale]	gehen; fahren
demain [dəmɛ̃]	morgen	**aller** : je **vais**, tu **vas**, il/elle/on **va**, nous **allons**, vous **allez**, ils/elles **vont**	
Tu es là demain?		**écouter qn/qc** [ekute]	jdm. zuhören; etw. anhören
A demain! [adəmɛ̃]	Bis morgen!	**comprendre qc** [kɔ̃pʀɑ̃dʀ]	etw. verstehen
parce que [paʀskə]	weil	On a toujours plein de devoirs.	
Il est quelle heure? [ilɛkɛlœʀ] = **Quelle heure est-il?** [kɛlœʀetil]	Wie viel Uhr ist es?; Wie spät ist es?	**comprendre** : je comprend**s**, tu comprend**s**, il/elle/on compren**d**, nous compre**n**ons, vous compre**n**ez, ils/elles compre**nn**ent	
s'il te plaît [siltəplɛ]	bitte (wenn man jemanden duzt)	**plein de** [plɛ̃də]	viel/viele; jede Menge
s'il vous plaît [silvuplɛ]	bitte (wenn man jemanden siezt)	Pardon, je ne comprends pas la question.	
Tu as l'heure? [tyalœʀ]	Kannst du mir die Uhrzeit sagen?; Wie spät ist es?	(L) comprehendere	
Pardon monsieur, vous avez l'heure?		**prendre qc** [pʀɑ̃dʀ]	etw. nehmen
minuit (m.) [minɥi]	Mitternacht; 12 Uhr nachts	Tu prends le bus pour aller à l'école?	
Il est minuit (24 Uhr). Il est midi (12 Uhr).		**prendre** : je prend**s**, tu prend**s**, il/elle/on pren**d**, nous pre**n**ons, vous pre**n**ez, ils/elles pre**nn**ent	
… à quelle heure? [akɛlœʀ]	Um wie viel Uhr …?	**un repas** [ɛ̃ʀəpa]	ein Essen; eine Mahlzeit
Tu rentres à quelle heure?		Pendant le repas, les enfants discutent avec leurs parents.	
commencer [kɔmɑ̃se]	anfangen; beginnen	**le temps** [lətɑ̃]	die Zeit
Les cours commencent à quelle heure?		(L) tempus	
commencer : je commence, tu commences, il/elle/on commence, nous commen**ç**ons, vous commencez, ils/elles commencent		**avoir le temps** [avwaʀlətɑ̃]	Zeit haben
… de quelle heure à quelle heure? [dəkɛlakɛlœʀ]	Von wann bis wann …?	Aujourd'hui, je n'ai pas le temps.	
Tu as cours de français de quelle heure à quelle heure?		**une année** [ynane]	ein Jahr
un quart d'heure [ɛ̃kaʀdœʀ]	eine Viertelstunde	ⓓ un an	
un emploi du temps [ɛ̃nɑ̃plwadytɑ̃]	ein Stundenplan	(L) annus	
le prof principal/la prof principale [le/lapʀɔfpʀɛ̃sipal]	der Klassenvorstand/die Klassenvorständin	**l'année prochaine** (f.) [lanepʀɔʃɛn]	nächstes Jahr
Notre prof principal est très sympa.		**une interro** (fam.) (= interrogation) [ynɛ̃teʀo(gasjɔ̃)]	eine Schularbeit
(L) princeps		**Attention!** Eine Schularbeit **schreiben** heißt auf Französisch «**faire/avoir** une interro».	
un jour [ɛ̃ʒuʀ]	ein Tag	**le week-end** [ləwikɛnd]	am Wochenende
les maths (f., pl.) (fam.) (= les mathématiques) [lemat(ematik)]	Mathe (ugs.) (= Mathematik)	Aussprache: Im Französischen wird die 2. Silbe betont.	
les maths: F Plural, D Singular		**une bêtise** [ynbetiz]	eine Dummheit
		Tu dis des bêtises.	
		en famille [ɑ̃famij]	mit der Familie
		Le week-end, on fait souvent des sorties en famille.	
		peut-être [pøtɛtʀ]	vielleicht

Vocabulaire

aller chez qn [aleʃe] Yassine va **au** CDI. Aber: Il va **chez** Maxime. *(Person)*	zu jdm. *(nach Hause)* gehen
un après-midi [ɛ̃napʀɛmidi] ✡ un matin, un soir	ein Nachmittag
apprendre qc [apʀɑ̃dʀ]	etw. lernen; etw. erfahren
apprendre : j'appren**ds**, tu appren**ds**, il/elle/on appren**d**, nous appren**ons**, vous appren**ez**, ils/elles appren**nent**	
une chose [ynʃoz] (L) causa	eine Sache; ein Ding
avant [avɑ̃] Le soir, ma mère ne rentre pas avant 19 h.	vor *(zeitlich)*
Pas de panique! [pɑdpanik]	Keine Panik!
Bon, … [bɔ̃]	Gut, …; Also, …
préparer qc [pʀepaʀe] On prépare le repas. (L) praeparare (E) to prepare	etw. vorbereiten
déjà [deʒa] Il est déjà minuit.	schon
une semaine [ynsəmɛn] (L) septimana	eine Woche
par semaine [paʀsəmɛn]	pro Woche; wöchentlich

Die Ordnungszahlen

1ᵉʳ	le premier [pʀəmje]		14ᵉ	le, la quatorzième
1ʳᵉ	la première [pʀəmjɛʀ]		15ᵉ	le, la quinzième
2ᵉ	le, la deuxième [døzjɛm]; le second, la seconde [səgɔ̃/səgɔ̃d]		16ᵉ	le, la seizième
3ᵉ	le, la troisième		17ᵉ	le, la dix-septième
4ᵉ	le, la quatrième		18ᵉ	le, la dix-huitième
5ᵉ	le, la cinquième		19ᵉ	le, la dix-neuvième
6ᵉ	le, la sixième		20ᵉ	le, la vingtième
7ᵉ	le, la septième		21ᵉ	le, la vingt-et-unième [vɛ̃teynjɛm]
8ᵉ	le, la huitième		22ᵉ	le, la vingt-deuxième
9ᵉ	le, la neuvième			
10ᵉ	le, la dixième		30ᵉ	le, la trentième
11ᵉ	le, la onzième		40ᵉ	le, la quarantième
12ᵉ	le, la douzième		50ᵉ	le, la cinquantième
13ᵉ	le, la treizième		60ᵉ	le, la soixantième

Die **Ordnungszahlen** werden gebildet, indem man die Endung *-ième* an die jeweilige Grundzahl anhängt. Bei den Grundzahlen, die auf *-e* enden, fällt das *-e* vor *-ième* weg. Nur bei *premier* und *second* gibt es eine maskuline und eine feminine Form. Der Artikel wird nie apostrophiert (**le o**nzième).

MON DICO PERSONNEL

Mes matières - Meine Fächer

l'allemand	Deutsch	l'éducation civique [ledykasjɔ̃sivik]	Gemeinschafts- kunde / Sozialkunde
le français	Französisch	la physique-chimie [lafizikʃimi]	Physik und Chemie
l'anglais	Englisch	le latin [ləlatɛ̃]	Latein
les maths	Mathematik	le grec [ləgʀɛk]	Griechisch
l'histoire-géo [listwaʀʒeo]	Geschichte und Erdkunde	l'espagnol [lɛspaɲɔl]	Spanisch
l'éducation musicale [ledykasjɔ̃myzikal]	Musik	l'enseignement religieux [lɑ̃sɛŋ(ə)mɑ̃R(ə)liʒjø]	Religionsunterricht
les arts plastiques [lezaʀplastik]	Kunst	l'éthique [letik]	Ethik
l'E.P.S. (Education physique et sportive) [ləpeɛs]	Sport	l'économie et droit [lekɔnɔmi]	Wirtschaft und Recht
les S.V.T. (Sciences de la vie et de la terre) [lɛɛsvete]	Biologie	l'informatique [lɛ̃fɔʀmatik]	Informatik
la technologie [latɛknɔlɔʒi]	Technik		

cent soixante-sept **167**

Vocabulaire

Parler de l'école

– Les cours commencent à quelle heure ? – A huit heures.	– Um wie viel Uhr beginnt der Unterricht? – Um acht Uhr.
– A dix heures de demie, nous avons un cours de français avec M. …/Mme …	– Um halb elf haben wir Französisch bei Herrn … / Frau …
– Vous êtes en 4eA ? – Non, nous sommes en 4eB.	– Seid ihr in der 8A? – Nein, wir sind der 8B.
– Qu'est-ce qu'il y a à la cantine aujourd'hui ?	– Was gibt es heute in der Kantine?
– Qu'est-ce que vous faites après la cantine ? – Nous allons au CDI.	– Was macht ihr nach der Kantine? – Wir gehen ins CDI.
– On fait les devoirs ensemble ?	– Sollen wir die Hausaufgaben gemeinsam machen?
– Tu rentres à quelle heure ?	– Um wie viel Uhr gehst du nach Hause?

MON DICO PERSONNEL

Mes activités après l'école

aller	au cinéma à la bibliothèque au centre commercial à la boulangerie à la piscine au parc dans sa chambre	**aller au cours de …** [aleokuʀdə] … **guitare** [gitaʀ] … **violon** [vjɔlɔ̃] … **piano** [pjano] … **batterie** [batʀi]	zum Gitarren-/ Geigen-/ Klavier-/ Schlagzeug- unterricht gehen
aller à l'entraînement de … [alealɑ̃tʀɛnmɑ̃də] … **foot** [fut] … **hand** [ɑ̃d] …**volley** [vɔlɛ]	zum Fußball-/ Handball-/Volleyball- training gehen	**aller au cours de …** [aleokuʀdə] … **danse** [dɑ̃s] … **théâtre** [teatʀ]	zum Tanz-/ Theaterkurs gehen

L'heure officielle - Die offizielle Uhrzeit

18h	Il est dix-huit heures.
18h15	Il est dix-huit heures quinze.
18h30	Il est dix-huit heures trente.
18h45	Il est dix-huit heures quarante-cinq.
18h50	Il est dix-huit heures cinquante.

Leçon 4

TIPP Lerne die neuen Wörter in **kleinen Portionen** von höchstens **10 - 15 Wörtern**. Und wenn du **regelmäßig 10 Minuten** übst, ist das viel besser als nur einmal in der Woche eine Stunde.

Entrée

un loisir [ɛ̃lwaziʀ] les loisirs = die Freizeit	eine Freizeitbeschäftigung; ein Hobby
un jeune/une jeune [ɛ̃ʒœn/ynʒœn]	ein Jugendlicher/eine Jugendliche
le foot [ləfut]	der Fußball (als Sportart)
C'est pas son truc. (fam.) [sɛpasɔ̃tʀyk] Le foot, c'est pas mon truc.	Das ist nicht sein/ihr Ding.
le handball [ləɑ̃dbal]	Handball; das Handballspiel
le vélo [ləvelo] Je préfère le vélo.	das Fahrrad; das Fahrradfahren
le violon [ləvjɔlɔ̃] Luc fait du violon.	die Violine; die Geige
une console [ynkɔ̃sɔl]	eine Spielkonsole; eine Konsole
le shopping [ləʃɔpiŋ]	der Einkaufsbummel; das Einkaufen
l'athlétisme (m.) [latletism] **faire du/de la/de l'**: faire du foot Fußball spielen, **faire de la musique** musizieren, **faire de l'athlétisme** Leichtathletik machen	die Leichtathletik
traîner (fam.) [tʀene] Le samedi, je traîne avec mes copains.	abhängen (ugs.)

Vocabulaire

une **vidéo** [ynvideo]	ein Video	
On regarde une vidéo ensemble?		
Internet (m.) [ɛ̃tɛʀnɛt]	das Internet	
Regarde sur Internet.		
Im Französischen steht **Internet** ohne Artikel.		
la **télé** (fam.) [latele]	der Fernseher; der Fernsehapparat	
la télévision		
regarder la télé [ʀəɡaʀdelatele]	fernsehen	
Tu regardes souvent la télé?		
la **lecture** [lalɛktyʀ]	das Lesen	
↔ lire		
(L) lectio		

Atelier A

un **entraînement** [ɛ̃nɑ̃tʀɛnmɑ̃]	ein Training
Yassine ne va plus à l'entraînement.	
un **joueur**/une **joueuse** [ɛ̃ʒwœʀ/ynʒwøz]	ein Spieler/eine Spielerin
↔ jouer	
appeler qn [aple]	jdn. anrufen; jdn. rufen
Célia appelle sa copine.	
appeler : j'appelle, tu appelles, il/elle/on appelle, nous appelons, vous appelez, ils/elles appellent	
en bas de [ɑ̃badə]	unten; unterhalb von
encore [ɑ̃kɔʀ]	(schon) wieder
– J'ai faim. – Encore?	
stresser qn [stʀese]	jdn. stressen
à cause de qn/qc [akozdə]	einer Person/einer Sache wegen
(E) because of (L) causa	
une **note** [ynnɔt]	eine Note
Ma mère stresse à cause de mes notes.	
être d'accord [ɛtʀdakɔʀ]	einverstanden sein
Je ne suis pas d'accord!	
(ne…) pas trop [(nə)patʀo]	nicht wirklich
un **match** [ɛ̃matʃ]	ein Spiel; ein Wettkampf
contre [kɔ̃tʀ]	gegen
↔ pour	
en ce moment [ɑ̃səmɔmɑ̃]	im Augenblick; zurzeit
avoir envie de faire qc [avwaʀɑ̃vi]	Lust haben, etwas zu tun
Tu as envie de regarder un DVD?	
dormir [dɔʀmiʀ]	schlafen
(L) dormire	
dormir : je dors, tu dors, il/elle/on dort, nous dormons, vous dormez, ils/elles dorment	
beaucoup [boku]	viel
Le week-end, mon frère dort beaucoup.	
partir [paʀtiʀ]	weggehen; aufbrechen
– Tu pars quand? – Je pars demain.	
partir : je pars, tu pars, il/elle/on part, nous partons, vous partez, ils/elles partent	
C'est la catastrophe! [sɛlakatastʀɔf]	Das ist eine Katastrophe!
rater qc (fam.) [ʀate]	etw. verpassen; etw. nicht schaffen; etw. verfehlen
rater le bus	
une **passe** [ynpas]	ein Pass (beim Sport)
Yassine rate ses passes.	
une **faute** [ynfot]	ein Fehler; ein Foul
un **entraîneur** [ɛ̃nɑ̃tʀɛnœʀ]	ein Trainer
↔ l'entraînement	
être en colère [ɛtʀɑ̃kɔlɛʀ]	wütend sein
L'équipe de Yassine est en colère.	
ne… pas du tout [nə… padytu]	überhaupt nicht
Je n'ai pas du tout envie de rentrer.	

«**Pas du tout**» kannst du auch ohne «ne» verwenden: Tu as faim? – Non, pas du tout.	
C'est la honte! (fam.) [sɛlaɔ̃t]	(Das ist) peinlich!; So eine Blamage! (ugs.)
un **vestiaire** [ɛ̃vɛstjɛʀ]	eine Umkleidekabine
manquer [mɑ̃ke]	fehlen
trop [tʀo]	zu
Tu manques trop souvent.	
un **autre**/une **autre** [ɛ̃notʀ/ynotʀ]	ein anderer/eine andere
(L) alter	
avoir raison [avwaʀʀɛzɔ̃]	Recht haben
La mère de Yassine a raison.	
(L) ratio	
une **équipe** [ynekip]	eine Mannschaft; ein Team
(Je suis) désolé/désolée [dezole]	Es tut mir leid.
Wenn dir etwas leid tut, dann brauchst du nur «Désolé(e)» zu sagen.	
sortir [sɔʀtiʀ]	hinausgehen; ausgehen
↔ entrer	
sortir : je sors, tu sors, il/elle/on sort, nous sortons, vous sortez, ils/elles sortent	
rester [ʀɛste]	bleiben
Reste, s'il te plaît.	
↔ partir	
sans [sɑ̃]	ohne
Allez au match sans moi.	
↔ avec	
un **corres**/une **corres** (fam.) [ɛ̃kɔʀɛs/ynkɔʀɛs]	ein Brieffreund/eine Brieffreundin
une **réponse** [ynʀepɔ̃s]	eine Antwort
Voilà la réponse de ma corres.	
Bises/Bisous [biz/bizu]	freundschaftliche Grußformel am Ende einer E-Mail
bises und **bisous** heißen übersetzt «Küsschen».	

Atelier B

à côté de [akotedə]	neben
Maxime est à côté de Célia.	
une **discussion** [yndiskysjɔ̃]	eine Diskussion; eine Unterhaltung; ein Gespräch
(F) discussion	
(D) Diskussion	
↔ discuter	
avoir l'air [avwaʀlɛʀ]	aussehen
Yassine a l'air triste.	
Ça va mieux. [savamjø]	Es geht besser.
– Comment ça va? – Ça va mieux.	
pleurer [plœʀe]	weinen
Pourquoi est-ce que tu pleures?	
un **bébé** [ɛ̃bebe]	ein Baby; ein Säugling
Hein? (fam.) [ɛ̃]	Was?; Hä? (ugs.)
Pourquoi est-ce que…? [puʀkwaɛskə]	Warum …?
Pourquoi est-ce que tu ne vas pas à l'entraînement?	
Quand est-ce que…? [kɑ̃tɛskə]	Wann …?
Quand est-ce que tu prends le bus?	
préférer faire qc [pʀefeʀefɛʀ]	vorziehen etw. zu tun; etw. lieber tun
Je préfère aller au cinéma.	
(L) praeferre (E) to prefer	
vers qn/qc [vɛʀ]	auf jdn./etw. zu; zu jdm./etw. hin
Jérémy va vers Yassine.	
un **banc de touche** [ɛ̃bɑ̃dətuʃ]	eine Ersatzbank
Quelle photo? [kɛlfoto]	Welches Foto?
sortir qc de qc [sɔʀtiʀ]	etw. herausholen aus; etw. hervorholen aus
Sortez vos livres de français, on va lire un texte.	

Vocabulaire

hier [ijɛʁ]	gestern
aujourd'hui = heute, **demain** = morgen	
Comment est-ce que…? [kɔmɛskə]	Wie …?
Comment est-ce que tu trouves mon entraîneur?	
si [si]	wenn; falls
Tout va bien! [tuvabjɛ̃]	Alles in Ordnung!
Quel blaireau! [kɛlblɛʁo]	Was für ein Vollidiot! Was für ein Loser!
un héros/une héroïne [ɛ̃eʁo/yneʁoin]	ein Held/eine Heldin
(E) hero	

Das *h* in **héros** ist ein *h aspiré* (behauchtes h), darum wird bei bestimmtem Artikel «le héros» [ləeʁo] geschrieben bzw. gesprochen. Bei **héroïne** handelt es sich um ein *h muet* (stummes h), daher wird es «l'héroïne» [leʁoin] geschrieben bzw. gesprochen.

craquer [kʁake]	die Nerven verlieren; zusammenbrechen
C'est bon. [sɛbɔ̃]	Es ist gut.
un réseau/des réseaux [ɛ̃ʁezo/deʁezo]	ein Netz/Netze
un réseau social [ɛ̃ʁezosɔsjal]	ein soziales Netzwerk
Kylian est souvent sur les réseaux sociaux.	
Plural: des réseaux sociaux	
C'est grave! [sɛgʁav]	Das ist schlimm!
le harcèlement [ləaʁsɛlmɑ̃]	das Mobbing
Le harcèlement, c'est grave. Achtung: das «h» ist aspiriert (behaucht): [ləaʁsɛlmɑ̃]	
Ça sonne. [sasɔn]	Es klingelt.
parler à qn [paʁle]	mit jdm. sprechen
Si tu as un problème, parle à tes copains.	

Coin lecture

tous [tus]	alle
Le jour du match, tous sont là.	
depuis [dəpɥi]	seit
un commentaire [ɛ̃kɔmɑ̃tɛʁ]	ein Kommentar
Depuis hier, il y a plein de commentaires sur les réseaux sociaux.	
être à côté de ses pompes (fam.) [ɛtʁakotedəsepɔ̃p]	durcheinander sein; voll daneben sein (ugs.)

C'est le stress. [sɛləstʁɛs]	Ich habe Stress.
stresser	
partout [paʁtu]	überall
Il y a des problèmes partout.	
la participation [la paʁtisipasjɔ̃]	die Teilnahme
(F) participation	
dans quinze jours [dɑ̃kɛ̃zʒuʁ]	in vierzehn Tagen
Je m'en occupe. [ʒəmɑ̃nɔkyp]	Ich kümmere mich darum.
il faut faire qc [ilfofɛʁ]	man muss etw. tun
Il faut trouver une solution.	
un plan [ɛ̃plɑ̃]	ein Plan
expliquer qc à qn [ɛksplike]	jdm. etw. erklären
(L) explicare (E) to explain	
le silence [ləsilɑ̃s]	die Ruhe; die Stille
(L) silentium (E) silence	
tout le monde [tulmɔ̃d]	alle; jeder
A l'Espace Jeunes, il y a des activités pour tout le monde.	
un fan/une fan [ɛ̃fan/ynfan]	ein Fan
Tu es fan de Borussia Dortmund?	
être debout [ɛtʁdəbu]	stehen
un signe [ɛ̃siɲ]	ein Zeichen
(L) signum (E) sign	
retirer qc [ʁətiʁe]	etw. ausziehen
un t-shirt [ɛ̃tiʃœʁt]	ein T-Shirt
Célia fait un signe et tous retirent leur t-shirt.	
tomber [tɔ̃be]	fallen
C'est fini. [sɛfini]	Es ist vorbei.
(L) finis	
le public [ləpyblik]	das Publikum; die Zuschauer
(E) public	
crier [kʁije]	schreien
Tout le monde est debout et crie : «Bravo!»	
(E) to cry	
Allez! [ale]	Los! Auf geht's!
gagner (qc) [gaɲe]	(etw.) gewinnen
L'équipe de Vitry gagne le match.	
une fête [ynfɛt]	ein Fest; eine Party
faire la fête [fɛʁlafɛt]	feiern
quand même [kɑ̃mɛm]	trotzdem; doch
Nous faisons la fête quand même?	

On pose des questions.

Pourquoi est-ce que tu es triste ?	**Qu'est-ce qu'**on fait ce soir ?
Comment est-ce que tu trouves Yann ?	**Où est-ce que** vous allez samedi ?
Quand est-ce que tu fais tes devoirs ?	**Est-ce que** tu as envie d'aller au cinéma ?
A quelle heure est-ce que tu pars ?	**De quelle à quelle heure est-ce que** tu fais tes devoirs ?

Vocabulaire

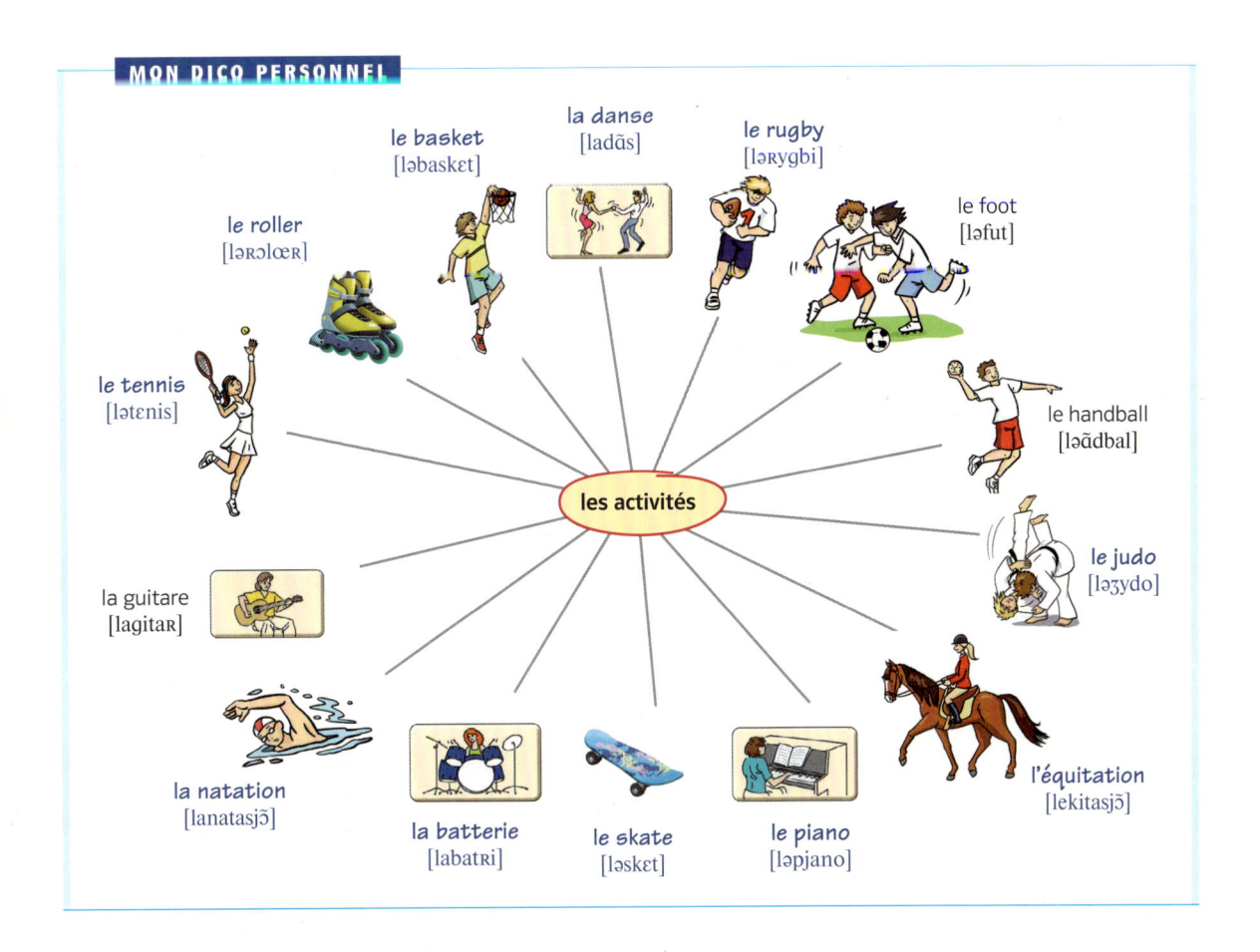

MON DICO PERSONNEL

les activités

- le basket [ləbaskɛt]
- la danse [ladɑ̃s]
- le rugby [ləʀygbi]
- le foot [ləfut]
- le roller [ləʀɔlœʀ]
- le handball [ləɑ̃dbal]
- le tennis [lətɛnis]
- le judo [ləʒydo]
- la guitare [lagitaʀ]
- l'équitation [lekitasjɔ̃]
- la natation [lanatasjɔ̃]
- la batterie [labatʀi]
- le skate [ləskɛt]
- le piano [ləpjano]

Leçon 5

TIPP Dein Gehirn arbeitet am besten, wenn du gut „drauf" bist. Bringe dich vor dem Lernen neuer Vokabeln in die richtige Stimmung. Höre zum Beispiel dein Lieblingslied, mache ein paar Kniebeugen, verschicke eine nette SMS…

Entrée

la **magie** [lamaʒi]	die Magie
un **touriste**/une **touriste** [ɛ̃tuʀist/yntuʀist]	ein Tourist/eine Touristin
touristique [tuʀistik] Paris est une ville touristique. ⟳ un/une touriste	touristisch
traverser qc [tʀavɛʀse] Traversez la rue. Überquert die Straße.	etw. überqueren; etw. durchqueren
un **compagnon**/une **compagne** [ɛ̃kɔ̃paɲɔ̃/ynkɔ̃paɲ] (E) company	ein Lebensgefährte/eine Lebensgefährtin
un **opéra** [ɛ̃nɔpeʀa]	ein Opernhaus; eine Oper
un **musée** [ɛ̃myze] Le Louvre est un musée à Paris.	ein Museum
une **pyramide** [ynpiʀamid]	eine Pyramide
un **guide**/une **guide** [ɛ̃gid/yngid] (E) guide	ein Reiseführer/eine Reiseführerin
célèbre/**célèbre** [selɛbʀ] La pyramide du Louvre est célèbre. (L) celeber (E) celebrity	berühmt
bizarre [bizaʀ]	komisch; merkwürdig
romantique [ʀɔmɑ̃tik] Le soir à Paris, c'est très romantique.	romantisch
fantastique [fɑ̃tastik]	fantastisch; toll
magnifique [maɲifik] (L) magnificus	herrlich; wunderschön
moche (fam.) [mɔʃ]	hässlich
moderne [mɔdɛʀn] (F) moderne (D) modern	modern
immense [imɑ̃s] (L) immensus	enorm; riesig
Ça me plaît. [saməplɛ]	Das gefällt mir.
Ça ne me plaît pas. [sanəməplɛpa]	Das gefällt mir nicht.
j'aimerais faire qc [ʒɛmʀɛfɛʀ] J'aimerais aller à Paris.	ich würde gern (etw. tun)
je voudrais… (+ infinitif) [ʒəvudʀɛ] Je voudrais aller au Centre Pompidou.	ich möchte … (+ Infinitiv)

Atelier A

le **petit-déjeuner** [ləp(ə)tideʒœne]	das Frühstück
prendre le petit-déjeuner [pʀɑ̃dʀləp(ə)tideʒœne] On prend le petit-déjeuner ensemble?	frühstücken
tard [taʀ] Il est tard.	spät
une **réunion** [ynʀeynjɔ̃] La mère de Célia a une réunion demain matin.	eine Versammlung; eine Besprechung
l'**apéro** (m.) [lapeʀo]	der Aperitif
vouloir [vulwaʀ] Tu veux aller au cinéma avec moi demain?	wollen

vouloir : je veux, tu veux, il/elle/on veut, nous voulons, vous voulez, ils/elles veulent

cent soixante et onze **171**

Vocabulaire

pouvoir [puvwaʀ]		können
Demain, je ne peux pas.		
pouvoir : je peux, tu peux, il/elle/on peut, nous pouvons, vous pouvez, ils/elles peuvent		
grand/grande [gʀɑ̃/gʀɑ̃d]		groß
un moment [ɛ̃mɔmɑ̃]		ein Moment
(L) momentum		
marrant/marrante (fam.) [maʀɑ̃/maʀɑ̃t]		witzig; lustig
C'est très marrant.		
dis donc [didɔ̃k]		sag einmal
demander qc à qn [dəmɑ̃de]		jdn. nach etw. fragen; jdn. um etw. bitten
on aimerait faire qc [ɔ̃nɛməʀɛfɛʀ]		wir würden gern etw. tun
visiter qc [vizite]		etw. besichtigen
A Paris, Léa et Yann vont visiter la tour Eiffel.		
(E) to visit		
une exposition [ynɛkspozisjɔ̃]		eine Ausstellung
In der Umgangssprache kannst du auch die Abkürzung *l'expo* verwenden.		
(L) exponere (E) exposition		
important/importante [ɛ̃pɔʀtɑ̃/ɛ̃pɔʀtɑ̃t]		wichtig; bedeutend
Paris est une ville importante.		
(E) important		
un manga [ɛ̃mɑ̃ga]		ein Manga
loin [lwɛ̃]		weit (weg) (Adv.)
Marie n'habite pas loin.		
petit/petite [p(ə)ti/p(ə)tit]		klein
Je cherche mon petit frère et ma petite sœur.		
⇔ grand/grande		
le métro [ləmetʀo]		die Metro; die U-Bahn
Die Pariser U-Bahn ist einer der größten und ältesten der Welt. Die erste Linie wurde am 19. Juli zur Weltausstellung eröffnet. Das U-Bahn-Netz weist eine Gesamtlänge von über 200 km auf.		
en métro [ɑ̃metʀo]		mit der U-Bahn
un changement [ɛ̃ʃɑ̃ʒmɑ̃]		ein Wechsel
(E) change		
Il y a juste un petit changement. [iljaʒystɛp(ə)tiʃɑ̃ʒmɑ̃]		Man muss nur einmal kurz umsteigen.
une ligne [ynliɲ]		eine (Verkehrs-)Linie
Pour aller au Louvre, il faut prendre la ligne 7.		
changer [ʃɑ̃ʒe]		wechseln; umsteigen
⓪ un changement		
(E) to change		
direct/directe [diʀɛkt]		direkt
jusqu'à [ʒyska]		bis
Vous allez jusqu'à la station Saint-Lazare.		
un trajet [ɛ̃tʀaʒɛ]		eine Strecke
Quelle ligne est-ce que je prends pour aller à…? [kɛlliɲɛskəʒəpʀɑ̃puʀalea]		Welche Linie muss ich nehmen um nach … zu kommen?
une station [ynstasjɔ̃]		eine Station; eine Haltestelle
la direction [ladiʀɛksjɔ̃]		die Richtung
(E) direction		
en direction de [ɑ̃diʀɛksjɔ̃də]		in Richtung
Tu prends la ligne 4 en direction de la Porte d'Orléans.		
Vous descendez… [vudesɑ̃de]		Sie steigen aus …
Vous descendez à la station Gare de Lyon.		
un terminus [ɛ̃tɛʀminys]		eine Endstation
⓪ terminer qc		
(L) (E) terminus		

Atelier B

flipper (fam.) [flipe]		ausflippen (ugs.); eine Riesenangst haben (ugs.)
Ma mère flippe toujours un peu.		
rassurer qn [ʀasyʀe]		jdn. beruhigen
Youpi! [jupi]		Hurra!; Jippie!
une aventure [ynavɑ̃tyʀ]		ein Abenteuer
(E) adventure		
attendre qn [atɑ̃dʀ]		auf jdn. warten; jdn. erwarten
Tu peux attendre ton frère après l'école?		
attendre : j'attends, tu attends, il/elle/on attend, nous attendons, vous attendez, ils/elles attendent; *passé composé* : j'ai attendu		
descendre [desɑ̃dʀ]		hinuntergehen; aussteigen
Célia et Vanessa sont descendues à la station Bir-Hakeim. Das *Passé composé* von **descendre** wird mit **être** gebildet.		
descendre : je descends, tu descends, il/elle/on descend, nous descendons, vous descendez, ils/elles descendent; *passé composé* : je suis descendu(e)		
entendre qn/qc [ɑ̃tɑ̃dʀ]		jdn./etw. hören
Je n'ai pas entendu. Konjugation wie bei **attendre**		
un rire [ɛ̃ʀiʀ]		ein Lachen
passer qc [pase]		etw. verbringen
Les filles ont passé un après-midi super.		
Quelle aventure! [kɛlavɑ̃tyʀ]		Was für ein Abenteuer!
un batobus [ɛ̃batobys]		Transportmittel auf der Seine
mauvais/mauvaise [movɛ/movɛz]		schlecht
⇔ bon/bonne		
tout droit [tudʀwa]		geradeaus
Va tout droit.		
puis [pɥi]		dann
à gauche [agoʃ]		(nach) links
Puis, tourne à gauche.		
presque [pʀɛsk]		fast; beinahe
On est presque arrivés.		
un bateau/des bateaux [ɛ̃bato/debato]		ein Boot/Boote; ein Schiff/Schiffe
ici [isi]		hier; hierher
bien vouloir [bjɛ̃vulwaʀ]		gerne (wollen/mögen)
Moi, je veux bien marcher.		
marcher [maʀʃe]		gehen
Il faut marcher pendant des heures.		
joli/jolie [ʒɔli]		hübsch; nett
⇔ moche		
voler qc à qn [vɔle]		jdm. etw. stehlen
tout à coup [tutaku]		plötzlich
Tout à coup, Célia a crié.		
une femme [ynfam]		eine Frau
un homme [ɛ̃nɔm]		ein Mann
(L) homo		
vite (adv.) [vit]		schnell (Adv.)
Ça va vite.		
partir à la poursuite de qn [paʀtiʀalapuʀsɥit]		jds. Verfolgung aufnehmen
Les touristes sont partis à la poursuite de l'homme.		
un voleur/une voleuse [ɛ̃vɔlœʀ/ynvɔløz]		ein Dieb/eine Diebin
⓪ voler		
Au voleur! [ovɔlœʀ]		Haltet den Dieb!
hésiter [ezite]		zögern
(E) to hesitate		
une personne [ynpɛʀsɔn]		eine Person
personne		

Vocabulaire

avoir peur [avwaʀpœʀ] J'ai eu peur.	Angst haben	**un acteur/une actrice** [ɛ̃naktœʀ/ynaktʀis] acteur (L) (E) actor	ein Schauspieler/eine Schauspielerin
à droite [adʀwat] Va à droite. ⇔ à gauche	(nach) rechts	**couper qc** [kupe]	etw. schneiden; etw. abschneiden
tourner [tuʀne] Il faut tourner à droite. (E) to turn	abbiegen	**Coupez!** [kupe]	Schnitt! *(Regiebefehl bei Aufnahmen)*
un carrefour [ɛ̃kaʀfuʀ]	eine Kreuzung	**un réalisateur/une réalisatrice** [ɛ̃ʀealizatœʀ/ynʀealizatʀis]	ein (Film-)Regisseur/eine (Film-)Regisseurin
en face de qc [ɑ̃fasdə]	gegenüber von etw.	**gros/grosse** [gʀo/gʀos] J'ai un gros problème.	groß; dick
Atelier C		**une caméra** [ynkameʀa]	eine Kamera
dangereux/dangereuse [dɑ̃ʒʀø/dɑ̃ʒʀøz] (E) dangerous	gefährlich	**remarquer qn/qc** [ʀəmaʀke] Est-ce que tu as remarqué quelque chose? (E) to remark	jdn./etw. bemerken
courageux/courageuse [kuʀaʒø/kuʀaʒøz] Célia a été très courageuse.	mutig	**numérique** [nymeʀik] J'ai une petite caméra numérique.	digital
arrêter (qn) [aʀete] On a arrêté les voleurs.	jdn. festnehmen	**dernier/dernière** [dɛʀnje/dɛʀnjɛʀ] ⇔ premier/première	letzter/letzte/letztes
répondre (à qn) [ʀepɔ̃dʀ(a)] Yassine ne répond jamais à mes SMS. Konjugation wie **attendre** ⊕ une réponse (L) respondere	(jdm.) antworten	**bon/bonne** [bɔ̃/bɔn] ⇔ mauvais (L) bonus	gut
		une image [ynimaʒ] Achte auf den Unterschied: **une** image: **ein** Bild *(angl.)* image	ein Bild
		ailleurs [ajœʀ]	woanders

On compte ! Wir zählen

70	soixante-dix	80	quatre-vingts	90	quatre-vingt-dix
71	soixante-et-onze	81	quatre-vingt-un [katʀəvɛ̃ɛ̃]	91	quatre-vingt-onze [katʀəvɛ̃ɔ̃z]
72	soixante-douze	82	quatre-vingt-deux [katʀəvɛ̃dø]	92	quatre-vingt-douze [katʀəvɛ̃duz]
73	soixante-treize	83	quatre-vingt-trois	93	quatre-vingt-treize
74	soixante-quatorze	84	quatre-vingt-quatre	94	quatre-vingt-quatorze
75	soixante-quinze	85	quatre-vingt-cinq	95	quatre-vingt-quinze
76	soixante-seize	86	quatre-vingt-six	96	quatre-vingt-seize
77	soixante-dix-sept	87	quatre-vingt-sept	97	quatre-vingt-dix-sept
78	soixante-dix-huit	88	quatre-vingt-huit	98	quatre-vingt-dix-huit
79	soixante-dix-neuf	89	quatre-vingt-neuf	99	quatre-vingt-dix-neuf
100	cent [sɑ̃]	200	deux-cents	300	trois-cents
101	cent-un [sɑ̃ɛ̃]	201	deux-cent-un [døsɑ̃ɛ̃]	400	quatre-cents [kat(ʀə)sɑ̃]
110	cent-dix	202	deux-cent-deux	500	cinq-cents [sɛ̃sɑ̃]
170	cent-soixante-dix	209	deux-cent-neuf	600	six-cents
180	cent-quatre-vingts	217	deux-cent-dix-sept	700	sept-cents
190	cent-quatre-vingt-dix	271	deux-cent-soixante-et-onze	800	huit-cents [ɥisɑ̃]
199	cent-quatre-vingt-dix-neuf	299	deux-cent-quatre-vingt-dix-neuf	900	neuf-cents

1000	mille [mil]	2201	deux-mill**e**-deux-cent-**un**
1001	mill**e**-**un**/mill**e**-**une**	5673	cinq-mill**e**-six-cen**t**-soixante-treize
1100	mille-cent	200 000	deux-cen**t**-mill**e**
1992	mille-neuf-cent-quatre-vingt-douze	999 328	neuf-cen**t**-quatre-vingt-dix-neuf-mill**e**-trois-cen**t**-vingt-huit
2017	deux-mill**e**-dix-sept	1 000 000	un million [ɛ̃miljɔ̃]

Vingt und **cent** haben eine **Pluralform** (quatre-vingts, deux-cents).
Folgt auf vingt oder cent jedoch **eine weitere Zahl**, so haben sie **kein Plural-s** (quatre-vingt-deux, deux-cent-trente). **Mille** ist **unveränderlich** (quatre-mille).

Vocabulaire

A Paris

visiter	des lieux célèbres avec un guide
	un musée
	une exposition
aller	au théâtre
	dans un café sympa
	au cinéma
	dans un quartier magnifique
prendre	le bus touristique
	le métro
	le batobus

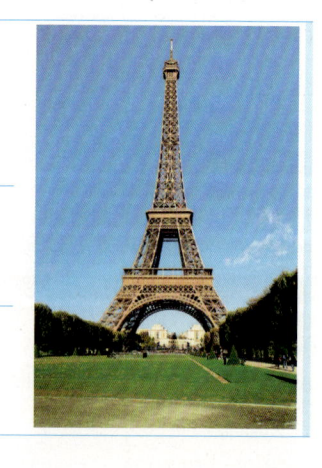

Les adjectifs

Singular (m./f.)	Plural (m./f.)	Singular (m./f.)	Plural (m./f.)
grave	graves	direct/directe	directs/directes
malade	malades	grand/grande	grands/grandes
sympa	sympas	important/importante	importants/importantes
triste	tristes	joli/jolie	jolis/jolies
bizarre	bizarres	marrant/marrante	marrants/marrantes
célèbre	célèbres	mauvais/mauvaise	mauvais/mauvaises
fantastique	fantastiques	petit/petite	petits/petites
immense	immenses	bon/bonne	bons/bonnes
magnifique	magnifiques	courageux/courageuse	courageux/courageuses
numérique	numériques	dangereux/dangereuse	dangereux/dangereuses
romantique	romantiques	dernier/dernière	derniers/dernières
touristique	touristiques	gros/grosse	gros/grosses

cool und super sind **unveränderlich.**

Leçon 6

TIPP Rufe dir beim Vokabellernen immer Wörter aus **derselben Wortfamilie** in Erinnerung. In der rechten Spalte des Vokabulars findest du gelegentlich Hinweise auf **verwandte Wörter**, die du bereits kennst und die dir beim Behalten der neuen Wörter helfen.
un boulanger → une boulangerie
décrire → une description
chanter → une chanson
un vol → voler

Entrée

un cousin/une cousine [ɛ̃kuzɛ̃/ynkuzin]	ein Cousin/eine Cousine
✮ famille	
le TGV [ləteʒeve]	der TGV
TGV = train à grande vitesse	

Der TGV erreicht auf der Strecke Stuttgart–Paris eine Spitzengeschwindigkeit von 320 km in der Stunde. Für die 600 km lange Strecke benötigt er nur drei Stunden und 15 Minuten.

en TGV [ɑ̃teʒeve] En TGV, ça va vite.	mit dem TGV
rendre visite à qn [ʁɑ̃dʁəvizit] Achte auf den Unterschied: Je **rends visite à** ma cousine Lucie./Je **visite** le Louvre. (visiter qc)	jdn. besuchen
un marché [ɛ̃maʁʃe]	ein Markt
faire les courses (f., pl.) [fɛʁlekuʁs] Le samedi, la famille Charib fait les courses au marché. Achtung: Papa fait **les courses**. Mon frère joue dans **la cour**. Et moi, j'ai **un cours** de français.	einkaufen
faire la queue [fɛʁlakø] ≡ attendre	Schlange stehen
un stand [ɛ̃stɑ̃d]	ein (Markt)Stand
le fromage [ləfʁɔmaʒ] J'adore le fromage.	der Käse

In Frankreich gibt es hunderte verschiedene Käsesorten. Oft wird Käse nach dem Hauptgang gegessen.

174 cent soixante-quatorze

Vocabulaire

un **morceau**/des **morceaux** (de) [ɛ̃mɔʁso/demɔʁso(də)] Je peux encore avoir un morceau de gâteau, s'il te plaît?	ein Stück/Stücke
un **melon** [ɛ̃məlɔ̃]	eine Melone
cher/chère [ʃɛʁ] – C'est cher? – Non, ce n'est pas cher!	teuer
un **boucher**/une **bouchère** [ɛ̃buʃe/ynbuʃɛʁ]	ein Fleischhauer/eine Fleischhauerin; ein Metzger/eine Metzgerin
on **pourrait** [ɔ̃puʁɛ] On pourrait faire ça ensemble, non?	man könnte
un **poulet** [ɛ̃pulɛ] Je prends un poulet chez le boucher.	ein Huhn; ein Hühnchen
un **poisson** [ɛ̃pwasɔ̃] Tu aimes le poisson?	ein Fisch
le **pain** [ləpɛ̃] (L) panis	das Brot
un **boulanger**/une **boulangère** [ɛ̃bulɑ̃ʒe/ynbulɑ̃ʒɛʁ] ⌾ une boulangerie	ein Bäcker/eine Bäckerin
une **baguette** [ynbagɛt]	ein Baguette
une **fraise** [ynfʁɛz]	eine Erdbeere
retourner [ʁətuʁne] ⇔ partir (E) to return	zurückkehren
des **fruits et légumes** (m., pl.) [defʁɥielegym]	Obst und Gemüse
un **menu** [ɛ̃məny]	ein Menü; eine Speisekarte
une **entrée** [ynɑ̃tʁe] En entrée, je propose une salade.	hier: eine Vorspeise
un **plat** [ɛ̃pla] le plat du jour das Tagesgericht	ein Gericht; ein Gang (beim Essen)
un **dessert** [ɛ̃desɛʁ]	ein Nachtisch
un **abricot** [ɛ̃nabʁiko]	eine Aprikose
délicieux/délicieuse [delisjø/delisjøz] Votre tarte au chocolat est délicieuse. (E) delicious	köstlich; lecker
la **viande** [lavjɑ̃d] La viande est bonne.	das Fleisch

Atelier A

un **oignon** [ɛ̃nɔɲɔ̃] [ɔɲɔ̃]	eine Zwiebel
passer le pont [paseləpɔ̃]	den Fenstertag verbringen
ce soir [səswaʁ]	heute Abend
devoir faire qc [dəvwaʁfɛʁ] Madame Charib doit préparer une pissaladière. ≙ il faut faire qc ⌾ les devoirs	etw. tun müssen

devoir: je d**ois**, tu d**ois**, il/elle/on d**oit**, nous d**evons**, vous d**evez**, ils/elles d**oivent**; *passé composé*: j'ai d**û**

une **liste** [ynlist]	eine Liste
intéresser qn [ɛ̃teʁese] Cela ne m'intéresse pas. intéresser	jdn. interessieren
les **gens** (m., pl.) [leʒɑ̃] (L) gens	die Leute
faire la cuisine [fɛʁlakɥizin] Mo adore faire la cuisine.	kochen; Essen zubereiten
apporter qc [apɔʁte] (L) apportare	etw. (mit)bringen

un **immeuble** [ɛ̃nimœbl] Les gens de l'immeuble apportent des plats.	ein Gebäude; ein Wohnhaus
il manque qc à qn [ilmɑ̃k] Il me manque encore du beurre.	es fehlt jdm. etw.
l'**argent** (m.) [laʁʒɑ̃] Ce n'est pas important pour elle de gagner beaucoup d'argent. (L) argentum	das Geld
un **supermarché** [ɛ̃sypɛʁmaʁʃe]	ein Supermarkt

Die großen französischen Supermärkte heißen **Carrefour** [kaʁfuʁ], **Géant** [ʒeɑ̃], **Leclerc** [ləklɛʁ] und **Auchan** [oʃɑ̃].

acheter qc [aʃte] Qu'est-ce que j'achète pour le repas?	etw. kaufen

acheter: j'ach**è**te, tu ach**è**tes, il/elle/on ach**è**te, nous achetons, vous achetez, ils/elles ach**è**tent; *passé composé*: j'ai acheté

ne… plus de [nə… plydə] Je n'ai plus de beurre et il me manque aussi du lait.	kein/keine mehr
l'**huile** (f.) [lɥil]	das Öl
une **bouteille** (de) [ynbutɛj] (E) bottle	eine Flasche
un **gramme** (de) [ɛ̃gʁam] Nach Mengenangaben wie *un gramme* steht immer *de*: Je voudrais 200 grammes de fromage. Ich hätte gern 200 g Käse.	ein Gramm
une **olive** [ynɔliv]	eine Olive
la **farine** [lafaʁin] (L) farina	das Mehl
une **recette** [ynʁəsɛt] Tu as une recette de tarte au chocolat?	ein Rezept
ajouter qc [aʒute] Ajoute 100 g de farine.	etw. hinzufügen
un **œuf**/des **œufs** [ɛ̃nœf/dezø] un œuf [ɛ̃nœf] des œufs [dezø]	ein Ei/Eier
une **tablette de chocolat** [yntablɛtdəʃɔkɔla]	eine Tafel Schokolade
un **gâteau**/des **gâteaux** [ɛ̃gato/degato]	eine Torte/Torten
un **étage** [ɛ̃netaʒ] La famille Charib habite au premier étage.	ein Stockwerk; eine Etage
il faut qc à qn [ilfo] Il me faut encore du sucre.	jd. braucht etw.
le **sucre** [ləsykʁ]	der Zucker
le **beurre** [ləbœʁ] Voilà du pain et du beurre. Achtung: **le** beurre	die Butter
un **kilo** (de) [ɛ̃kilo]	ein Kilo
beaucoup de [bokudə] Sur la tour Eiffel, il y a beaucoup de touristes.	viel/viele
éplucher qc [eplyʃe] Je dois éplucher des oignons. Tu m'aides?	etw. schälen
une **boisson** [ynbwasɔ̃] Tu prends une boisson?	ein Getränk
une **chaise** [ynʃɛz]	ein Stuhl
la **pâte** [lapat] Pour la pâte, il faut de la farine et des œufs.	der Teig
une **cuillère à soupe** [ynkɥijɛʁasup]	ein Suppenlöffel
une **boîte d'anchois** [ynbwatdɑ̃ʃwa]	eine Dose Sardellen
une **olive noire** [ynɔlivnwaʁ]	eine schwarze Olive

Vocabulaire

le sel [ləsɛl]	das Salz	**boire qc** [bwaʀ]	etw. trinken
un frigo [ɛ̃fʀigo]	ein Kühlschrank	⟲ une boisson	
Mets le beurre dans le frigo, s'il te plaît.		**boire** : je bois, tu bois, il/elle/on boit, nous b**uv**ons, vous b**uv**ez, ils/elles boi**v**ent; *passé composé* : j'ai **bu**	
l'eau *(f.)* [lo]	das Wasser	**le thé** [ləte]	der Tee
Achète une bouteille d'eau, s'il te plaît.		Tu veux encore du thé?	
un vendeur/une vendeuse [ɛ̃vɑ̃dœʀ/ynvɑ̃døz]	ein Verkäufer/eine Verkäuferin	**le thé à la menthe** [ləteɑlamɑ̃t]	der Minztee
désirer qc [deziʀe]	etwas wünschen	**voir qc** [vwaʀ]	etw. sehen
Vous désirez?		Tu as vu Sofiane? Je le cherche partout.	
(E) to desire			
combien (de) [kɔ̃bjɛ̃]	wie viel	**voir** : je vois, tu vois, il/elle/on voit, nous v**oy**ons, vous v**oy**ez, ils/elles voient; *passé composé* : j'ai **vu**	
Combien d'œufs est-ce qu'il nous faut?		**un truc** *(fam.)* [ɛ̃tʀyk]	ein Ding; eine Sache
un client/une cliente [ɛ̃klijɑ̃/ynklijɑ̃t]	ein Kunde/eine Kundin	C'est un truc bizarre.	
(E) client		**retrouver qn/qc** [ʀətʀuve]	jdn. treffen; etwas wiederfinden
un litre (de) [ɛ̃litʀ]	ein Liter	On retrouve les filles à 19h en bas de l'immeuble.	
(F) (E) litre		⟲ trouver	
un paquet (de) [ɛ̃pakɛ]	ein Paket	**un buffet** [ɛ̃byfɛ]	ein Büffet
un peu de [ɛ̃pødə]	ein wenig; ein bisschen	**le karaoké** [ləkaʀaɔke]	das Karaoke
Tu prends encore un peu de gâteau?		**chanter** [ʃɑ̃te]	singen
trop de [tʀɔdə]	zu viel *(bei Mengen)*	Yassine chante très bien.	
J'ai mangé trop de fraises.		**comme** [kɔm]	wie
Ça fait combien? [safɛkɔ̃bjɛ̃]	Wie viel kostet das?	**chanter comme une casserole** *(fam.)* [ʃɑ̃tekɔmynkasʀɔl]	total falsch singen *(ugs.)*
coûter [kute]	kosten		
Ça coûte combien?		**mouais** *(fam.)* [mwɛ]	hm; jein *(ugs.)*
une occasion [ynɔkazjɔ̃]	eine Gelegenheit	**manger qc** [mɑ̃ʒe]	etw. essen
(E) occasion		Achte auf das **e** bei «nous mang**e**ons».	
un jus [ɛ̃ʒy]	ein Saft		
un coca [ɛ̃kɔka]	ein Cola	**manger** : je mang**e**, tu mang**es**, il/elle/on mang**e**, nous mang**eons**, vous mang**ez**, ils/elles mang**ent**; *passé composé* : j'ai mangé	
Je voudrais un coca.			
Ich möchte gern ein Cola.		**avoir la dalle** *(fam.)* [avwaʀladal]	großen Hunger haben *(ugs.)*

Atelier B

		J'ai la dalle.	
où [u]	wo *(Relativpronomen)*	**à table** [atabl]	bei Tisch
Le quartier où j'habite est très sympa.		Les Charib sont à table.	
prêt/prête [pʀɛ/pʀɛt]	fertig; bereit	**une ambiance** [ynɑ̃bjɑ̃s]	eine Stimmung; eine Atmosphäre
Le repas est prêt?		Ce soir, l'ambiance à la maison n'est pas très bonne.	
décrire qc à qn [dekʀiʀ]	jdm. etw. beschreiben	**content/contente** [kɔ̃tɑ̃/kɔ̃tɑ̃t]	zufrieden; froh
(L) describere		Yassine est très content d'être à Montpellier.	
(E) to describe			
qui [ki]	der/die/das *(Relativpronomen, Subjekt)*	**à paillettes** [apajɛt]	mit Pailletten
La femme qui habite à côté de chez nous s'appelle Véronique.		Tu as vu le t-shirt à paillettes de Lou?	
que/qu' [kə/k]	den/die/das *(Relativpronomen, Objekt)*	**Pas mal!** *(fam.)* [pamal]	Nicht schlecht!
La banane est un fruit que je n'aime pas du tout.		**un mec** *(fam.)* [ɛ̃mɛk]	ein Typ *(ugs.)*
un chat [ɛ̃ʃa]	eine Katze	**sûr/sûre** [syʀ]	sicher
un roman [ɛ̃ʀɔmɑ̃]	ein Roman	(E) sure	
C'est un roman qui raconte l'histoire d'une famille célèbre.		**mortel/mortelle** *(fam.)* [mɔʀtɛl/mɔʀtɛl]	sterbenslangweilig *(ugs.)* *auch:* genial, toll *(ugs.)*
des pâtes *(f., pl.)* [depat]	Nudeln	La fête est mortelle.	
(I) pasta		**remonter le moral à qn** [ʀəmɔ̃teləmɔʀal]	jdn. aufheitern
curieux/curieuse [kyʀjø/kyʀjøz]	neugierig; merkwürdig	Tu dois me remonter le moral!	
Ma sœur est très curieuse : elle veut tout savoir.		**inscrire qc** [ɛ̃skʀiʀ]	etw. eintragen
(L) curiosus (E) curious		Inscrivez votre nom sur la liste.	
poser des questions à qn [pozedekɛstjɔ̃]	jdm. Fragen stellen	**une chanson** [ynʃɑ̃sɔ̃]	ein Lied
Maxime, tu rêves? J'ai posé une question.		⟲ chanter	
une description [yndɛskʀipsjɔ̃]	eine Beschreibung	**l'avenir** *(m.)* [lav(ə)niʀ]	die Zukunft
⟲ décrire			
(E) description			

Coin lecture

un journal/des journaux [ɛ̃ʒuʀnal/deʒuʀno]	eine Zeitung/Zeitungen
On parle du vol dans les journaux.	
l'électricité *(f.)* [lelɛktʀisite]	der Strom; die Elektrizität

Vocabulaire

la **coupure d'électricité** [lakupyʀdelɛktʀisite]	der Stromausfall	**faux/fausse** [fo/fos] C'est faux.	falsch
un **vol** [ɛvɔl] ⊕ un voleur, voler	ein Diebstahl; ein Raub	**rien** [ʀjɛ̃] – Tu fais la tête? Qu'est-ce que tu as? – Rien, ça va !	nichts
avoir lieu [avwaʀljø] Le vol a eu lieu dimanche. (E) to take place	sich ereignen; stattfinden	**quelqu'un** [kɛlkɛ̃] Tu attends quelqu'un?	jemand
un **témoin** [ɛ̃temwɛ̃] Il y a un témoin qui a tout vu.	ein Zeuge/eine Zeugin	**Atchoum!** [atʃum]	Hatschi!
		A vos souhaits! [avoswɛ]	Gesundheit!
le/**la** **responsable** [lə/laʀɛspõsabl]	der/die Verantwortliche	un **rhume** [ɛʀym] J'ai un rhume.	eine Erkältung; ein Schnupfen
une **enquête** [ynɑ̃kɛt] Qui est responsable de l'enquête?	eine Ermittlung; eine Untersuchung	**rencontrer qn** [ʀɑ̃kõtʀe] C'est super de rencontrer des gens sympas comme toi!	jdn. treffen; jdm. begegnen
un **suspect**/une **suspecte** [ɛ̃syspɛ/ynsyspɛkt] Il y a plusieurs suspects. (E) suspect	ein Verdächtiger/eine Verdächtige	**mentir** [mɑ̃tiʀ] Il ne faut pas mentir.	lügen
		mentir wird konjugiert wie **partir** und **dormir**: je mens, nous mentons; *passé composé* : j'ai **menti**	
interroger qn [ɛ̃teʀɔʒe] Madame Thibert interroge les suspects. Achtung: nous interrog**e**ons	jdn. befragen; jdn. vernehmen	**incroyable** [ɛ̃kʀwajabl]	unglaublich

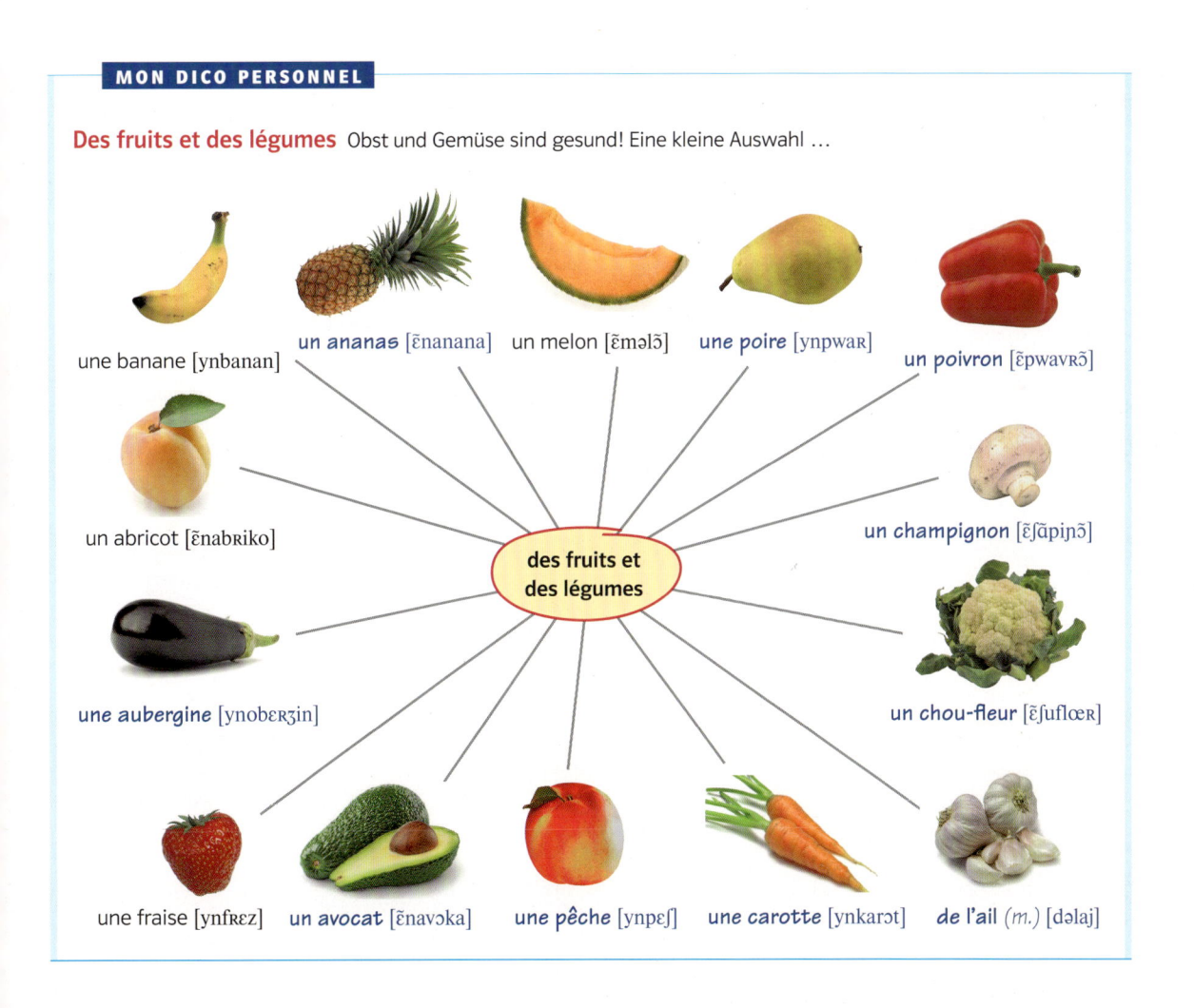

MON DICO PERSONNEL

Des fruits et des légumes Obst und Gemüse sind gesund! Eine kleine Auswahl …

- une banane [ynbanan]
- un **ananas** [ɛ̃nanana]
- un melon [ɛ̃məlõ]
- une **poire** [ynpwaʀ]
- un **poivron** [ɛ̃pwavʀõ]
- un abricot [ɛ̃nabʀiko]
- un **champignon** [ɛ̃ʃɑ̃piɲõ]
- une **aubergine** [ynobɛʀʒin]
- un **chou-fleur** [ɛ̃ʃuflœʀ]
- une fraise [ynfʀɛz]
- un **avocat** [ɛ̃navɔka]
- une **pêche** [ynpɛʃ]
- une carotte [ynkaʀɔt]
- **de l'ail** *(m.)* [dəlaj]

des fruits et des légumes

Vocabulaire

Leçon 7

TIPP Lernt Vokabeln in **Vokabelnetzen**. Legt die Vokabelnetze so groß an, dass ihr sie später durch neue Wörter erweitern könnt.

Entrée

une planète [ynplanɛt] (F) une planète (D) ein Planet	ein Planet
l'argent (m.) **de poche** [laʁʒɑ̃dəpɔʃ] Qu'est-ce que tu achètes avec ton argent de poche?	das Taschengeld
un forfait [ɛ̃fɔʁfɛ] Je n'ai pas de forfait de portable.	eine Flatrate (Pauschaltarif)
payer qc [peje] (E) to pay	etw. bezahlen

payer wird konjugiert **wie essayer**: je pa**i**e, tu pa**i**es, il/elle/on pa**i**e, nous payons, vous payez, ils/elles pa**i**ent; *passé composé* : j'ai payé

la nourriture [lanuʁityʁ]	die Nahrung
un vêtement [ɛ̃vɛtmɑ̃] (L) vestis	ein Kleidungsstück
un produit de beauté [ɛ̃pʁɔdɥidəbote] Les produits de beauté sont chers.	ein Kosmetikprodukt
le matériel informatique [ləmateʁjɛlɛ̃fɔʁmatik]	die Hardwareausstattung
un magazine [ɛ̃magazin] Nicht verwechseln: un maga**sin** (ein Geschäft)	eine Zeitschrift
le téléchargement [lətéleʃaʁʒəmɑ̃]	das Herunterladen; der Download
une appli (fam.) [ynapli] une appli (fam.) = une application	eine Anwendung; eine App
un cadeau/des cadeaux [ɛ̃kado/dekado] J'ai acheté un cadeau super pour Océane.	ein Geschenk/Geschenke
scolaire [skɔlɛʁ]	schulisch; Schul-
télécharger qc [teleʃaʁʒe] J'ai téléchargé l'appli sur mon smartphone. 🔊 le téléchargement	etw. herunterladen

télécharger wird konjugiert wie **manger**: je télécharge, nous télécharg**e**ons

un mois [ɛ̃mwa]	ein Monat
utiliser qc [ytilize] Beaucoup de jeunes utilisent leur argent de poche pour des téléchargements.	etw. benutzen; etw. verwenden
faire des économies (f., pl.) [fɛʁdezekɔnɔmi]	sparen
un chanteur/une chanteuse [ɛ̃ʃɑ̃tœʁ/ynʃɑ̃tøz] 🔊 chanter, une chanson	ein Sänger/eine Sängerin
un concert [ɛ̃kɔ̃sɛʁ]	ein Konzert
un pour cent (inv.) [ɛ̃puʁsɑ̃] Je dépense dix pour cent de mon argent de poche pour le matériel scolaire.	ein Prozent

Das Nomen **pour cent** besteht aus zwei Wörtern (wörtlich: «für Hundert»). Man schreibt es getrennt.

Atelier A

laver qc [lave] Tu as lavé mon t-shirt?	etw. waschen
pendant que [pɑ̃dɑ̃kə] Pendant que je fais mes devoirs, mon frère lit un livre.	während (Konj.)
un pantalon [ɛ̃pɑ̃talɔ̃] (E) pants	eine Hose
une couleur [ynkulœʁ] Achte auf die Schreibung: cou**l**eur (L) color (E) colour	eine Farbe
une taille [yntaj] Quelle taille faites-vous?	eine (Körper-)Größe

Möchte man die deutsche Entsprechung der französischen Konfektionsgrößen wissen, muss man immer 1 Größe abziehen: Größe 36 in Frankreich entspricht Größe 34 in Österreich.

une jupe [ynʒyp]	ein Rock
un anorak [ɛ̃anɔʁak]	ein Anorak
une chemise [ynʃəmiz]	ein Hemd
une basket [ynbaskɛt]	ein Turnschuh
en taille… [ɑ̃taj] Je cherche un pantalon en taille 38.	in Größe …
Tu prends quelle couleur? [typʁɑ̃kɛlkulœʁ]	Welche Farbe nimmst du?
vert/verte [vɛʁ/vɛʁt]	grün
bleu/bleue [blø]	blau
gris/grise [gʁi/gʁiz]	grau
noir/noire [nwaʁ] [nwaʁ] Die Aussprache ist dieselbe, die Schreibung nicht: noir, noire. (L) niger	schwarz
blanc/blanche [blɑ̃/blɑ̃ʃ]	weiß
rouge [ʁuʒ] Im Singular immer **rouge**, im Plural **rouges**.	rot
jaune [ʒon] Im Singular immer **jaune**, im Plural immer **jaunes**.	gelb
exactement [ɛgzaktəmɑ̃] (E) exactly	genau
le même/la même [ləmɛm/lamɛm] Je prends la même chose.	derselbe/dieselbe/dasselbe; der/die/das Gleiche
Il y a un souci. [iljaɛ̃susi]	Es gibt ein Problem.
promettre qc à qn [pʁɔmɛtʁ] C'est promis! (angl.) to promise	jdm. etw. versprechen

promettre : je prom**ets**, tu prom**ets**, il/elle/on prom**et**, nous prome**tt**ons, vous prome**tt**ez, ils/elles prome**tt**ent; *passé composé* : j'ai prom**is**

voter (pour qn) [vɔte] J'ai voté pour Stromae.	jdn. wählen; seine Stimme abgeben (für)
avoir besoin de qc [avwaʁbəzwɛ̃] J'ai besoin d'un jean.	etw. brauchen
quel/quelle/quels/quelles [kɛl] Quelle est ta taille?	welcher/welche/welches (Fragebegleiter)
mettre qc [mɛtʁ] Luc a mis deux heures pour rentrer à la maison. Ce soir, je mets mon pull rouge. J'ai mis mon pull sur le lit.	(Zeit) brauchen; etw. anziehen; etw. stellen; etw. legen; etw. setzen

mettre wird wie **promettre** konjugiert: je m**ets**, tu m**ets**, il/elle/on m**et**, nous me**tt**ons, vous me**tt**ez, ils/elles me**tt**ent; *passé composé* : j'ai m**is**

les soldes (f., pl.) [lesɔld] Aux Galeries Lafayette, il y a des soldes.	der Schlussverkauf
essayer qc [eseje] Vous voulez essayer cette jupe en M?	etw. versuchen; etw. ausprobieren; etw. anprobieren

essayer : j'essa**i**e, tu essa**i**es, il/elle/on essa**i**e, nous essayons, vous essayez, ils/elles essa**i**ent; *passé composé* : j'ai essayé

ce/cet/cette/ces [sə/sɛt/sɛt/se] Comment est-ce que tu trouves cette robe?	dieser/diese/dieses (Demonstrativbegleiter)

Vocabulaire

un jean [ɛ̃dʒin]	eine Jeans
un jean eine Jeans	
ne… rien [nə… ʀjɛ̃]	nichts
Amélie n'a rien acheté.	
un style [ɛ̃stil]	ein Stil
les fringues (f., pl.) (fam.) [lefʀɛ̃g]	die Klamotten (ugs.)
= les vêtements	
une casquette [ynkaskɛt]	eine Kappe; eine Schirmmütze
une chaussure [ynʃosyʀ]	ein Schuh
Elle aime bien les chaussures noires.	
aller à qn [ale]	jdm. stehen
Cet anorak te va super bien.	
ne… jamais [nə… ʒamɛ]	nie; niemals
Yann ne porte jamais de casquette.	
pourtant [puʀtɑ̃]	dennoch; trotzdem
Ça lui va pourtant très bien.	
un cheveu/des cheveux [ɛ̃ʃ(ə)vø/deʃ(ə)vø]	ein Haar/Haare
Il a les cheveux noirs.	
pour faire qc [puʀfɛʀ]	um etwas zu tun
bouder [bude]	schmollen
Mon frère boude souvent.	
une caisse [ynkɛs]	eine Kasse
nickel (fam.) [nikɛl]	super; einwandfrei
décider de faire qc [deside]	beschließen, etw. zu tun
Ils décident d'attendre.	
(E) to decide	
une glace [ynglas]	ein Eis
une boule [ynbul]	eine Kugel
Je te paie une boule de glace.	
dessus [d(ə)sy]	darauf
Voilà un papier. Tu écris ton nom dessus.	
un prix [ɛ̃pʀi]	ein Preis
un look [ɛ̃luk]	ein Outfit
classique [klasik]	klassisch
Je préfère un style classique.	
J'ai mon style à moi. [ʒemɔ̃stilamwa]	Ich habe meinen eigenen Stil.
être à la mode [ɛtʀalamɔd]	modern sein; sich modisch kleiden
Maglaé est toujours très à la mode.	
pratique [pʀatik]	praktisch
(F) pratique (D) praktisch	
sportif/sportive [spɔʀtif/spɔʀtiv]	sportlich
⊕ le sport	
porter qc [pɔʀte]	etwas tragen
Léo porte souvent des vêtements sportifs.	
une marque [ynmaʀk]	eine Marke
J'aime les vêtements de marque.	
blond/blonde [blɔ̃/blɔ̃d]	blond
J'ai les cheveux blonds.	
brun/brune [bʀɛ̃/bʀyn]	braun
Elle a les cheveux bruns.	
roux/rousse [ʀu/ʀus]	rothaarig
court/courte [kuʀ/kuʀt]	kurz
long/longue [lɔ̃/lɔ̃g]	lang
(L) longus (E) long	

Atelier B

chaque [ʃak]	jeder/jede/jedes + Nomen
un professionnel/une professionnelle [ɛ̃pʀɔfɛsjɔnɛl/ynpʀɔfɛsjɔnɛl]	ein Fachmann/eine Fachfrau; ein Profi
remettre (un prix) [ʀəmɛtʀ(ɛ̃pʀi)]	(einen Preis) überreichen; (einen Preis) verleihen
Des professionnels de la musique remettent des prix aux chanteurs français.	
⊕ mettre	
une catégorie [ynkategɔʀi]	eine Kategorie
catégorie	
nouveau/nouvel/nouvelle [nuvo/nuvɛl/nuvɛl]	neu
Tu as déjà entendu la nouvelle chanson de Louane?	
Plural: des nouveaux groupes, des nouvelles chansons	
(L) novus	
une tournée [ynturne]	eine Tournee
venir [vəniʀ]	kommen
Tu viens d'où?	
(L) venire	
venir : je viens, tu viens, il/elle/on vient, nous venons, vous venez, ils viennent; *passé composé* : il est venu, elle est venue	
revenir [ʀəvəniʀ]	zurückkommen
revenir wird wie **venir** konjugiert: je reviens, tu reviens, …	
devenir qn/qc [dəvəniʀ]	jd./etw. werden
Plus tard, Amélie veut devenir prof.	
devenir wird konjugiert wie **venir**: je deviens, nous devenons; *passé composé* : je suis **devenu(e)**	
une star [ynstaʀ]	ein Star
une star: Ob Mann oder Frau, im Französischen immer feminin.	
un album [ɛ̃nalbɔm]	ein (Musik)Album
Stromae a eu un succès énorme avec son nouvel album.	
un titre [ɛ̃titʀ]	ein Titel
danser [dɑ̃se]	tanzen
J'aime danser.	
offrir qc à qn [ɔfʀiʀ]	jdm. etw. anbieten; jdm. etw. schenken
Demain, c'est l'anniversaire de Maxime.	
Qu'est-ce qu'on lui offre?	
(E) to offer	
offrir : j'offre, tu offres, il/elle/on offre, nous offrons, vous offrez, ils/elles offrent; *passé composé* : j'ai offert	
découvrir qc [dekuvʀiʀ]	etw. entdecken
On a découvert Louane en 2013.	
(E) to discover	
découvrir : je découvre, tu découvres, il/elle/on découvre, nous découvrons, vous découvrez, ils/elles découvrent; *passé composé* : j'ai découvert	
reprendre qc [ʀ(ə)pʀɑ̃dʀ]	etw. übernehmen
⊕ prendre	
vieux/vieil/vieille [vjø/vjɛj/vjɛj]	alt
un vieux chanteur, un vieil album, une vieille chanson	
un air [ɛ̃nɛʀ]	hier: eine Melodie
ouvrir qc [uvʀiʀ]	etw. öffnen; etw. eröffnen
ouvrir : j'ouvre, tu ouvres, il/elle/on ouvre, nous ouvrons, vous ouvrez, ils/elles ouvrent; *passé composé* : j'ai ouvert	
taper qc [tape]	etw. tippen
beau/bel/belle [bo/bɛl/bɛl]	schön
C'est un bel homme.	
Plural: des beaux vêtements, des belles chansons	
une douche [ynduʃ]	eine Dusche
Je peux prendre une douche?	
une émission [ynemisjɔ̃]	eine Sendung
Je veux bien participer à l'émission.	

Vocabulaire

sortir qc [sɔʀtiʀ] ZAZ a sorti un nouvel album.	etw. herausbringen	**faire le tour du monde** [fɛʀlətuʀdymɔ̃d]	*hier:* in die ganze Welt verkauft werden; eine Weltreise machen
la vie [lavi] (L) vita	das Leben	**la voix** [lavwa] (L) vox (E) voice	die Stimme
une émotion [ynemosjɔ̃] Elle chante avec beaucoup d'émotion. (E) emotion	eine Emotion; ein Gefühl	**la techno** [latɛkno]	Techno
		la musique pop [lamyzikpɔp]	die Popmusik
		l'électro *(f.)* [lelɛktʀo]	die Elektro-Musik
en solo [ɑ̃solo]	solo *(Adv.)*	**le jazz** [lədʒaz]	der Jazz
le rap [ləʀap] Paul est fan de rap.	Rap	**la musique classique** [lamyzikklasik]	die klassische Musik
une mélodie [ynmelɔdi] (E) melody	eine Melodie	**un artiste/une artiste** [ɛ̃naʀtist/ynaʀtist] (E) artist	ein Künstler/eine Künstlerin
un tube [ɛ̃tyb]	ein Hit	**le rythme** [ləʀitm] (F) rythme (E) rhythm (D) Rhythmus	der Rhythmus
le succès [ləsyksɛ] Achte auf die Schreibung: (F) succès, (E) success	der Erfolg	**un instrument** [ɛ̃nɛ̃strymɑ̃]	ein Instrument
vrai/vraie [vʀɛ] Ce n'est pas vrai, ça… ⇔ faux/fausse (L) verus	wahr; richtig; echt	**les paroles** *(f., pl.)* [lepaʀɔl] J'aime les paroles de cette chanson.	der Liedtext

MON DICO PERSONNEL

Mes vêtements

un pull	ein Pulli	**une veste** [ynvɛst]	eine Jacke
un t-shirt	ein T-Shirt	**une robe** [ynʀɔb]	ein Kleid
une jupe	ein Rock	**une écharpe** [yneʃaʀp]	ein Schal
un anorak	ein Anorak	**une ceinture** [ynsɛ̃tyʀ]	ein Gürtel
une chemise	ein Hemd	**des bottes** *(f., pl.)* [debɔt]	Stiefel
des baskets	Turnschuhe	**des lunettes de soleil** [delynɛtdəsɔlɛj]	eine Sonnenbrille
des chaussures	Schuhe		
une casquette	eine Kappe		
un jean	eine Jeans		

Leçon 8

> **TIPP** Verbindet in eurem Kopf die Vokabel – wenn immer es möglich ist – mit **einem Bild.**

Entrée

les vacances *(f., pl.)* [levakɑ̃s]	die Ferien; der Urlaub	**un rocher** [ɛ̃ʀɔʃe] (E) rock	ein Fels
la Bretagne [labʀətaɲ] en Bretagne = in der Bretagne	die Bretagne	**un menhir** [ɛ̃meniʀ]	ein Menhir; ein Hinkelstein
Die **Bretagne** ist eine Region im Westen Frankreichs. Ihr Name kommt von den Bretonen, einem keltischen Volk, das die Halbinsel im 6. Jahrhundert vom heutigen England aus besiedelte.		**un festival** [ɛ̃fɛstival] Les Vieilles Charrues, c'est un festival célèbre.	ein Festival
		breton/bretonne [bʀətɔ̃/bʀətɔn] J'adore les spécialités bretonnes.	bretonisch
la pêche [lapɛʃ] Mon père va souvent à la pêche. ⇆ un poisson	die Fischerei; das Angeln	**une île** [ynil] Sylt est une île.	eine Insel
un crabe [ɛ̃kʀab]	eine Krabbe	**un phare** [ɛ̃faʀ]	ein Leuchtturm
une plage [ynplaʒ] En Bretagne, il y a des jolies plages. (F) sur la plage (D) am Strand	ein Strand	**un panneau/des panneaux** [ɛ̃pano/depano]	ein Schild/Schilder
		le breton [ləbʀətɔ̃] En Bretagne, les panneaux sont aussi en breton.	Bretonisch
		un port [ɛ̃pɔʀ] Dans le port de Saint-Malo, il y a beaucoup de bateaux. (L) portus (E) port	ein Hafen

Vocabulaire

au premier plan [oprəmjeplɑ̃]	Im Vordergrund	
Sur la photo, au premier plan, tu vois un menhir immense.		
au milieu de [omiljødə]	in der Mitte (von)	
à l'arrière-plan [alaʀjɛʀplɑ̃]	im Hintergrund	

Atelier A

un carnet de bord [ɛ̃kaʀnɛdəbɔʀ]	ein Reisejournal
un stage [ɛ̃staʒ]	ein Praktikum; ein Kurs
Pendant son stage en Bretagne, Alice a écrit un carnet de bord. Nicht verwechseln mit englisch: the stage = die Bühne	
avoir une correspondance [avwaʀynkɔʀɛspɔ̃dɑ̃s]	umsteigen
Pour aller à Paris, j'ai deux correspondances.	
s'inquiéter [sɛ̃kjete]	sich Sorgen machen
– Sophie n'est pas encore rentrée. – Ne t'inquiète pas.	
s'inquiéter : je m'inqui**è**te, tu t'inqui**è**tes, il/elle/on s'inqui**è**te, nous nous inqui**é**tons, vous vous inqui**é**tez, ils/elles s'inqui**è**tent	
se débrouiller [sədebʀuje]	zurechtkommen; sich zu helfen wissen
Je trouve que tu te débrouilles très bien.	
se retrouver [səʀətʀuve]	sich treffen
On se retrouve au CDI après la récré.	
monter [mɔ̃te]	hinaufgehen; einsteigen
Alice est montée dans le bus pour aller à la plage. ⇔ descendre	
un voyage [ɛ̃vwajaʒ]	eine Reise
Bon voyage!	
allemand [almɑ̃/almɑ̃d]	deutsch
Tu parles bien allemand.	
choisir qc [ʃwaziʀ]	etw. wählen; etw. aussuchen
Choisissez votre menu. (E) to choose	
choisir : je choisis, tu choisis, il/elle/on choisit, nous choisi**ss**ons, vous choisi**ss**ez, ils/elles choisi**ss**ent; *passé composé* : j'ai choisi	
un TER *(transport express régional)* [ɛ̃teəəʀ]	ein Regionalzug
un participant/une participante [ɛ̃paʀtisipɑ̃/ynpaʀtisipɑ̃t]	ein Teilnehmer/eine Teilnehmerin
Les participants du stage sont arrivés hier à Concarneau. ⓪ participer, la participation	
un autocar *(m.)* [ɛ̃notokaʀ]	ein Überlandbus; ein Reisebus
s'amuser [samyze]	sich amüsieren; Spaß haben
un animateur/une animatrice [ɛ̃nanimatœʀ/ynanimatʀis]	ein Kursleiter/eine Kursleiterin; ein Betreuer/eine Betreuerin
Avec les animateurs, on s'amuse bien.	
se lever [sələve]	aufstehen; sich erheben
Les jeunes se lèvent très tôt le matin.	
se lever : je me l**è**ve, tu te l**è**ves, il/elle/on se l**è**ve, nous nous l**e**vons, vous vous l**e**vez, ils/elles se l**è**vent	
se passer [səpase]	geschehen; sich ereignen; sich abspielen
L'histoire se passe à Paris.	
la vue [lavy]	die Aussicht
On a une belle vue sur la mer. ⓪ voir	
la mer [lamɛʀ]	das Meer
une crêperie [ynkʀɛpʀi]	ein Crêpe-Restaurant
se partager qc [səpaʀtaʒe]	sich etw. teilen
On se partage une crêpe? Achtung: nous nous partageons	
réussir à faire qc [ʀeysiʀ]	gelingen etw. zu tun; etw. fertigbringen
Les jeunes qui réussissent à faire une belle photo de la mer vont gagner un prix.	
réussir wird konjugiert wie **choisir**: je réussis, tu réussis, il/elle/on réussit, nous réussi**ss**ons, vous réussi**ss**ez, ils/elles réussi**ss**ent; *passé composé* : j'ai réussi	
s'entraîner [sɑ̃tʀene]	trainieren
⓪ un entraînement, un entraîneur	
finir qc [finiʀ]	etw. beenden; mit etw. aufhören
J'ai fini mon travail. ⓪ la fin (L) finis	
finir wird konjugiert wie **choisir**: je finis, tu finis, il/elle/on finit, nous fini**ss**ons, vous fini**ss**ez, ils/elles fini**ss**ent; *passé composé* : j'ai fini	
une crêpe [ynkʀɛp]	eine Crêpe
se coucher [səkuʃe]	ins Bett gehen; schlafen gehen; sich hinlegen
Le week-end, je me couche tard.	
se baigner [səbeɲe]	baden
= aller dans l'eau	
chaud/chaude [ʃo/ʃod]	warm; heiß
L'eau est chaude. On se baigne?	
être de retour [ɛtʀdəʀətuʀ]	zurück sein
Sois de retour à 22 heures.	
s'entendre [sɑ̃tɑ̃dʀ]	sich verstehen
Les jeunes du stage s'entendent bien.	
grimper [gʀɛ̃pe]	klettern
Alice grimpe sur un rocher.	
glisser [glise]	gleiten; rutschen
C'est dangereux et elle glisse.	
un appareil photo [ɛ̃napaʀɛjfoto]	ein Fotoapparat
un coup [ɛ̃ku]	ein Schlag
organiser qc [ɔʀganize]	etw. organisieren
(F) organiser (E) to organize	
s'occuper de qn/qc [sokype]	sich beschäftigen mit jdm./etw.; sich kümmern um jdn./etw.
Qui s'occupe du repas?	
un avion [ɛ̃navjɔ̃]	ein Flugzeug
Tu as déjà pris l'avion?	
un train [ɛ̃tʀɛ̃]	ein Zug
Moi, je préfère le train.	
un ferry [ɛ̃feʀi]	eine Fähre
une voiture [ynvwatyʀ]	ein Auto
en voiture [ɑ̃vwatyʀ]	mit dem Auto
En voiture, ça va vite. en voiture, en avion, en train: mit dem Auto, mit dem Flugzeug, mit dem Zug	
à pied [apje]	zu Fuß
– On va chez Marie à pied? – Non, on prend la voiture.	
anglais/anglaise	englisch
Tout le monde parle anglais. [ɑ̃glɛ/ɑ̃glɛz]	
suisse [sɥis]	schweizerisch
Gabriel est un garçon suisse.	
un château/des châteaux [ɛ̃ʃato/deʃato]	ein Schloss/Schlösser

Atelier B

une randonnée [ynʀɑ̃dɔne]	eine Wanderung
Hugo n'a pas envie de faire une randonnée.	
franco-allemand/franco-allemande [fʀɑ̃koalmɑ̃/fʀɑ̃koalmɑ̃d]	deutsch-französisch

Vocabulaire

se téléphoner [sətelefɔne]	miteinander telefonieren	**un croisement** [ɛ̃kRwazmɑ̃]	eine Kreuzung
savoir [savwaR] Je ne sais pas.	wissen	**perdu/perdue** [pɛRdy]	verloren
		le GPS [ləʒepeɛs]	das GPS
savoir : je sais, tu sais, il/elle/on sait, nous savons, vous savez, ils/elles savent; *passé composé* : j'ai **su**		**sauf que** [sofkə]	abgesehen davon
		par chance [paRʃɑ̃s] Heureusement, les parents de Tim ont une carte.	glücklicherweise
connaître qn/qc [kɔnɛtR] Tu connais Océanopolis?	jdn./etw. kennen	**le temps** [lətɑ̃]	das Wetter
		Il fait quel temps? [ilfɛkɛltɑ̃]	Wie ist das Wetter?
connaître : je connais, tu connais, il/elle/on connaît, nous connai**ss**ons, vous connai**ss**ez, ils connai**ss**ent; *passé composé* : j'ai **connu**		**Il fait beau.** [ilfɛbo]	Es ist schönes Wetter.; Das Wetter ist schön.
		le soleil [ləsɔlɛj] Il fait très chaud au soleil. (L) sol	die Sonne
que [kə] Alice dit qu'elle a faim.	dass *(Konjunktion)*	**Il y a du soleil.** [iljadysɔlɛj]	Die Sonne scheint.
si [si] Mon père veut savoir s'il y a une crêperie ici.	ob	**froid/froide** [fRwa/fRwad] ⇔ chaud/chaude	kalt
		Il fait froid. [ilfɛfRwa]	Es ist kalt.
si + il mit Apostroph: **s'il**; **si + elle** ohne Apostroph: **si elle**		**la pluie** [laplɥi] Il y a de la pluie. (L) pluvia	der Regen
se connaître [səkɔnɛtR] Les parents d'Alice et de Tim ne se connaissent pas.	sich kennen	**un orage** [ɛ̃nɔRaʒ] Tu vois les nuages noirs? On va avoir un orage.	ein Gewitter
un propriétaire/une propriétaire [ɛ̃pRɔpRijetɛR/ynpRɔpRijetɛR]	ein Eigentümer/eine Eigentümerin	**Il neige.** *(Infinitiv: neiger)* [ilnɛʒ]	Es schneit.
une location [ynlɔkasjɔ̃]	eine Ferienunterkunft	**la température** [latɑ̃peRatyR]	die Temperatur
un chemin [ɛ̃ʃəmɛ̃] Les jeunes ne trouvent plus leur chemin.	ein Weg	**Il fait quelle température?** [ilfɛkɛltɑ̃peRatyR] (F) température (E) temperature (E) Temperatur	Wie viel Grad hat es?
un interprète/une interprète [ɛ̃nɛ̃tɛRpRɛt/ynɛ̃tɛRpRɛt] Alice et Tim jouent les interprètes.	ein Dolmetscher/eine Dolmetscherin	**un degré** [ɛ̃dəgRe] (E) degree	ein Grad
un nuage [ɛ̃nɥaʒ] Il y a des nuages. (L) nubes	eine Wolke	**Il fait vingt degrés.** [ilfɛvɛ̃dəgRe]	Es hat 20 Grad.
		moins cinq (degrés) [mwɛ̃sɛ̃k] Il fait moins cinq degrés.	minus fünf (Grad)
Il pleut. [ilplø]	Es regnet.	**un site** [ɛ̃sit]	eine historische Stätte
la météo [lameteo] Tu as écouté la météo pour demain? Abkürzung für *la météorologie*	die Wettervorhersage	**un office de tourisme** [ɛ̃nɔfisdətuRism]	ein Fremdenverkehrsamt
		Coin lecture	
sans arrêt [sɑ̃zaRɛ] Il pleut sans arrêt.	ständig; unaufhörlich	**longtemps** [lɔ̃tɑ̃] J'ai dormi longtemps.	lange *(Adv.)*
un parking [ɛ̃paRkiŋ]	ein Parkplatz	**fatigué/fatiguée** [fatige] Mais je suis encore fatigué.	müde
une carte de randonnée [ynkaRtdəRɑ̃dɔne]	eine Wanderkarte	**s'énerver** [senɛRve] Arrête tout de suite ou je m'énerve!	sich aufregen
savoir faire qc [savwaRfɛR] Tu sais chanter?	etw. tun können *(wissen, wie etw. geht)*		
une présentation [ynpRezɑ̃tasjɔ̃]	eine Vorstellung	**la suite** [lasɥit] Vous connaissez la suite de l'histoire?	die Fortsetzung
embêter qn *(fam.)* [ɑ̃bete] Arrête de m'embêter.	jdn. nerven *(ugs.)*	**se réveiller** [səReveje] Rafael se réveille à 5 heures.	aufwachen
en avoir marre *(fam.)* [ɑ̃navwaRmaR] J'en ai marre de cette randonnée!	die Nase voll haben *(ugs.)*; es satthaben *(ugs.)*		
un pique-nique [ɛ̃piknik]	ein Picknick		
le vent [ləvɑ̃] Tout à coup, il y a beaucoup de vent. (L) ventus	der Wind		

Vocabulaire

C'est où ?

sur	auf	devant	vor
sous	unter	derrière	hinter
dans	in	au milieu (de)	in der Mitte (von)
en bas de	unten, unterhalb von	à gauche (de)	links (von)
chez	bei	à droite (de)	rechts (von)
à côté de	neben	en face de	gegenüber

Attention au pluriel !

un bureau – des bureaux	un cheveu – des cheveux	
un bateau – des bateaux	un réseau – des réseaux	
un cadeau – des cadeaux	un animal – des animaux	ein Tier/Tiere
un morceau – des morceaux	un chapeau – des chapeaux	ein Hut/Hüte
un gâteau – des gâteaux	un feu – des feux	ein Feuer/Feuer
un panneau – des panneaux	un jeu – des jeux	ein Spiel/Spiele
un journal – des journaux	un travail – des travaux	eine Arbeit/Arbeiten

MON DICO PERSONNEL

Qui sait faire quoi ?

chanter	faire la cuisine [fɛʁlakɥizin]	kochen
écrire des histoires	jouer d'un instrument [ʒwedɛ̃nɛ̃stʁymɑ̃]	ein Instrument spielen
faire des photos	organiser des vacances [ɔʁganizedevakɑ̃s]	Reisen organisieren
parler anglais	réparer un ordinateur [ʁepaʁeɛ̃nɔʁdinatœʁ]	einen Computer reparieren
jouer au foot	dessiner [desine]	zeichnen
danser		

Leçon 1, Bilan (S. 22–23)

1 (0) Bonjour monsieur, il y a une boulangerie où ?
(1) Il y a une boulangerie dans la rue Truffaut.
(2) C'est la boulangerie de la famille Mercier.
(3)–(4) Ils ont des croissants et des tartes ? (5) Ah oui, les croissants Mercier sont super ! (6) Merci ! Et il y a aussi un parc ? (7) Oui, le parc Clichy-Batignolles.

2 a) Vous êtes où ? Nous sommes à la boulangerie. Et toi, tu es où ? Moi, je suis encore à la maison. Gaston est là aussi.
b) Vous êtes monsieur Legrand ? Oui. Et vous, vous êtes ? Moi, je suis Emma, et là c'est mon copain Louis. Nous sommes là pour le cours de guitare.

3 (0) J'ai une idée. (1) Maxime a un problème.
(2) Vous avez encore une place ? (3) Yassine et Alice ont 14 ans. (4) Tu as quel âge ? (5) Célia a le sac de Maxime. (6) Nous avons une surprise pour toi.
(7) La famille Mercier a un chien.

4 (0) C'est ton sac ? (1) Oui, c'est le portable d'Alice.
(2) Oui, c'est ma musique. (3) Oui, ce sont mes affaires. (4) Oui, ce sont les copines de Maxime.
(5) Oui, c'est mon adresse ? (6) Oui, c'est le portemonnaie d'Alice. (7) C'est ta guitare ?

5 (0) Comment tu t'appelles ? (1) Tu as quel âge ?
(2) Tu habites où ? (3) Ça va ? (4) C'est qui ?
(5) Qu'est-ce que c'est ?

6 a) Bonjour/Salut ! Ça va ? b) Je m'appelle…, j'ai… ans et j'habite à… c) Au revoir monsieur. d) Tu t'appelles comment ? Tu as quel âge ? Tu habites où ? e) Mon numéro de portable, c'est le 06.31.13.22.09. f) Qu'est-ce que c'est ?

Leçon 2, Bilan (S. 38–39)

1 *Lösungsvorschläge*
1. Je raconte un film à mon copain. 2. Tu présentes Yassine à Mme Mercier. 3. Alice et Célia donnent un croissant à Enzo. 4. Maxime montre des photos à son frère.

2 vous **faites** – nous **faisons** – Tu **fais** – Je **fais** – les filles **font** – on **fait**

3 a) Qu'est-ce que tu cherches ? b) Qu'est-ce que tu fais ? c) Est-ce que c'est une surprise ? d) Est-ce qu'elle est pour moi ?

4 **leur** famille avec **leurs** voisins – **vos** enfants – **mes** enfants – **ma** fille – **mon** fils – avec **leurs** copains – **votre** boulangerie

5 Les amis de Yassine

0	00	1	2	3	4
✓	pour	la	✓	lycée	son

5	6	7	8	9	10
fille	bien	tout	tard	✓	appartement

6 a) Tu es d'où ? b) J'habite rue du Croissant, à Paris. c) J'aime mon quartier : il y a un cinéma et un centre commercial. d) Mon endroit préféré, c'est le parc. e) Ma sœur s'appelle Lili, elle a cinq ans et elle adore le chocolat. f) Mais elle déteste la salade. g) Mon frère Moritz est toujours en retard et il fait souvent la tête.

Leçon 3, Bilan (S. 54–55)

1 a) Maxime va au collège. b) Les élèves de 4e vont à la piscine. c) Les garçons, vous allez au CDI ? d) Célia, est-ce que tu vas à la cantine avec Alice ? e) Après la cantine, je vais aux toilettes.

2 a) A Honoré de Balzac, les élèves apprennent plein de choses. b) Aujourd'hui, nous écrivons un texte sur le théâtre. c) Au CDI, Maxime lit une BD, et Célia et Alice écrivent un texte. d) Maxime, Yassine, qu'est-ce que vous dites ? Je ne comprends pas. e) Tu prends une salade à la cantine ? f) Vous comprenez ma question ?

3 C'est bientôt la rentrée
0) troisièmes, 1) questions, 2) Apprends, 3) tes, 4) fais, 5) ses, 6) cherches, 7) Va, 8) documentaliste, 9) discute, 10) va, 11) préférée

4 a) Qu'est-ce que tu fais après le collège/lycée ?
b) Maintenant, j'ai une heure de perm(anence).
c) La cantine, c'est nul ! d) Ma matière préférée, c'est l'anglais. e) Il est quelle heure ?/Quelle heure est-il ? f) Il est trois heures et quart. g) Le mardi, j'ai maths de huit heures à neuf heures moins le quart. h) Et le mercredi après-midi, j'ai SVT.
i) Léa, rendez-vous à une heune trente pour les devoirs ? j) Nous faisons encore nos devoirs.

Leçon 4, Bilan (S. 70–71)

1 Vendredi, je vais préparer un repas avec mes copains et je vais / on va regarder un DVD. Samedi, je vais aider mes parents dans la cuisine et mes parents et moi, nous allons faire du vélo. Dimanche, je vais faire mes devoirs, je ne vais pas regarder la télé et je vais chatter.

Lösungen Bilan

2 Tous ensemble contre le harcèlement !

0	1	2	3	4	5	6	7	8	9	10
C	A	A	C	D	C	B	A	D	B	C

3 a) J'aime faire du sport.   b) Le handball, c'est pas mon truc / c'est l'horreur. / Je déteste le handball.   c) On fait du shopping le week-end ?   d) Merci, mais je préfère aller au cinéma.   e) Rendez-vous devant le cinéma.   f) Tu as l'air en colère.   g) Tu as une minute pour moi ?   h) Il faut faire quelque chose contre le harcèlement.

Leçon 5, Bilan (S. 88–89)

1 a) Dimanche, les filles vont voir la **grande exposition** sur les mangas avec Rose et Nicolas.   b) Après l'exposition, Nicolas a une **bonne idée**.   c) Ils vont dans un **petit restaurant** à côté du musée et font un **bon repas**.   d) Vanessa et Rose racontent plein de **blagues marrantes**.   e) A la fin, Célia pense : c'est une **journée magnifique**.

2 Vendredi, je n'ai pas travaillé pour l'école. Mon père et moi, nous avons regardé un match à la télé.   Samedi, ma sœur a traversé Paris en batobus, mes parents ont visité une exposition et j'ai fait du vélo au parc.   Dimanche, j'ai dormi, j'ai chatté et mes copains et moi, nous sommes allés au cinéma.

3 a) Dimanche, les filles **veulent** aller à l'exposition sur les mangas.   b) Tu **veux** visiter l'exposition avec nous ?   c) Dimanche, je ne **peux** pas. Ma famille et moi, on **veut** faire un tour en batobus. Mais si vous **voulez**, vous **pouvez** prendre le batobus avec nous et aller un autre jour à l'expo ?   d) Non, nous ne **pouvons** pas…

4 1. Bizarre, Nicolas ne **répond** pas.   2. **Attendez** les filles !   3. … et tu **descends** à la station Rome.   4. Qu'est-ce que Nicolas **a répondu** ?

5 Un dimanche à Paris : tout le monde à vélo !
0) visiter,   1) sorties,   2) ses,   3) entrez,   4) dangereux,   5) participation,   6) élégant,   7) jolies,   8) grande,   9) fêter,   10) réponses,   11) petits

6 a) Est-ce que je peux aller au Louvre ?   b) Vous n'êtes pas marrants.   c) Il n'y a pas de boulangerie dans la rue.   d) Je veux prendre le batobus.   e) Pardon monsieur, pour aller à la tour Eiffel ?   f) Vous traversez la place et puis vous prenez la deuxième rue à droite.

Leçon 6, Bilan (S. 106–107)

1 Alors les filles, qu'est-ce que vous **buvez** ?   Nous, nous **buvons du** thé.   Moi je **bois du** coca   Et toi Lisa, tu **bois** quoi ?   Je vais **boire de l'**eau. Alors, qu'est-ce qu'on **achète** pour demain ?   Nous **achetons** juste **de la** viande pour demain midi.   Et demain soir, on ne **mange** pas ?   Mais si, mais nous **mangeons** chez ta sœur. Tu as oublié ?

2 a) Elle veut **la** prendre.   b) Elle **lui** donne la salade.   c) Elle **l'**achète pour midi.   d) Mais elle ne **les** trouve pas super.   e) Il **lui** montre un melon.   f) Elle ne **le** prend pas.

3 a) Mo habite dans un quartier sympa **qui** est à Montpellier.   b) La famille Charib habite dans un immeuble **où** les voisins sont sympas.   c) Il y a par exemple Rosaria Verzelloni **qui** fait très bien la cuisine.   d) Les voisins du troisième étage ont une fille **qui** s'appelle Lou.   e) Lou est une jolie fille **que** Mo aime bien.

4 a) Qu'est-ce qu'on achète ?   b) Ça coûte combien ?   c) Les fraises sont trop chères.   d) Les abricots sont délicieux. Je n'aime pas le poisson.   e) Mon plat préféré, c'est…   f) Je dois préparer un dessert.   g) Tu m'aides? / Tu peux m'aider ?   h) Tu es sûr ?   i) Qu'est-ce que je dois apporter pour la fête ?   j) Il me faut du chocolat, de la farine et des œufs pour mon gâteau.   k) J'ai trop la dalle !

5 Montpellier, une ville qui me plaît !
0) qui,   1) moi,   2) à,   3) tout,   4) lieu,   5) me,   6) où,   7) vont *oder* veulent,   8) que,   9) faut,   10) le,   11) dans,   12) courses,   13) avec

Leçon 7, Bilan (S. 123–124)

1 Célia, qu'est-ce que tu **mets** ce soir ? … Ah si, je **mets** ma jupe bleue. Voilà, **cette** jupe ! … ma mère m'a **payé cette** jupe et aussi **ces** baskets et **cet** anorak. … Moi, mes parents ne me **paient** pas toujours mes vêtements. Et toi alors, tu **mets** quoi ? Tiens, **essaie ce** pull par exemple ! Ah non, je n'aime pas **cette** couleur. **J'essaie ce** jean. … nous **mettons** le même t-shirt !

2 a) Ces photos de maman sont **belles**. Elles sont **nouvelles** ? Mais non, elles sont **vieilles**.   b) Tu as déjà vu le **nouveau** film avec Brad Pitt ? J'adore cet acteur, … et puis il est **beau** ! Oui, mais je le trouve un peu **vieux**.   c) J'ai fait les soldes, regarde mes **nouveaux** vêtements. Super ! J'aime beaucoup tes **nouvelles** chaussures !

Lösungen Bilan

3 Dis-moi quelle musique tu écoutes ...

0	00	1	2	3	4	5
✓	ces	de	aussi	✓	vos	✓

6	7	8	9	10	11	12
piano	bien	aller	mais	quel	✓	avec

4 a) Avec mon argent de poche, j'achète mon forfait de portable et je paie des téléchargements. b) Il y a un souci. c) Quel est ton plan ? d) Je n'achète jamais sur Internet. e) Ce sont les soldes, mais je ne veux rien acheter. f) Quelle taille est-ce qu'il te faut ? g) Je cherche cet anorak vert en taille M. h) Hier, j'ai découvert sur Internet une chanteuse avec une très belle voix. i) Mon chanteur préféré vient d'Hambourg, j'aime surtout ses vieux tubes.

Leçon 8, Bilan (S. 143)

1 Salut Célia !
Le stage photo est trop cool ! Nous avons des cours et **nous nous entraînons** aussi à faire des photos. Après, souvent, on va à la plage et on **se baigne**. Le soir, on **se retrouve** à la crêperie et on **s'amuse** bien ! Mais je **me couche** super tard, alors le matin, je n'arrive pas à **me lever**.
J'ai rencontré un garçon génial, Tim : je **m'entends** trop bien avec lui...
Et toi alors ? Comment est-ce que tes vacances s**e passent** ? Tu **t'amuses** bien ?

2 Alors Alice raconte que tout se passe bien et que le stage photo est très sympa. Elle demande quand nous arrivons samedi. Elle veut savoir / demande si maman et toi vous pensez à ses livres. Elle dit qu'ils sont sur son bureau.

3 a) Bravo Hugo, tu **as réussi**... b) Mais j'adore les crêpes, tu **sais**... c) Oui, ça, nous le **savons**, Hugo... On **finit** toujours dans une crêperie. d) Tiens, vous **connaissez** cette formule crêpes ?... e) Ah non, je ne **connais** pas. f) Les enfants, vous **choisissez** vos crêpes ?

4 a) Ne sois pas en retard. b) N'aie pas peur. c) J'ai deux correspondances. d) Je dois d'abord prendre le train et ensuite le bus. e) Je vais me débrouiller. f) Je voudrais me coucher. g) Ne m'embête pas ! h) J'en ai marre ! i) Il va faire quel temps cet après-midi ? j) Il y a du soleil, mais demain, il va pleuvoir. k) Je n'ai pas de réseau.

Récré 2, (S. 144)

Les Gaulois et les Romains
0) beaucoup, 1) pas, 2) prendre, 3) faut, 4) en *oder* de, 5) leur, 6) chez, 7) être, 8) sûr, 9) dit, 10) contre, 11) doit, 12) Romains, 13) langue

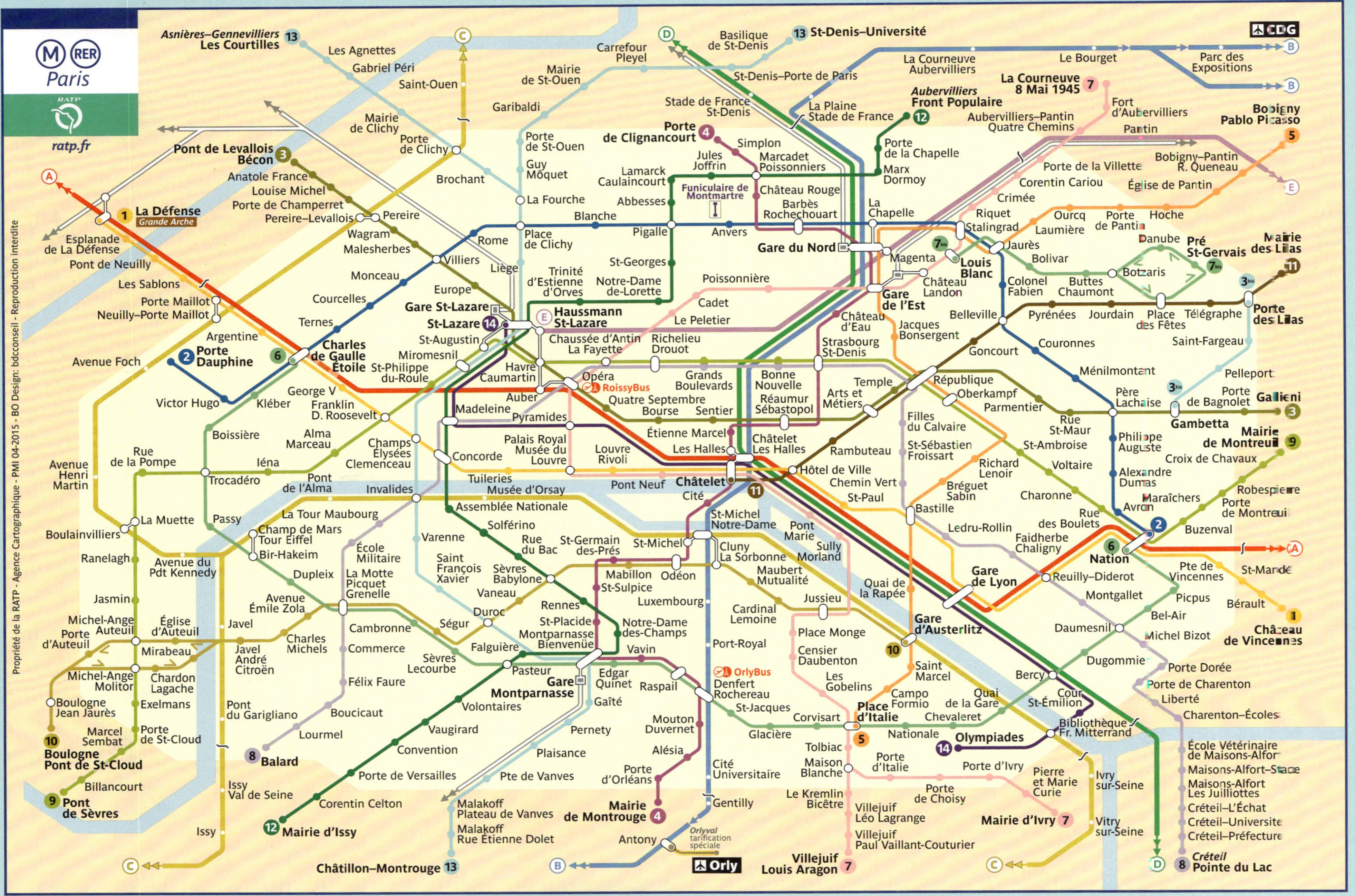
M RER
Paris
RATP
ratp.fr
Propriété de la RATP - Agence Cartographique - PMI 04-2015 - BO Design: bdcconseil - Reproduction interdite
CDG
Orly
Orlyval tarification spéciale
RoissyBus
OrlyBus
Funiculaire de Montmartre
La Défense Grande Arche
Esplanade de La Défense
Pont de Neuilly
Les Sablons
Porte Maillot
Neuilly–Porte Maillot
Avenue Foch
Argentine
Porte Dauphine
Charles de Gaulle Étoile
Asnières–Gennevilliers Les Courtilles
Les Agnettes
Gabriel Péri
Saint-Ouen
Mairie de Clichy
Porte de Clichy
Pont de Levallois Bécon
Anatole France
Louise Michel
Porte de Champerret
Pereire–Levallois
Pereire
Wagram
Malesherbes
Villiers
Monceau
Courcelles
Ternes
Rome
Liège
Europe
Gare St-Lazare
St-Lazare
Haussmann St-Lazare
St-Augustin
Miromesnil
St-Philippe du-Roule
Havre Caumartin
Auber
Opéra
Madeleine
Pyramides
Concorde
Champs Élysées Clemenceau
Franklin D. Roosevelt
George V
Kléber
Victor Hugo
Boissière
Alma Marceau
Iéna
Trocadéro
Rue de la Pompe
Avenue Henri Martin
La Muette
Boulainvilliers
Ranelagh
Avenue du Pdt Kennedy
Jasmin
Michel-Ange Auteuil
Porte d'Auteuil
Église d'Auteuil
Mirabeau
Michel-Ange Molitor
Chardon Lagache
Boulogne Jean Jaurès
Exelmans
Marcel Sembat
Porte de St-Cloud
Boulogne Pont de St-Cloud
Billancourt
Pont de Sèvres
Passy
Pont de l'Alma
Invalides
Tuileries
Musée d'Orsay
Champ de Mars Tour Eiffel
Bir-Hakeim
La Tour Maubourg
École Militaire
La Motte Picquet Grenelle
Dupleix
Avenue Émile Zola
Javel
Javel André Citroën
Charles Michels
Cambronne
Commerce
Félix Faure
Boucicaut
Lourmel
Balard
Pont du Garigliano
Issy Val de Seine
Issy
Varenne
Saint François Xavier
Sèvres Babylone
Vaneau
Duroc
Ségur
Sèvres Lecourbe
Falguière
Pasteur
Volontaires
Vaugirard
Convention
Porte de Versailles
Corentin Celton
Mairie d'Issy
Gare Montparnasse
Montparnasse Bienvenüe
Edgar Quinet
Gaîté
Pernety
Plaisance
Pte de Vanves
Malakoff Plateau de Vanves
Malakoff Rue Étienne Dolet
Châtillon–Montrouge
Mouton Duvernet
Alésia
Porte d'Orléans
Mairie de Montrouge
Antony
Gentilly
Cité Universitaire
Denfert Rochereau
Raspail
Vavin
Notre-Dame des-Champs
St-Placide
Rennes
St-Sulpice
Mabillon
Odéon
St-Germain des-Prés
Rue du Bac
Solférino
Assemblée Nationale
Luxembourg
Port-Royal
St-Jacques
Glacière
Corvisart
Place d'Italie
Tolbiac
Maison Blanche
Le Kremlin Bicêtre
Villejuif Léo Lagrange
Villejuif Paul Vaillant-Couturier
Villejuif Louis Aragon
Porte d'Italie
Porte de Choisy
Porte d'Ivry
Pierre et Marie Curie
Mairie d'Ivry
Ivry sur-Seine
Vitry sur-Seine
Olympiades
Nationale
Chevaleret
Bibliothèque Fr. Mitterrand
Quai de la Gare
Campo Formio
Saint Marcel
Les Gobelins
Censier Daubenton
Place Monge
Cardinal Lemoine
Jussieu
Maubert Mutualité
Cluny La Sorbonne
St-Michel
St-Michel Notre-Dame
Cité
Pont Neuf
Châtelet
Châtelet Les Halles
Les Halles
Louvre Rivoli
Palais Royal Musée du Louvre
Quatre Septembre
Bourse
Sentier
Grands Boulevards
Richelieu Drouot
Chaussée d'Antin La Fayette
Le Peletier
Cadet
Poissonnière
Trinité d'Estienne d'Orves
Notre-Dame de-Lorette
St-Georges
Pigalle
Anvers
Abbesses
Lamarck Caulaincourt
Blanche
Place de Clichy
La Fourche
Guy Môquet
Porte de St-Ouen
Brochant
Garibaldi
Mairie de St-Ouen
Carrefour Pleyel
Basilique de St-Denis
St-Denis–Université
St-Denis–Porte de Paris
Stade de France St-Denis
La Plaine Stade de France
Porte de Clignancourt
Simplon
Jules Joffrin
Marcadet Poissonniers
Château Rouge
Barbès Rochechouart
Gare du Nord
La Chapelle
Marx Dormoy
Porte de la Chapelle
Front Populaire
Aubervilliers
La Courneuve Aubervilliers
Le Bourget
Parc des Expositions
La Courneuve 8 Mai 1945
Fort d'Aubervilliers
Aubervilliers–Pantin Quatre Chemins
Porte de la Villette
Corentin Cariou
Crimée
Riquet
Stalingrad
Jaurès
Louis Blanc
Château Landon
Magenta
Gare de l'Est
Château d'Eau
Strasbourg St-Denis
Jacques Bonsergent
Bonne Nouvelle
Réaumur Sébastopol
Étienne Marcel
Arts et Métiers
Temple
République
Rambuteau
Hôtel de Ville
Chemin Vert
St-Paul
Pont Marie
Sully Morland
Quai de la Rapée
Gare d'Austerlitz
Gare de Lyon
Bastille
Bréguet Sabin
Richard Lenoir
St-Sébastien Froissart
Filles du Calvaire
Oberkampf
Parmentier
Goncourt
Belleville
Colonel Fabien
Bolivar
Buttes Chaumont
Botzaris
Place des Fêtes
Pyrénées
Jourdain
Télégraphe
Porte des Lilas
Mairie des Lilas
Pré St-Gervais
Danube
Ourcq
Laumière
Porte de Pantin
Hoche
Église de Pantin
Bobigny–Pantin R. Queneau
Bobigny Pablo Picasso
Pantin
Couronnes
Ménilmontant
Saint-Fargeau
Pelleport
Porte de Bagnolet
Gallieni
Gambetta
Père Lachaise
Rue St-Maur
St-Ambroise
Voltaire
Charonne
Philippe Auguste
Alexandre Dumas
Avron
Maraîchers
Buzenval
Porte de Montreuil
Robespierre
Croix de Chavaux
Mairie de Montreuil
Rue des Boulets
Faidherbe Chaligny
Ledru-Rollin
Nation
Reuilly–Diderot
Montgallet
Daumesnil
Michel Bizot
Porte Dorée
Porte de Charenton
Liberté
Charenton–Écoles
École Vétérinaire de Maisons-Alfort
Maisons-Alfort–Stade
Maisons-Alfort Les Juilliottes
Créteil–L'Échat
Créteil–Université
Créteil–Préfecture
Créteil Pointe du Lac
Dugommier
Bercy
Cour St-Émilion
Bel-Air
Picpus
Pte de Vincennes
St-Mandé
Bérault
Château de Vincennes

PARIS

0 500 m 1 km

COURBEVOIE
CLICHY
LA SEINE
LEVALLOIS-PERRET

Grande Arche
LA DEFENSE
Boulevard Circulaire
Pont de Neuilly
PUTEAUX
NEUILLY-SUR-SEINE
Avenue Charles De Gaulle

Parc Clichy-Batignolles
Boulevard Berthier
Avenue de Clichy
Quartier des Batignolles
Place de Wagram
17e
Bd. Gouvion St-Cyr
Place du Maréchal Juin
Boulevard Pereire
Avenue de Wagram
Place du Général Catroux
Boulevard des Bati
Bd. Villiers
Boulevard de Courcelles
Parc Monceau
Boulevard Malesherbes
Gare Sain Laza
Place de la Porte Maillot
Av. de la Grande Armée
Arc de Triomphe
Rue du Faubourg Saint-Honoré
Bd. de l'Amiral Bruix
Place Charles De Gaulle
8e
Palais de l'Elysée
Avenue Foch
Av. des Champs-Elysées
Bd. Lannes
Avenue Victor Hugo
Avenue Kléber
Avenue d'Iéna
Avenue Marceau
Place de la Concord

Bois de Boulogne
Place du Trocadéro
Cours Albert 1er
16e
Av. de New York
Tour Eiffel
Boulevard Suchet
Av. du Président Kennedy
Av. G. Eiffel
Champs-de-Mars
Quai de Grenelle
Boulevard de Grenelle
Bd. des Invalides
7e

Parc des Princes
Boulevard Murat
Boulevard Exelmans
Quai Louis Blériot
Quai André Citroën
LA SEINE
Avenue Emile Zola
Rue de la Convention
Boulevard Garibaldi
Rue de Sèvres
Rue Lecourbe
Bd. Pasteur
Place de la Porte Saint-Cloud
Bd. du Général Martial Valin
15e
Gare Montparnasse
Rue de Vouillé

BOULOGNE-BILLANCOURT
Boulevard Victor
14e
Rue d'Alésia
Boulevard Lefebvre
Boulevard Brune

ISSY-LES-MOULINEAUX
MALAKOFF
MONTROUGE

Stade de France
SAINT-DENIS
Boulevard Macdonald
Boulevard Ney
Parc de la Villette
Géode
18e
PANTIN
Avenue de Flandre
BASSIN DE LA VILLETTE
Bd. d'Indochine
LE PRE
SAINT-GERVAIS
Avenue Jean Jaurès
Sacré-Cœur
Boulevard de la Chapelle
Place de
Stalingrad
19e
LES LILAS
Clichy
Bd. de Rochechouart
Parc des Buttes
de Chaumont
Bd. d'Algérie
9e
Gare du Nord
Bd. de
Place du
Colonel
Fabien
Bd. Sérurier
Rue La Fayette
CANAL
SAINT-MARTIN
Gare de l'Est
la Villette
Av. Cl. Vellefaux
éra Garnier
10e
Bd. de
Strasbourg
Quai de Jemmapes
Boulevard Mortier
Bd.de Bonne Nouvelle
Boulevard de Belleville
2e
Bd.Saint-
Martin
Place de la
République
Avenue
Av. de l'Opéra
Avenue de la République
Cimetière du
Père Lachaise
Châtelet-
Les Halles
Boulevard de Sébastopol
Rue Saint-Martin
Bd. du
Temple
Boulevard Voltaire
Parmentier
Bd. Ménilmontant
1er
3e
Boulevard Beaumarchais
Bd. Richard Lenoir
11e
20e
Musée du Louvre
Pyramide
Centre Pompidou
Quais
Rue de la Roquette
Boulevard Davout
Notre-
Dame
Quai de
l'Hôtel de Ville
Place de
la Bastille
Rue de Charonne
Avenue
Ph. Auguste
MONTREUIL
6e
Bd.
Henri IV
4e
Ile
Saint-
Louis
R. du Faubourg
Saint-Antoine
Saint Germain
Quai Henri IV
Bd. Bourdon
Bd. de la Bastille
Place de
la Nation
Cours de Vincennes
rdin du
xembourg
Gare de
Lyon
Boulevard Diderot
Rue Gay-Lussac
5e
Quai d'Austerlitz
Quai de la Rapée
Avenue Daumesnil
12e
Boulevard Saint-Michel
Rue de Bercy
Gare
d'Austerlitz
SAINT-MANDE
Rue Saint-Jacques
Rue Cl. Bernard
Boulevard de l'Hôpital
Art Ludique – Le musée
Bd. de Reuilly
Boulevard Soult
Av. des Gobelins
LA SEINE
Quai de Bercy
Bois de
Vincennes
Bd. Vincent Auriol
Bd. Saint-Jacques
Place
d'Italie
Quai Panhard
et Levassor
Boulevard Poniatowski
Bd. Aug. Blanqui
Avenue d'Italie
Théâtre du Soleil
Rue d'Alésia
R. Coty
Rue de Tolbiac
Parc de
Montsouris
Boulevard Masséna
13e
vard Jourdan
Boulevard Kellermann
IVRY-SUR-SEINE

Carte de France

Pays et régions voisines :
- LA GRANDE-BRETAGNE
- LES PAYS-BAS
- LA BELGIQUE
- LE LUXEMBOURG
- L'ESPAGNE
- ANDORRE
- MONACO

Villes étrangères :
- Amsterdam
- Londres
- Dortmund
- Calais (Eurostar)
- Bruxelles, Lille, Liège
- Aix-la-Chapelle, Cologne, Bonn
- Francfort, Mayence, Trèves
- Mannheim, Sarrebruck
- Bâle, Zurich, Berne, Lausanne, Genève
- Fribourg
- Turin
- Bilbao, Barcelone
- Ajaccio

Villes et sites de France :
- Brest, Saint-Malo, Mont-Saint-Michel, Concarneau, Carnac
- Le Havre, la Normandie
- Tour Eiffel, Paris, Versailles
- Reims, la Champagne
- Metz, Strasbourg, l'Alsace
- Rennes, la Bretagne
- Le Mans, Orléans, Tours, Chambord
- la Loire, la Seine
- Nantes, La Rochelle
- Dijon, la Bourgogne, la Saône
- LES VOSGES, le Rhin
- LE JURA
- Clermont-Ferrand, l'Auvergne, LE MASSIF CENTRAL
- Lyon, Chamonix, Mont-Blanc, LES ALPES, Grenoble
- Bordeaux, Arcachon, Biarritz, l'Aquitaine
- la Dordogne, la Garonne
- Toulouse, le Canal du Midi
- Pont du Gard, Nîmes, Montpellier, Perpignan
- Avignon, la Provence, Marseille
- Nice, la Côte d'Azur

Mers et océans :
- la Manche
- l'océan Atlantique
- la mer Méditerranée
- le Rhône, l'Ardèche

Échelle : 100 – 200 – 300 km

LES PYRÉNÉES

Bildquellenverzeichnis

U1: denys_kuvaiev / Fotolia; S. 9.1: Edouard Hannoteaux / Klett / öbv; S. 9.2: Edouard Hannoteaux / Klett / öbv; S. 9.3: Edouard Hannoteaux / Klett / öbv; S. 9.4: Edouard Hannoteaux / Klett / öbv; S. 9.5: Edouard Hannoteaux / Klett / öbv; S. 9.6: Edouard Hannoteaux / Klett / öbv; S. 10.1: Edouard Hannoteaux / Klett / öbv; S. 10.2: Edouard Hannoteaux / Klett / öbv; S. 11.1: Edouard Hannoteaux / Klett / öbv; S. 11.2: Edouard Hannoteaux / Klett / öbv; S. 13.1: Edouard Hannoteaux / Klett / öbv; S. 13.2: Edouard Hannoteaux / Klett / öbv; S. 13.3: Edouard Hannoteaux / Klett / öbv; S. 14.1: Edouard Hannoteaux / Klett / öbv; S. 14.2: Edouard Hannoteaux / Klett / öbv; S. 14.3: AcuaO / Fotolia; S. 15: Stephane Cardinale 7 / Getty Images; S. 17: Edouard Hannoteaux / Klett / öbv; S. 19: Edouard Hannoteaux / Klett / öbv; S. 20: Jaguar PS / Shutterstock; S. 24.1: Edouard Hannoteaux / Klett / öbv; S. 24.2: Edouard Hannoteaux / Klett / öbv; S. 24.3: Edouard Hannoteaux / Klett / öbv; S. 24.4: Rostislav Glinsky / Shutterstock; S. 24.5: Edouard Hannoteaux / Klett / öbv; S. 24.6: Edouard Hannoteaux / Klett / öbv; S. 26.1: Edouard Hannoteaux / Klett / öbv; S. 26.2: Edouard Hannoteaux / Klett / öbv; S. 26.3: Edouard Hannoteaux / Klett / öbv; S. 26.4: Edouard Hannoteaux / Klett / öbv; S. 27.1: Edouard Hannoteaux / Klett / öbv; S. 27.2: Edouard Hannoteaux / Klett / öbv; S. 29: Edouard Hannoteaux / Klett / öbv; S. 30.1: Edouard Hannoteaux / Klett / öbv; S. 30.2: Edouard Hannoteaux / Klett / öbv; S. 30.3: Edouard Hannoteaux / Klett / öbv; S. 32.1: Edouard Hannoteaux / Klett / öbv; S. 32.2: Edouard Hannoteaux / Klett / öbv; S. 32.3: Edouard Hannoteaux / Klett / öbv; S. 32.4: Edouard Hannoteaux / Klett / öbv; S. 34.1: Christian Schwier / Fotolia; S. 34.2: Éditions Milan Foreign Rights Department (Géo Ado Nr. 153, November 2015 / © Milan Press); S. 37.1: Antony McAulay / Fotolia; S. 37.2: Christian Epanya / Syros Éditeur Jeunesse, Paris; S. 38: Edouard Hannoteaux / Klett / öbv; S. 39: Edouard Hannoteaux / Klett / öbv; S. 40.1: Bill Akwa Bétotè / Klett / öbv; S. 40.2: Bill Akwa Bétotè / Klett / öbv; S. 40.3: Bill Akwa Bétotè / Klett / öbv; S. 41.1: Prisca Martaguet / Klett / öbv; S. 41.2: Bill Akwa Bétotè / Klett / öbv; S. 41.3: Prisca Martaguet / Klett / öbv; S. 41.4: Christelle Souvras / Klett / öbv; S. 44: Andrey Popov / Fotolia; S. 46: Anton-kurt - Wikimedia Commons - CC BY-S. 3.0; S. 47.1: Klett / öbv; S. 47.2: pathdoc / Shutterstock; S. 48.1: Edouard Hannoteaux / Klett / öbv; S. 48.2: Edouard Hannoteaux / Klett / öbv; S. 50: Edouard Hannoteaux / Klett / öbv; S. 51: Jack Hollingsworth / Thinkstock; S. 52: Stefan Zörlein / Klett / öbv; S. 53.1: ES. Professional / Shutterstock; S. 53.2: Eric Raptosh Photography / Getty Images; S. 55: Delphotostock / Fotolia; S. 56.1: ivan23g / 123RF; S. 56.2: Catherine Yeulet / iStockphoto.com; S. 56.3: Jupiterimages / Thinkstock; S. 56.4: Phoenixns / Shutterstock; S. 56.5: Maria Teijeiro / Thinkstock; S. 56.6: blachowicz102 / Fotolia; S. 57.1: forestpath / Fotolia; S. 57.2: Oks_Mit / Thinkstock; S. 57.3: evdoha / 123RF; S. 57.4: Stefan Schurr / Westend61 / picturedesk.com; S. 57.5: Fuse / Getty; S. 57.6: damircudic / iStockphoto.com; S. 58.1: Edouard Hannoteaux / Klett / öbv; S. 58.2: Edouard Hannoteaux / Klett / öbv; S. 58.3: Edouard Hannoteaux / Klett / öbv; S. 59.1: coldwaterman / Fotolia; S. 59.2: majivecka / Fotolia; S. 60: leszekglasner / Fotolia; S. 61.1: Edouard Hannoteaux / Klett / öbv; S. 61.2: Edouard Hannoteaux / Klett / öbv; S. 63: Edouard Hannoteaux / Klett / öbv; S. 65: Chantal Meyer / Plantu; S. 66: Steindy / Wikimedia Commons - CC BY-S. 3.0); S. 69: Ministère de l'Education nationale, de l'Enseignement supérieur et de la Recherche; S. 71: Louis-Paul St-Onge / Thinkstock; S. 72.1: axeldrosta / Fotolia; S. 72.2: Deatonphotos / Shutterstock; S. 72.3: Edouard Hannoteaux / Klett / öbv; S. 72.4: Bertrand Guay / AFP / picturedesk.com; S. 72.5: Stephane Benito / Fotolia; S. 72.6: Atlantide Phototravel / Getty Images; S. 73.1: Jorge Felix Costa / Shutterstock; S. 73.2: Edouard Hannoteaux / Klett / öbv; S. 73.3: Frederic Stevens / Getty Images; S. 73.4: Yann Arthus-Bertrand / Corbis; S. 73.5: Hans-Peter Merten / Huber Images; S. 73.6: Manakin / Thinkstock; S. 74.1: Punto Studio Foto AG / Fotolia; S. 74.2: benslimanhassan / Thinkstock; S. 75.1: Edouard Hannoteaux / Klett / öbv; S. 75.2: Edouard Hannoteaux / Klett / öbv; S. 76: MITO images / dpa Picture Alliance / picturedesk.com; S. 77.1: Les Docks – Cité de la Mode et du Design; S. 77.2: Klett / öbv; S. 79.1: Edouard Hannoteaux / Klett / öbv; S. 79.2: Frank Eckgold / Fotolia; S. 79.3: Pixland / Thinkstock; S. 79.4: lisafx / Thinkstock; S. 79.5: DragonImages / Thinkstock; S. 79.6: PantherMedia / Scott Griessel; S. 79.7: RichLegg / iStockphoto.com; S. 79.8: ilbusca / iStockphoto.com; S. 79.9: Prisca Martaguet / Klett / öbv; S. 80.1: Edouard Hannoteaux / Klett / öbv; S. 80.2: Edouard Hannoteaux / Klett / öbv; S. 80.3: Edouard Hannoteaux / Klett / öbv; S. 80.4: Edouard Hannoteaux / Klett / öbv; S. 81: Edouard Hannoteaux / Klett / öbv; S. 83.1: Batobus Paris / Konzeption S. Bart; S. 83.2: Batobus Paris; S. 86.1: Julien Hekimian / Getty Images; S. 86.2: Edouard Hannoteaux / Klett / öbv; S. 86.3: Stefan Zörlein / Klett / öbv; S. 86.4: Ernst Wrba / imageBROKER / picturedesk.com; S. 86.5: hemis / laif; S. 86.6: Edouard Hannoteaux / Klett / öbv; S. 86.7: Bill Akwa Bétotè / Klett / öbv; S. 86.8: fotofrog / iStockphoto.com; S. 89.1: snaptitude / Fotolia; S. 90.1: Edouard Hannoteaux / Klett / öbv; S. 90.2: Edouard Hannoteaux / Klett / öbv; S. 90.3: Edouard Hannoteaux / Klett / öbv; S. 91.1: Edouard Hannoteaux / Klett / öbv; S. 91.2: Edouard Hannoteaux / Klett / öbv; S. 91.3: Edouard Hannoteaux / Klett / öbv; S. 91.4: Immeubles en Fête; S. 92.1: Immeubles en Fête; S. 92.2: savoieleysse / Fotolia; S. 93.1: Pavlo Kucherov / Fotolia; S. 93.2: by-studio / Fotolia; S. 94.1: Axel Reis / Klett / öbv; S. 94.2: Axel Reis / Klett / öbv; S. 94.3: Axel Reis / Klett / öbv; S. 94.4: Edouard Hannoteaux / Klett / öbv; S. 94.5: Dimijana / Shutterstock; S. 94.6: Axel Reis / Klett / öbv; S. 94.7: Teodora_D / Fotolia; S. 94.8: MaxWo / Fotolia; S. 94.9: Axel Reis / Klett / öbv; S. 94.10: emuck / Fotolia; S. 94.11: Axel Reis / Klett / öbv; S. 94.12: ramzihachicho / Thinkstock; S. 95: Ilka Kramer / Klett / öbv; S. 96.1: Susanne Schauf / Klett / öbv; S. 96.2: TomFreeze / Thinkstock; S. 96.3: ramzihachicho / Thinkstock; S. 96.4: Axel Reis / Klett / öbv; S. 96.5: MaxWo / Fotolia; S. 96.6: Edouard Hannoteaux / Klett / öbv; S. 96.7: Edouard Hannoteaux / Klett / öbv; S. 96.8: Edouard Hannoteaux / Klett / öbv; S. 96.9: Edouard Hannoteaux / Klett / öbv; S. 96.10: Edouard Hannoteaux / Klett / öbv; S. 101: alfredhofer / 123RF; S. 102: Christian Weiss / Universal Music GmbH; S. 103.1: songsak / Shutterstock; S. 103.2: alvarez / iStockphoto.com; S. 104.1: 7sentidos / Thinkstock; S. 104.2: joshuaraineyphotography / Thinkstock; S. 107: Marine26 / Fotolia; S. 108.1: Richard Villalon / Fotolia; S. 108.2: mihairomeob / Thinkstock; S. 108.3: Christian Vinces / Shutterstock; S. 108.4: Ryan McVay / Thinkstock; S. 108.5: Zb89V / Thinkstock; S. 108.6: Atelier Michel Bouvet, Paris; S. 109.1: AGPhotography / Fotolia; S. 109.2: Maxppp Herve Coste / dpa Picture Alliance / picturedesk.com; S. 109.3: AntonioDiaz / Fotolia; S. 109.4: AlekZotoff / Fotolia; S. 109.5: Francois Mori / AFP / picturedesk.com; S. 109.6: Wavebreakmedia Ltd / Thinkstock; S. 110.1: dgmata / Shutterstock; S. 110.2: Kadmy / Fotolia; S. 110.3: Edouard Hannoteaux / Klett / öbv; S. 110.4: RichLegg / Thinkstock; S. 110.5: poba / iStockphoto.com; S. 110.6: Viacheslav Iakobchuk / Fotolia; S. 111.1: Edouard Hannoteaux / Klett / öbv; S. 111.2: Edouard Hannoteaux / Klett / öbv; S. 111.3: Edouard Hannoteaux / Klett / öbv; S. 112.1: Karkas / Fotolia; S. 112.2: shutswis / Thinkstock; S. 112.3: Jitalia17 / Thinkstock; S. 112.4: Tarzhanova / Shutterstock; S. 112.5: urfinguss / Thinkstock; S. 112.6: Ruslan Kudrin / Fotolia; S. 113.1: Edouard Hannoteaux / Klett / öbv; S. 113.2: Edouard Hannoteaux / Klett / öbv; S. 113.3: Edouard Hannoteaux / Klett / öbv; S. 115.1: burnel11 / Fotolia; S. 115.2: BEAUTYofLIFE / Fotolia; S. 115.3: the_lightwriter / Fotolia; S. 115.4: Suzi Nelson / Shutterstock; S. 115.5: simoneminth / Fotolia; S. 115.6: Tarzhanova / Shutterstock; S. 115.7: torsak / Fotolia; S. 115.8: Visivasnc / iStockphoto.com; S. 116.1: PONS / Klett / öbv; S. 116.2: Mes Cop's © Bamboo Eddition, Cazenove & Fenech; S. 117.1: Hadrian / Shutterstock; S. 117.2: nuzza11 / Fotolia; S. 118.1: Stephane Cardinale / Getty Images; S. 118.2: SIPA Press / Action Press/Sipa / picturedesk.com; S. 118.3: SIPA Press / Action Press/Sipa / picturedesk.com; S. 118.4: Stephane Cardinale / Getty Images; S. 119: Stephane Cardinale / Getty Images; S. 120.1: Marmara/Le Figaro / laif; S. 120.2: Mario Anzuoni/Reuters / Corbis; S. 120.3: Stephane Cardinale / Getty Images; S. 120.4: Juan Antonio Perez Vela/Demotix / Corbis; S. 121: Edouard Hannoteaux / Klett / öbv; S. 122: asiseeit / iStockphoto.com; S. 124: Andrey Kiselev / Fotolia; S. 126.1: LianeM / Thinkstock; S. 126.2: Musat / Thinkstock; S. 126.3: Jean Claude MOSCHETTI/REA / laif; S. 126.4: riekephotos / Shutterstock; S. 127.1: Meyer / laif / picturedesk.com; S. 127.2: papinou / Fotolia; S. 127.3: guitou60 / Fotolia; S. 127.4: Dieterich, W. / dpa Picture Alliance / picturedesk.com; S. 127.5: Medioimages/Photodisc / Thinkstock; S. 128.1: Marco Polo Agence Photographique; S. 128.2: Edouard Hannoteaux / Klett / öbv; S. 128.3: photlook / Fotolia; S. 129.1: Le Télégramme; S. 129.2: Mike Watson Images / Thinkstock; S. 131.1: Meyer / laif / picturedesk.com; S. 131.2: mauritius images / Humeau Guy / Alamy; S. 131.3: mauritius images / incamerastock / Alamy; S. 131.4: Guy Beyrouti / Fotolia; S. 131.5: mauritius images / Julian Eales / Alamy; S. 131.6: mauritius images / Antony SOUTER / Alamy; S. 132: Dorka72 / Thinkstock; S. 133.1: mauritius images / claude thibault / Alamy; S. 133.2: mauritius images / Robert Morris / Alamy; S. 133.3: Kzenon / Shutterstock; S. 134.1: PantherMedia / Bernd Rinderknecht; S. 134.2: jazzpote / Thinkstock; S. 135.1: Edouard Hannoteaux / Klett / öbv; S. 135.3: Edouard Hannoteaux / Klett / öbv; S. 138.1: Patrick Dembski/Klett / öbv; S. 138.2: Herv Rouveure / Fotolia; S. 141: macrolink / Fotolia; S. 144.1: Klett / öbv; S. 144.2: LianeM / Fotolia; S. 144.3: ASTERIX®- OBELIX® / © 2015 / GOSCINNY - UDERZO / Les Éditions Albert René; S. 145.1: Rob, Web & Co © Bamboo Eddition, Janvier; S. 148.1: Phovoir / Shutterstock; S. 148.2: Candus Camera / Shutterstock; S. 148.3: Google Maps Inc.; S. 149.1: Frederic Legrand - COMEO / Shutterstock; S. 149.2: arkady_z / Fotolia; S. 149.3: scaliger / Fotolia; S. 149.4: Nikada / iStockphoto.com; S. 150.1: ErikaMitchell / Fotolia; S. 150.2: micheldelaconnay / Fotolia; S. 150.3: Evannovostro / Shutterstock; S. 150.4: JL / Fotolia; S. 151: mauritius images / claude thibault / Alamy; S. 152.1: mauritius images / Robert Morris / Alamy; S. 152.2: Kzenon / Fotolia; S. 161.1: GlobalP / Thinkstock; S. 161.2: Sisoje / iStockphoto.com; S. 161.3: Eric Isselée / Fotolia; S. 161.4: GlobalP / Thinkstock; S. 161.5: Mark_KA / Thinkstock; S. 161.6: Igor Dutina / Shutterstock; S. 161.7: leungchopan / 123RF; S. 161.8: stock_colors / iStockphoto.com; S. 174: davis /Fotolia; S. 177.1: Matton Images; S. 177.2: MH Foto-Design; S. 177.3: onairjiw / Fotolia; S. 177.4: MH Foto-Design; S. 177.5: MH Foto-Design; S. 177.6: Natika / Fotolia; S. 177.7: hazel proudlove / Fotolia; S. 177.8: Tomboy2290 / Fotolia; S. 177.9: Tomboy2290 / Fotolia; S. 177.10: Tim UR / Fotolia; S. 177.11: Anna Kucherova / Fotolia; S. 177.12: Mariusz Blach / Thinkstock; S. 177.13: Nattika / Shutterstock; S. 177.14: volff / Fotolia

Klassenzimmerdiskurs